Uwe Feldner

# Stadt-
# LEXIKON

## [Fast] alles über
## KASSEL

von A bis Z

1. Auflage 2008

Druck und buchbinderische Verarbeitung:
Druckerei Steinmeier GmbH, Deiningen

34128 Kassel, Richard-Strauß-Straße 33, Tel. (0561) 9 37 17 38
www.Herkules-Verlag.de
ISBN 978-3-937924-79-3

# Begriffe, Fakten, Wissenswertes!

Die **erste deutsche Diskothek** in Kassel? Die **älteste Videothek** der Welt (!!), auch in Kassel?
Lesen Sie nach im **Stadt-Lexikon-KASSEL**!

„**Ab nach Kassel!**", woher kommt eigentlich dieser Spruch?

Oder:
Wussten Sie, wie viele **Landgrafen** in Kassel residierten oder **Oberbürgermeister** regierten? – Nein? – müssen Sie auch nicht, denn hier können Sie es nachlesen: **wer, wann, wie lange**?

Und vor allem: Die vielen „**Wilhelme**", die hier residierten, erhalten in diesem Werk eine Ordnung.

Sie erfahren etwas über die mittlerweile 23 **Stadtteile**, den **Bergpark,** die **Alten Meister,** die **Brüder Grimm, Josef Beuys, ...** über **Johann Wolfgang von Goethes**, **Samuel Becketts und Adolf Freiherr von Knigges** (oder hieß er gar nicht „von" Knigge?) ... Aufenthalte in Kassel.

Und wo man in Kassel schon Ende des 19. Jahrhunderts in einem beheizten **Hallenbad** unter **Palmen** baden konnte, erfahren Sie auch in diesem Buch ... und, und, und.

**Wie finden Sie den gesuchten Begriff?**
Im Register (Seite 174) finden Sie sämtliche fett dargestellten Begriffe alphabetisch geordnet. Außerdem sind sämtliche, mit einem Pfeil im Text versehenen Begriffe im alphabetisch angeordneten jeweiligen Text noch einmal unter dem entsprechenden Buchstaben zu finden. – Alles klar? – Viel Spaß beim Lesen!

### Ab nach Kassel

Mit diesem Spottruf sollen Aachener Bürger den französischen **Kaiser Napoleon III.** auf dem Bahnhof verabschiedet haben, als er nach der gegen Preußen verlorenen Schlacht von Sedan in die Gefangenschaft auf der Wilhelmshöhe abreiste. Josef Kürschners Buch „Der große Krieg 1870/1871 in Zeitberichten" enthält die Abbildung eines zeitgenössischen Flugblattes, auf dem ein deprimiert wirkender Franzosenkaiser zwischen Moltke und Bismarck steht, der mit ausgestrecktem Arm nach Osten zeigt. Unter der Abbildung steht: „Ab nach Kassel!"

Nicht belegt ist, dass die Werber **->Landgraf Friedrichs II**. (1760–1785) junge Rekruten aus dem Umland mit diesem Ruf nach Kassel schickten, von wo aus sie der Landesvater gegen gutes Geld an die englische Krone zum Einsatz im amerikanischen Unabhängigkeitskrieg „verkaufte".

Heute ist der Slogan in Kassel positiv besetzt und hat werbenden Charakter.

### Älteste Diskothek Deutschlands

Mit manchen Superlativen ist das so eine Sache: Sie sind nicht immer unstrittig. Was jedoch feststeht ist: **Klaus Richter** heißt der Mann, der im Jahr 1959 am **->Friedrichsplatz** seinen „**Club 21**" eröffnete und diesen als Diskothek betrieb. Sieben Jahre später zog er in die Friedrich-Ebert-Straße um und ließ dort weiter Platten auflegen. Nach kurzer Unterbrechung zwischen 2002 und 2004 wurde die Diskothek sozusagen in der zweiten Generation als „Club 22" wiedergeboren. Ob der Superlativ damit noch besteht, sei dahingestellt. Klaus Richter war, wenn auch nicht als Erster, zu mindestens aber als einer der Allerersten (und auf jeden Fall früher als fast alle anderen) dabei.

### Älteste Videothek der Welt

Im Sommer 1975 eröffnete **Eckhard Baum** seine Videothek in der Erzberger Straße. Er verkaufte, tauschte und verlieh Superacht-Filme und hoffte, davon leben zu können. Als die ersten Videorekorder auf den Markt kamen, nahm er Spielfilme, die im Fernsehen liefen, auf und verlieh sie an seine Kunden.

Heute stehen neben unendlich vielen Videokassetten natürlich auch DVDs in seinen Regalen. Bei ihm findet man in großer Auswahl fast alles, was Filmgeschichte geschrieben hat und noch vieles mehr. Unter Filminteressierten ist Baums Videothek, die älteste der Welt, Kult.

### Äpfel der Hesperiden

Wenn man sich dem **->Herkules** von seiner Rückseite her nähert, erkennt man, dass er etwas in seiner rechten Hand hält, etwas rundes, vielleicht Kugeln oder Bälle.

Es sind (goldene) Äpfel, die der Halbgott Herkules der griechischen Mythologie nach als Elfte seiner zwölf Aufgaben den Hesperiden, nymphenähnlichen Wesen, aus dem Garten stehlen soll. Obwohl der Apfelbaum von einem gefährlichen Drachen bewacht wird, gelingt es Herkules mit einer List, dem Untier die Früchte abzunehmen oder besser: sie dem Untier abnehmen zu lassen. Er veranlasst nämlich Atlas, den Vater der Hesperiden, ihm behilflich zu sein. Dieser tötet den Drachen und bringt Herkules die Äpfel.

**Agathof**
Unter dem Namen Lachenmühle, im Jahr 1377 erstmals erwähnt, wurde der im Stadtteil Bettenhausen nahe der Losse gelegene Agathof zunächst als Edelsteinschleiferei genutzt, in der Achate (daher auch der Name) und andere Halbedelsteine bearbeitet wurden. Wie lange das der Fall war, ist nicht einwandfrei feststellbar. Im Siebenjährigen Krieg wurde die Anlage jedenfalls von den Franzosen zerstört, Landgraf ->**Friedrich II.** (1760–1785) ließ sie von 1763 bis 1765 wieder aufbauen. Nach ihrer Fertigstellung diente sie als Mahlmühle (bis 1768) und als Branntweinbrennerei (bis 1774). Danach wurde der Mühlenbetrieb eingestellt.
Noch im gleichen Jahr wurde der Agathof-Komplex (zur Mühle gehörte noch ein Fabrikgebäude) zur Kattun- und Leinenproduktion genutzt, die erst 1883 endete. Danach bezog ein Seifenfabrikant die Räumlichkeiten. Dieser war dort solange tätig, bis der Agathof dem Bombenhagel des Zweiten Weltkriegs zum Opfer fiel.
Heute sind auf den Agathof-Flächen verschiedene Gewerbebetriebe angesiedelt. Die ursprünglichen Gebäude sind fast völlig verschwunden.

**Ahle Wurscht (Worscht)**
Richtig gute ahle Wurscht (übersetzt: alte Wurst) gibt es nur in Kassel und um Kassel herum. „Alt“ ist die Wurst, die aus schlachtfrischem Schweinefleisch hergestellt wird, wenn sie verspeist wird. Sie hat dann einen relativ langen Reifeprozess hinter sich, der von einem Monat bis zu sechs Monaten dauern kann. Die Wurst reift langsam bei hoher Luftfeuchtigkeit; man bekommt sie “luftgetrocknet“ oder geräuchert.
Natürlich hat jeder Metzger seine kleinen Würzgeheimnisse. Salz, Pfeffer und Salpeter gehören wohl hinein, andere Gewürzzutaten werden nicht (oder wenn, dann nur ungern) verraten. Sicher ist: keine Wurst schmeckt wie die andere. Dabei spielen allerdings nicht nur die Gewürze, sondern auch (und besonders) die Reifedauer für den Geschmack eine wesentliche Rolle. Eine „**Dürre Runde**“ kann man bereits nach zwei Monaten anschneiden und genießen, eine „**Stracke**“ ist erst nach etwa einem halben Jahr so, wie man sie sich wünscht: hart wie ein Knüppel, aber ein echter Gaumenkitzel.

**Ahne**
Nur wenige in Kassel nennen sie Ahna oder gar Ahna- oder Ahnebach. „De Ahne“ heißt der etwas mehr als 20 km lange, linksseitige Zufluss der Fulda bei den meisten Menschen.
Sie entspringt im **Habichtswald** und mündet, nach einer recht idyllischen Reise durch dichten Baumbestand und weite Wiesen, in der Nähe des ->**Finkenherdes** in die Fulda. Auf ihrem Weg dorthin, durchquert sie die **Gemeinde Ahnatal** und den attraktiven **Ahnepark der Stadt Vellmar**, um sich dann ihren Weg durch Teile des nördlichen Kassels zur Fulda hin zu bahnen.
Längs der Ahne gibt nahezu überall sehr gute Möglichkeiten für Spaziergänge und kleine Wanderungen.

**Alte Brüderkirche**
Im Jahre 1292 begann der Bettelorden der Karmeliter auf Wunsch des Landgrafen ->**Heinrich I.** (1247–1308) nahe dem Kasseler Königshof ein Kloster zu errichten. Die Mönche bauten zunächst ein, dem Geiste ihres Ordens entsprechendes schlichtes Gotteshaus, das im Jahr 1376 fertig gestellt wurde. Die Brüder vom Berge Karmel verzichteten auf alles Prunkvolle, für das in ihrem Denken kein Raum war.
Während der Regentschaft ->**Philipps des Großmütigen** (1518–1567) und nach Einführung der Reformation in Hessen im Jahr 1526 wurde das Kloster aufgegeben, seine Kirche wurde zur Pfarrkirche.
Die Alte Brüderkirche wurde im Zweiten Weltkrieg zerstört und in den Jahren 1952 bis 1955 wieder original aufgebaut. Sie ist heute nur bedingt ein Ort sakraler Handlungen, vielmehr wird sie für Ausstellungen sowie für künstlerische und gesellschaftliche Veranstaltungen genutzt.

**Alte Hauptpost**
Die Alte Hauptpost in der Friedrich-Ebert-Straße, um die Jahrhundertwende errichtet, ist keineswegs das erste bekannte Kasseler Postgebäude. Bereits im Jahr 1767 gab es nahe der Martinskirche ein 1. Casseler Oberpostamt. 1792 wurde dann am Königsplatz die **Neue Hauptpost** fertig gestellt, in der neben dem Telegrafenamt ein Hotel mit Gasthaus betrieben wurde. Johann Wolfgang von ->**Goethe** logierte bei seinen Kassel-Besuchen gerne hier.
Im Jahr 1878 wurde dieses Gebäude abgerissen und musste einem Neubau weichen, der zwischen 1879 und 1881 entstand. Nach ihrem Umzug in die Friedrich-Ebert-Straße hatte die Hauptpost hier bis 1975 ihre Bleibe. Seitdem nämlich hat die Postzentrale ihren Sitz in der Unteren Königsstraße.

**Alte Meister**
Als Begründer der Gemäldegalerie Alte Meister im ->**Schloss Wilhelmshöhe** gilt Landgraf ->**Wilhelm VIII.** von Hessen-Kassel (1751–1760), der die Sammlung ungefähr zwischen 1720 und 1756 aufbaute. Er hatte die niederländisch-flämische Malerei als junger Mann lieben gelernt, als er sich über eine längere Zeit in Holland aufhielt.
Es sind die Meister des 16. und 17. Jahrhunderts mit Werken von ->**Rembrandt**, ->**Rubens**, **Hals, van Dyck** und **Jordaens**, die neben einer Reihe anderer niederländischer Fachmaler, den Schwerpunkt der Sammlung bilden. Mit der italienischen Malerei tat sich **Wilhelm VIII.** schwerer. Zwar gehören immerhin mehr als 150 Werke italienischer Barockmaler zur Sammlung, an die Zahl der Niederländer reichen sie jedoch nicht heran. Man vermutet, dass ihm die Kontakte nach Italien (und vielleicht auch die Geldmittel) fehlten, um eine umfangreichere Sammlung von Werken italienischer Künstler zusammentragen zu können.
Besonderes Interesse verdienen auch die Werke von **Dürer**, **Altdorfer**, **Lucas Cranach d. Ä.** und **Hans Baldung Grien** als Vertreter der altdeutschen Malerei des ausgehenden 15. bis zur Mitte des 16. Jahrhunderts.

**Altmarkt**
Heute ist der Altmarkt eine viel befahrene Straßenkreuzung, über die sich der Verkehr in alle Richtungen aus der Stadt hinaus und aus allen Richtungen in die Stadt hinein verteilt. Die Verkehrsplaner der Nachkriegszeit konnten auf ihr Werk stolz sein, galt die Kreuzung mit ihren Fußgängertunneln doch als einer der modernsten und gelungensten Verkehrsknotenpunkte Deutschlands, vielleicht sogar in Europa.
Wahrscheinlich hat die Gegend um den Altmarkt herum insofern eine besondere Bedeutung für die Stadt, da man hier in der Nähe des Flusses ihren Ursprung vermutet (entsprechende Funde deuten darauf hin).
Zu Beginn des 15. Jahrhunderts, das ist sicher, lag der **Altstädter Marktplatz** – wie der Altmarkt damals hieß – mitten in der Stadt. Hier stand seit 1408 das **Rathaus**, in dem sich das städtische Leben hauptsächlich abspielte. Zahlreiche Fachwerkhäuser standen hier, die der Stadt ihren besonderen Reiz verliehen. Im Bombenhagel des 22.10.1943 fand das alles dann sein Ende, – für die Nachwelt unwiederbringlich verloren.

**Altstadt**
Der älteste Teil Kassels, um den **->Altmarkt** herum gelegen, ist weitestgehend den Bomben des Zweiten Weltkrieges zum Opfer gefallen.
So romantisch die Altstadt mit ihren engen Gassen und verwinkelten Ecken auch wirkte: In den ersten Jahren des 20. Jahrhunderts, wahrscheinlich aber schon viel früher, wurden die Enge, die geringe Größe der Wohnungen und die fehlende Hygiene ein städtebauliches und soziales Problem. Der historische Stadtkern verkam mehr und mehr, weil keine finanziellen Mittel für seine Sanierung bereitstanden. Die Hausbesitzer bauten im Westen der Stadt lieber neu und modern, bevor sie Geld in ihre Altstadt-Wohnungen steckten. Das ehemals attraktive Stadtzentrum wurde zum Armenviertel.
Daran änderte sich auch nach dem Ende des Kaiserreiches nichts. Den Nationalsozialisten blieb es vorbehalten, im Zuge des **->Freiheiter Durchbruchs** 1935, an die Altstadt-Sanierung heranzugehen. Frühere Versuche, beispielsweise der Sozialdemokraten, die Verhältnisse um den Altmarkt herum zu verbessern, wurden in der Öffentlichkeit mit dem Hinweis auf die Höhe der damit verbundenen Kosten abgelehnt.
Den Nazis kam ein solches Projekt als Beschäftigungsmaßnahme gerade recht. Die Erhaltung der historischen Bausubstanz und die Sanierung der Altbauwohnungen waren teuer. Sie wurden zu einem erheblichen Teil unmittelbar von der Kasseler Bevölkerung finanziert, durch ein sogenanntes **Notopfer für Arbeitsbeschaffung**.
1936 feierten die Nationalsozialisten sich selbst und ihr Werk, sieben Jahre später hatten sie zu verantworten, dass das historische Kassel in Schutt und Asche lag.

**Amalie Elisabeth, Landgräfin (->Herrscher in Kassel)**

**Anna von Mecklenburg-Schwerin, Landgräfin (->Herrscher in Kassel)**

**Anthoni, Johann Jacob**

Als man die Herkulesfigur im Jahr 1900 reparierte, fand man auf dem Kopf, versteckt unter der Haarpracht, eine beschriftete Kupferscheibe. Sie gab Auskunft darüber, dass **Landgraf ->Karl** (1677–1730) die Statue in Auftrag gegeben hatte. Und sie berichtete, was bisher noch niemand wusste, nämlich wer der Schöpfer des Kunstwerks war: Johann Jacob Anthoni, ein Goldschmied aus Augsburg, der aber offenbar auch mit Kupfer umzugehen wusste. Er schuf die Gestalt in den Jahren 1714 bis 1717.

**AOK-Gebäude**

Das Verwaltungsgebäude der Allgemeinen Ortskrankenkasse Kassel an der Ecke des **->Friedrichsplatzes** hin zur Schönen Aussicht ist ein gelungenes Beispiel für die Architektur der fünfziger Jahre. Durch große Fensterflächen, eingebettet in eine Stahlbetonkonstruktion, wird im Treppenhaus eine Transparenz erzeugt, die durch die große geschwungene Treppe im Hausinnern aufgenommen und verstärkt wird.

Seit der documenta 9 im Jahr 1992 ist ebenfalls im Treppenhaus eine **Klanginstallation** von Max Neuhaus zu erleben, von der manche sagen, sie ergänze den optischen Eindruck.

**Apollo-Tempel**

Der oberhalb des Fontänenteiches im **->Bergpark Wilhelmshöhe** gelegene Tempel wurde von **Heinrich Christoph ->Jussow** von 1816 bis 1818 erbaut. Sein Namensgeber ist der griechisch-römische Gott des Lichts, der Künste und der Weissagung. Der Bau wird im Volksmund auch Freundschafts- oder Jussow-Tempel genannt.

Der Rundtempel, den eine Kuppel krönt, besteht aus Innenraum und Säulengang. Er wurde (und wird immer noch) hier und da gemalt. Frisch vermählte Brautpaare lassen sich gern vor dem Tempel fotografieren.

**Aquädukt**

Ein Aquädukt (lat. Aqua = „Wasser“ und ducere = „führen“) ist eine altrömische Wasserleitung in Gestalt einer Brücke, die eine Wasserrinne trägt. Genau ein solches Konstrukt hatte **Heinrich Christoph ->Jussow** im Sinn, als er sein Aquädukt als Teil der **->Wasserspiele** im **->Bergpark Wilhelmshöhe** plante und von 1788 bis 1792 baute. Allerdings sollte das Bauwerk (wie die **->Löwenburg** auch) den Vorstellungen der Romantik entsprechend als Ruine errichtet werden, als verfallene Kulisse für Effekte mit dem nassen Element. Das Aquädukt bricht unvermittelt ab, das Wasser wirbelt 43 Meter in die Tiefe auf scheinbar herabgestürzte Teile einer zuvor funktionsfähigen Wasserführung. Die kalkulierte Wirkung auf den Betrachter bleibt nicht aus, er kann sich ihrer Faszination kaum entziehen.

**Archiv der deutschen Frauenbewegung**

Das einzige deutsche Archiv, das sich mit der Geschichte der Frauenbewegung zwischen 1800 und 1970 befasst, öffnete seine Pforten im Jahr 1984. Es setzte sich zum Ziel, Schriften und Dokumente der ersten deutschen Frau-

enbewegung zu sammeln und öffentlich zugänglich zu machen.
Die Bibliothek des Archivs umfasst inzwischen fast 25 000 Bände. Sie kann als Präsenzbibliothek genutzt werden; eine Ausleihe der Bücher ist nicht möglich.
Die Archivleitung gibt eine zweimal jährlich erscheinende Zeitschrift heraus, legt eigene Forschungsprojekte auf und vermittelt ihre Arbeitsinhalte durch Vorträge und Führungen.
Das Archiv, gegründet als Verein, ist seit 2003 eine Stiftung.

**Arnold, Nicolaus Ludwig (->Oberbürgermeister)**

**Artilleriestraße**
Die Artilleriestraße wurde im Jahr 1829 gebaut, weil Kurfürst **->Wilhelm II.** (1821–1847) in der Nähe des **->Zeughauses** eine neue **Artilleriekaserne** errichten lassen wollte. Nach den Plänen von Johann Conrad Bromeis entstand ein eindrucksvolles dreiflügeliges Gebäude.
Die Kaserne fiel den Bomben des Zweiten Weltkriegs zum Opfer, die Artilleriestraße, noch lange nach ihrem Bau die breiteste Straße Kassels, blieb erhalten. Sie verbindet heute den Töpfenmarkt mit der Kurt-Wolters-Straße, nahe der Universität und unweit der Fulda.

**Asch**
Wer den See nicht kennt, wird ihn auch nicht sofort finden, denn der Asch liegt ein wenig versteckt am Rande des **->Bergparks Wilhelmshöhe**. **Landgraf ->Wilhelm IX.** (1785–1821) wollte den Park nach englischem Vorbild umgestalten. Der Wasserkunst- und Brunneninspektor Karl **->Steinhofer** erhielt deshalb den Auftrag, eine Szenerie zu schaffen, in der stehende und fließende Gewässer romantische Bestandteile sein sollten. Da Wasser aber nicht beliebig verfügbar war, kam er auf die Idee, das Grubenwasser der Zechen im **->Habichtswald** für seine Zwecke zu nutzen. Dieses Wasser wurde in einem künstlich angelegten Waldsee, dem Asch, gesammelt und weitergeführt. Steinhofer integrierte den See so geschickt in den Wald, dass seine zweckbestimmte Anlage dem Laien verborgen bleibt. Der Asch ist ein romantisches Fleckchen im Habichtswald, das zu entdecken sich lohnt.

**Aschrott, Sigmund**
Ohne Sigmund Aschrott (*14.06.1826, †05.05.1915) würde es den **Kasseler Westen**, der zunächst **Hohenzollern-Viertel** genannt wurde, nicht geben. Aschrott war in jungen Jahren in das Leinengeschäft seines Vaters eingestiegen und baute das Unternehmen kontinuierlich aus. Seinem Fleiß und seinem unternehmerischen Geschick war es zu verdanken, dass die Kasseler Leinenindustrie Weltgeltung erlangte. Aschrott verdiente in dieser Zeit sehr viel Geld, das er ab 1860 zu einem erheblichen Teil in den Kasseler Städtebau investierte. Er kaufte im Westen der Stadt Grundstücke, erschloss und bebaute sie auf eigene Kosten und eigenes Risiko und ohne nennenswerte städtische Unterstützung (anfangs jedenfalls). Da in der Altstadt zu wohnen immer unattraktiver geworden war, zogen die, die es sich leisten konnten gern in das neue, repräsentative Wohnviertel um. Aschrotts unterneh-

merische Entscheidung zahlte sich für ihn aus. Trotz ihrer Zurückhaltung, den Plänen Sigmund Aschrotts gegenüber, lohnte sich sein Engagement auch für die Stadt. Er schenkte ihr das Grundstück zum Bau der **->Stadthalle**, stellte Bauland für Kirchenbauten zur Verfügung und unterstützte mit einem großen Grundstück die Erweiterung des **Diakonissenkrankenhauses**.
Von den Bomben des Krieges weitgehend verschont, gilt der **Vordere Westen** auch heute noch als bevorzugtes Wohngebiet.

**Aschrottbrunnen**
**Sigmund ->Aschrott** schenkte der Stadt 1908 für den Vorplatz des neu errichteten Rathauses einen Brunnen, der vom Architekten des imposanten Gebäudes, Karl Roth, gestaltet wurde. Die Kasseler nannten das Bauwerk sehr bald ein wenig respektlos, aber dennoch liebevoll: „Zitronenpresse“.
Den Nationalsozialisten blieb es vorbehalten, den Brunnen 1939 in blindem Hass zu zerstören – nur weil Sigmund Aschrott jüdischen Glaubens war.
Nach dem Zweiten Weltkrieg schien der Brunnen in Vergessenheit geraten zu sein. Erst 1986 folgte der Magistrat einem Vorschlag des Kasseler Künstlers Horst Hoheisel, den Brunnen zwar wiederherzustellen, ihn aber im Boden, gleichsam als Negativ, zu versenken. Hoheisel schuf im documenta-Jahr 1987 dann mit seinem **„Negativ-Brunnen“** ein Mahnmal zur Erinnerung an das, was auch in Kassel in schrecklichen Jahren aus Hass und Verblendung geschah.

**Auefeld-Siedlung**
Mit Ministerpräsident Dr. Georg August Zinn und **->Oberbürgermeister** Dr. Lauritz Lauritzen war Prominenz angereist, als am 02.11.1955 Richtfest gefeiert wurde. Die **Gemeinnützige Wohnungsbaugesellschaft Hessen** (GWH), damals noch **Gewobag**, hatte begonnen, in einem gewaltigen Projekt das Auefeld in der Südstadt zu bebauen.
Bis dahin war das über 165 000 Quadratmeter große Baugebiet Gartengelände gewesen, jetzt sollte hier Wohnraum für 2 500 Menschen entstehen – attraktive Reihenhäuser mit Vorgarten, aber auch nicht weniger reizvolle Wohnungen in Mehrfamilienhäusern.
Skeptiker wurden bald überzeugt. Die Riesenbaustelle entwickelte sich zu dem, was sie werden sollte und bis heute noch ist: eine beispielhafte Stadtlandschaft im Grünen.
Bekannteste Auefeld-Bewohner waren **Christine ->Brückner** und **Otto Heinrich Kühner**, das Schriftsteller-Ehepaar, dessen Haus in der **Hans-Böckler-Str.** inzwischen als kleines **Literaturmuseum** eingerichtet wurde.

**Auestadion**
Am 23.08.1953 war es endlich so weit: Das Auestadion wurde eingeweiht. Ministerpräsident Dr. Georg August Zinn war es vorbehalten, die Sportstätte vor rund 30 000 Zuschauern – darunter **->Oberbürgermeister Willi Seidel** und die kommunale Politik- und Sport-Prominenz –, für den Spiel- und Sportbetrieb freizugeben.
Das Stadion, unter Verwendung von etwa 1 000 000 Kubikmetern Trüm-

merschutt aus der Kasseler Innenstadt errichtet, war ein beispielgebendes Schmuckstück geworden. Die Haupttribüne, auf der ungefähr 2 200 Sportinteressierte Platz fanden, hatte ein freitragendes Dach und verglaste Seitenwände, damit der Stadion-Innenraum von jedem Sitzplatz aus problemlos eingesehen werden konnte.
Mitte der achtziger Jahre wurde die Haupttribüne rechts und links um zwei überdachte Seitenteile erweitert. Ein Umbau kam nicht in Frage: Das Stadion stand (und steht noch immer) unter Denkmalschutz.
Gleichwohl ist man heute dabei, Kassels Vorzeigesportstätte auszubauen und zu modernisieren. Die neue Flutlichtanlage wurde bereits installiert. Der letzte Bauabschnitt soll im Jahr 2010 abgeschlossen sein.

**August-Bebel-Platz**
August Bebel (*22.02.1840, †13.08.1913) war Vorsitzender der Sozialdemokratischen Partei Deutschlands (SPD) und von 1871 bis 1913 Mitglied des Deutschen Reichstages.
Der nach ihm benannte Platz liegt im Kasseler Westen. Er hieß zunächst „**Neumarkt**", danach „**Hindenburgplatz**".

**Ayurvedaklinik**
Ayurveda ist bestrebt, Harmonie zwischen Mensch und Natur herzustellen. Wörtlich übersetzt bedeutet der Begriff „Wissen vom Leben". Er stammt aus Indien und hat eine mehr als 2000-jährige Geschichte. Was damals an Zusammenhängen zwischen Körper, Geist und Seele herausgefunden und über die Jahrhunderte weitergegeben wurde, ist heute Grundlage einer umfassenden Gesundheitslehre, die alle Aspekte des menschlichen Lebens einschließt.
Die Ayurveda-Klinik ist Teil der Habichtswald-Klinik für Ganzheitsmedizin und Naturheilkunde. Sie liegt unmittelbar am ->**Bergpark Wilhelmshöhe**.

**Bad Wilhelmshöhe (->Stadtteile)**

**Bahnhof Wilhelmshöhe**
Seit 1849 hat Wilhelmshöhe einen Bahnhof und obwohl hier zahlreiche Mitglieder des Hochadels auf ihrem Weg ins **Wilhelmshöher Schloss** aus dem Zug stiegen, spielte der Bahnhof eher immer eine Nebenrolle in der Kasseler Eisenbahngeschichte.
Das sollte sich erst am 29.05.1991, dem **Geburtstag des Fernbahnhofs Wilhelmshöhe** ändern, der Kassel in das Intercity-Netz einband und damit das Tor zur großen weiten Welt aufstieß.
Der neue Bahnhof mit seinem ebenso eindrucksvollen wie umstrittenen **Säulendach** machte den Menschen, die ihn nutzten, nicht nur Freude. Es fehlte nicht an Kritik, was Kundenfreundlichkeit und Komfort anging. Vom „Palast der Winde" sprach man, weil es auf den Bahnsteigen häufig zog und man war unzufrieden mit den langen Wegen, die gerade für ältere Menschen beschwerlich waren.
Inzwischen wurde manches verbessert, an einiges hat man sich gewöhnt oder nimmt es als unabänderlich hin. Die Kasseler und ihre Gäste haben sich mit dem für die Stadt so wichtigen Bahnhof arrangiert.

**Ballhaus**
Das Ballhaus wurde 1808/1809, während der Herrschaft **König ->Jérômes** durch den Baumeister Leo von Klenze, als Hoftheater errichtet. Für die Innenausstattung des Gebäudes, die man noch heute in ihrer ganzen Pracht bewundern kann, zeichnet jedoch der Kasseler Architekt Johann Conrad Bromeis verantwortlich, den **Kurfürst ->Wilhelm II.** mit dieser Aufgabe betraut hatte.

**Bantzer, Carl**
Der Maler Carl Bantzer (*06.08.1857, †19.12.1941) war von 1918 bis 1923 Direktor der **Kasseler Kunstakademie**. Er gilt als führender Maler des deutschen Impressionismus und ist einer der bekanntesten Vertreter der **Willingshäuser Künstlerkolonie**, die – in der Schwalm beheimatet – zu den ältesten Künstlerkolonien in Europa zählt.

**Bärenreiter-Verlag**
**Karl ->Vötterle** gründete den Bärenreiter-Verlag 1923 in Augsburg, zog aber bereits 1927 nach Kassel um. Bärenreiter ist einer der größten Verlage für klassische Musik weltweit. Er hat sich der Aufgabe verschrieben, die Musikkultur zu erhalten und das Erbe der europäischen Musik zu bewahren. Dementsprechend veröffentlicht und vertreibt er klassische Musik auf höchstem Niveau. Der Verlag hat inzwischen Tochterunternehmen im europäischen Ausland und in den USA.

**Beckett, Samuel**
22 Jahre alt war der irische Schriftsteller Samuel Beckett (*13.04.1906, †22.12.1989), als er Kassel zum ersten Mal besuchte. Er hatte sich in seine

Cousine **Peggy Sinclair** verliebt, die mit ihrer Familie seit 1922 in der Stadt an der Fulda lebte. Es war der Erste von mehreren Besuchen, vier davon allein im Jahr 1929.
Becketts angeheirateter Onkel William war Kunsthändler und seinem Neffen behagte die offene Lebensweise der Familie, die in deutlichem Widerspruch zu der seines streng protestantischen Elternhauses stand.
Samuel Beckett gefiel es in Kassel. Er nutzte die Möglichkeit, die deutsche Sprache und Kultur kennen zu lernen. Er liebte es, Ausflüge in den **->Bergpark Wilhelmshöhe**, in die **->Karlsaue** und an die **->Fulda** zu unternehmen.
Die Beziehung zu seiner Cousine war nicht von Dauer, gleichwohl kam Beckett bis 1932 weiterhin nach Kassel. Peggy starb 1933 an Tuberkulose, die Sinclairs gingen nach Irland zurück. Danach war Beckett nie wieder in Kassel, „wegen Peggy", wie er einmal einem Freund verriet.
Samuel Beckett gilt heute als einer der bedeutendsten Schriftsteller des 20. Jahrhunderts. Er erhielt 1969 den Nobelpreis für Literatur.

**Belgische Siedlung**
In den fünfziger Jahren wurde im Stadtteil **->Wehlheiden,** für die Familien der in Kassel stationierten belgischen Truppen, nach den Plänen der Architekten **Paul** und **Theo ->Bode** eine Reihenhaus-Siedlung errichtet.
Nach dem Abzug der Belgier übernahm das Bundesvermögensamt (mit Ausnahme des Schulgebäudes, das der Stadt Kassel zufiel) die Siedlung in der Absicht, die Häuser an Bundeswehrangehörige zu vermieten.
Zunächst einmal geschah aber nichts, die Siedlung stand leer – bis im Mai 1971 Studenten die ersten Häuser besetzten. Um Deeskalation bemüht, hielten sich Polizei und Stadt Kassel zurück; die Besetzter bekamen sogar Strom- und Wasseranschlüsse. Das Bundesvermögensamt erklärte sich damit einverstanden, dass die städtische Wohnungsbaugesellschaft GWG die Vermietung der Häuser übernahm. Bald aber schon zog das Amt seine Zusage wieder zurück mit der Konsequenz, dass Anfang Juli 1971 32 Häuser von 250 Menschen, darunter Familien mit Kindern, Lehrlinge und Schüler, besetzt waren. Das wollte das Bundesvermögensamt nicht hinnehmen. Es veranlasste die Räumung, die dann weitestgehend friedlich verlief.
Heute ist die Besetzung Geschichte. Die Häuser sind vermietet.

**Bergpark Wilhelmshöhe**
**Geschichte**
Die Kasseler sind stolz auf ihren Bergpark, ist er doch der größte in Europa und weithin bekannt wegen seiner **->Wasserspiele**. Gartenkünstlerisch ist er von besonderem Wert. Er hat sich doch über einen Zeitraum von eineinhalb Jahrhunderten entwickelt – barock in seinem oberen, als eher englisch geprägter, romantischer Landschaftsgarten in seinem unteren Teil. **Landgraf ->Karl** (1677–1730) erteilte 1701 dem italienischen Architekten **Giovanni Francesco ->Guerniero** den Auftrag, auf dem Karlsberg mit dem Bau des **Oktogons** zu beginnen. Dem Gebäude vorge-

lagert sollten **Kaskaden** entstehen, gleichsam als Wasserachse, am Berghang.
Erst als diese Arbeiten 1713 fertig gestellt waren, schuf der Augsburger Goldschmied **Johann Jacob ->Anthoni** die kupferne, damals noch vergoldete **Herkules-Figur**, die 1717 auf der über dem Oktogon errichteten Pyramide aufgestellt werden konnte.
Nachdem **Landgraf ->Karl** 1730 verstorben war, wurden in den Folgejahren kaum Veränderungen am Karlsberg vorgenommen. Sein Nachfolger **->Wilhelm VII.** ließ zwar notwendige Reparaturen ausführen, benötigte aber im Übrigen nicht geringe Finanzmittel zum Bau seines **Schlosses Wilhelmsthal**.
Erst **Landgraf ->Friedrich II.** (1760–1785) entwickelte den Park vorsichtig weiter. Vieles von dem, was er an Bauwerken errichten ließ, verfiel bald wieder oder wurde später Opfer eines sich ändernden Geschmacks. Überlebt haben das **„chinesische Dorf"** **->Mulang** und einige Einzelbauwerke (**Merkurtempel**, **Vergils Grabmal**, **Plutogrotte**).
Mit **Landgraf ->Wilhelm IX.** (1785–1821), dem späteren **Kurfürsten ->Wilhelm I.**, begann dann ab 1785 eine Epoche des Umbaus und der Erweiterung im unteren Teil des Parks zwischen Kaskaden und Schloss.
**Heinrich Christoph ->Jussow**, der Gartenarchitekt des Landgrafen, baute die **->Löwenburg**, schuf den **->Lac**, das **->Aquädukt** und die **->Teufelsbrücke** mit Höllenteich. Sein wichtigster Mitarbeiter war der Garten- und Brunneninspektor **Karl ->Steinhofer**.
Letztes Bauwerk dieser romantischen Phase war der **Neue Wasserfall**, den **Kurfürst ->Wilhelm II.** (1821–1847) anlegen ließ. Der Aus- und Umbau des Bergparks war damit beendet, denn sein Nachfolger **Kurfürst ->Friedrich Wilhelm I.** hatte wahrlich ganz andere Sorgen. Er stand im Preußisch-österreichischen Krieg auf der falschen Seite, nämlich der der Österreicher. Als die Preußen die Auseinandersetzung zu ihren Gunsten entschieden, musste er 1866 abdanken. Hessen-Kassel wurde preußisch.

**Baumbestand**
Im **->Bergpark Wilhelmshöhe** findet man heute über 500 Bäume und Sträucher aus der ganzen Welt, zu einem erheblichen Teil in der zweiten Hälfte des 18. Jahrhunderts beschafft und angepflanzt. Aus früheren Zeiten sind Gehölze kaum mehr vorhanden, sie wurden wohl dem Zeitgeist im Zuge der Umgestaltung des Parks geopfert und durch Neuanpflanzungen, vornehmlich aus Nordamerika, ersetzt. Erst später kamen Pflanzen aus Asien und anderen Gebieten unseres Erdballs hinzu. Manches ist heute nicht mehr zu finden, anderes entstand neu.
Spannend ist es, im Baum- und Pflanzenführer über die aktuellen Bestände nachzulesen. Natürlich sind viele einheimische Arten zu finden, immer noch aber auch europäische und viele andere aus exotischen Ländern der ganzen Welt. Trotz der Veränderungen, denen der Bergpark auch botanisch in zwei Jahrhunderten unterworfen war, hat er seine Attraktivität behalten.

Die pflanzliche Vielfalt macht neugierig und es ist ein Erlebnis ganz eigener Art, sich auf die botanischen Besonderheiten dieses einzigartigen Stückes Natur einzulassen.

**Bergrennen**

Von 1923 bis 1927 fanden regelmäßig im Sommer **Autorennen** im **->Bergpark Wilhelmshöhe** statt, die auf großes Interesse in der Bevölkerung stießen. Tausende pilgerten an die 4,5 km lange Rennstrecke, um die tollkühnen Männer in ihren pfeilschnellen Kisten zu bewundern und zu feiern. Einer, der hier rennfahrerische Erfahrung sammelte, war **Rudolf Caracciola**, der erfolgreichste deutsche Automobilrennfahrer vor dem Zweiten Weltkrieg.
Warum die Rennen eingestellt wurden, lässt sich nicht so leicht rekonstruieren. Tatsache ist allerdings, dass man Anfang der fünfziger Jahre **Rennen für Motorräder** im Park veranstaltete. Diesmal war – nach Veranstaltungen von 1951 bis 1954 – ebenfalls wieder relativ schnell Schluss mit dem Motorsport am Herkules, obwohl auch diesmal die Kasseler Bevölkerung dem Rennen begeistert und in großer Zahl folgte.
Seit 2005 wird nun erneut ein **Herkules-Bergpreis** ausgefahren, jetzt allerdings ausgeschrieben für historische Fahrzeuge. Es ist nicht auszuschließen, dass die Zuschauer bei dieser **Oldtimer-Veranstaltung** mit den Autos ein Wiedersehen feiern können, die in den Zwanzigern des vorigen Jahrhunderts ihre Altvorderen begeisterten. Doch wird das Für und Wider dieser Oldtimer-Veranstaltung im Bergpark unter den Kasselern heftig diskutiert.

**Berliner Brücke**

Wollten die Menschen in **->Kirchditmold** im 19. Jahrhundert die Bahngleise überqueren, nutzten sie einen durch Schranken gesicherten Übergang. Irgendwann in den neunziger Jahren beschloss man jedoch, eine Brücke, für Fußgänger und Fahrzeuge zu bauen.
Damals gab es in der Nähe des Bahnübergangs das **Gasthaus Meiß**, dessen Inhaber politisch engagiert und ein in Kirchditmold und Kassel gleichermaßen geachteter und einflussreicher Mann war. Als der die Baupläne sah, gefiel ihm der Brückenstandort nicht so recht, denn seine Gastwirtschaft geriet ein wenig ins Abseits.
Kurzerhand begab er sich nach Berlin ins zuständige Ministerium und im Gespräch mit den Verantwortlichen erreichte er, dass die Planung ein wenig verändert wurde: die Brücke rückte auf den gewünschten Standort und der Verkehr floss unmittelbar am Gasthaus der Familie Meiß vorbei.
Die Brücke in Kirchditmold heißt seitdem die „Berliner Brücke". 1953 wurde sie, dem erhöhten Verkehrsaufkommen entsprechend, erneuert. Ihren Namen aber hat sie behalten. Seit 1959 unterstreicht ein in Muschelkalk gehauener und stadtseitig aufgestellter Bär, dass das auch zukünftig so bleiben soll.

**Bettenhausen (->Stadtteile)**

**Beuys, Joseph**
Was immer man von Joseph Beuys (*12.05.1921, †23.01.1986) halten mag: Kein Künstler des 20. Jahrhunderts hat in der Öffentlichkeit so viel Aufmerksamkeit erregt wie er. Er war Aktionskünstler, Zeichner und Bildhauer, mischte sich politisch ein und war mit großem persönlichem Einsatz pädagogisch tätig. Er hinterfragte den Kunstbegriff wie keiner vor ihm und definierte ihn neu-auf eine bisher nicht gekannte Weise.
Joseph Beuys war seit der documenta 3 (1964) auf jeder **->documenta** (bis zu seinem Tod) vertreten. Mit spektakulären Aktionen spaltete er sein Publikum. Auf der **documenta 7** (1982) initiierte er das Projekt „**Stadtverwaldung statt Stadtverwaltung**", das auch unter der Bezeichnung „**7000 Eichen**" in die documenta-Geschichte einging. In der Stadt sollten 7000 Eichen gepflanzt werden, neben die jeweils ein Basaltstein gestellt wurde. Als er starb, waren in Kassel 5500 Eichen gepflanzt. Den letzten Baum brachte sein Sohn während der **documenta 8** (1987) in die Erde.
In der Kasseler **->Neuen Galerie** sind Werke von Joseph Beuys ausgestellt.

**Bevölkerung**
Die Bevölkerung Kassels lebt seit jeher in einer „Drei-Klassen-Gesellschaft", die sich aus **Kasselänern**, **Kasselanern** und **Kasselern** zusammensetzt.
Ein Kasseläner wurde in Kassel geboren, seine Familie ist seit mindestens einer Generation in Kassel ansässig. Ein Kasselaner ist als Kind zugezogener Eltern in Kassel geboren. Ein Kasseler schließlich ist ein Zugezogener.
Trotz dieser nicht unwichtigen Unterschiede: Alle leben als gute Nachbarn in dieser Stadt zusammen.

**Bismarckturm**
Viele deutsche Städte hatten schon einen, da wollte Kassel nicht zurückstehen. Also sorgte der Verschönerungsverein dafür, dass auch die Fuldametropole zu ihrem Bismarckturm kam.
Nach den Plänen des Dresdener Architekten Wilhelm Kreis, auf dem **Brasselsberg** als neoklassizistisches Bauwerk errichtet, wurde der 25,5 m hohe Turm am 02.09.1904 feierlich eingeweiht. Mit Blasmusik und Chorgesang, der Rede des Realschuldirektors Harnisch und einem Festkommers am Abend in der Stadt übergab man den Turm der **->Bevölkerung**. Immerhin waren rund 1200 Menschen auf den Berg gewandert, um an der nachmittäglichen Feierstunde teilzunehmen.
Bis heute ist der Turm ein beliebtes Ausflugsziel geblieben, hat man doch von seiner Aussichtsplattform einen wunderschönen Blick über das von der **->Fulda** durchzogene **->Kasseler Becken**.

**Blue dancer**
Der „Blue dancer", eine Lichtskulptur von Kazuo Katase (*1947), schwebt seit 2003 über der Fulda. Die Skulptur verbindet den ältesten Teil Kassels mit der wieder erstandenen **->Unterneustadt** gleichsam als imaginäre Brücke. Katase lebt und arbeitet seit 1976 in Kassel. Er war auf der **documenta 9** (1992) vertreten.

**Bode, Arnold**
Wie wird man Arnold Bode (*23.12.1900, †03.10.1977) am ehesten gerecht? Er war Maler und Zeichner, Innenarchitekt, Hochschullehrer, Kunstpädagoge, vor allem aber war er ein Mann, der die Vision hatte, in seiner Geburtsstadt eine Ausstellung zeitgenössischer Kunst zu organisieren, die weltweit beachtet werden sollte. 1955 war es dann so weit. Nach langen Vorbereitungen und vielen Gesprächen fand die erste **->documenta** zeitgleich mit der **Bundesgartenschau** in Kassel statt. Sie wurde ein riesiger Erfolg.
Arnold Bode erfand die documenta und war ihr Motor, aber sie war nicht sein alleiniges Werk. Wichtiger und enger Mitarbeiter war **Werner Haftmann**, ein Kunsthistoriker von hohem Rang, der Arnold Bode bei den ersten drei Ausstellungen zur Seite stand.
1964 übernahm Bode zum letzten Mal die Ausstellungsleitung. Die Kunstausstellung war inzwischen so etabliert, dass nach der **documenta 4** ein Generationenwechsel stattfinden konnte.

**Bode, Paul**
Der Architekt Paul Bode (*05.04.1903, †16.01.1978), jüngerer Bruder des documenta-Machers **Arnold ->Bode**, hat die Kasseler Nachkriegsarchitektur nachhaltig beeinflusst. Er baute das Staatstheater, zusammen mit seinem Partner **Ernst Brundig** (1959), das **Schlosshotel Wilhelmshöhe** (1955), die **Centrum-Garagen** – ebenfalls zusammen mit Ernst Brundig (1955) –, **Kassels erstes Hochhaus** an der Sophienstraße (1953), die **->Belgische Siedlung** zusammen mit seinem Bruder Theo (1952). Neben einigen anderen Mehrfamilienhäusern in Kassel (1953) errichtete er das **Autobahnrasthaus Kassel** (1953) und das **Hotel Hessenland** (1953).
Überregional bekannt wurde Paul Bode als Baumeister von Kinos und Filmtheatern. Auch in seiner Heimatstadt Kassel zeichnete er für mehrere **Lichtspielhäuser** verantwortlich. Nicht viele wissen, dass Paul Bode auch als **Möbel-Designer** erfolgreich war.

**Bombardier**
Das kanadische Unternehmen Bombardier, u. a. Spezialist in der Entwicklung von Produkten und Technologien für den Schienenverkehr, übernahm am 01.05.2001 die Produktion von Schienenfahrzeugen in Kassel. Damit wurde ein Weg fortgesetzt, der mit der ersten Auslieferung einer Lokomotive der Firma Henschel im Jahr 1848 begann.
Bombardier operiert weltweit. Der Konzern beschäftigt in Kassel 600 Mitarbeiter.

**Börner, Holger**
Holger Börner (*07.02.1931, †02.08.2006) lernte nach Abschluss der Mittelschule den Beruf des **Betonfacharbeiters**. Bereits 1948 trat er in die SPD ein und betätigte sich bald kommunalpolitisch. 1957 wurde er als jüngster Abgeordneter direkt in den Bundestag gewählt. Von 1967 bis 1972 war er Parlamentarischer Staatssekretär im Bundesverkehrsministerium, anschließend bis 1976 Bundesgeschäftsführer der Sozialdemokraten.

1976 wurde Holger Börner zum hessischen **Ministerpräsidenten** gewählt, ab 1984 koalierte er mit den Grünen. Das Bündnis zerbrach jedoch bereits 1987. Ein weiteres Mal stellte sich Holger Börner nicht zur Wahl, sondern übernahm ab 1987 bis 2003 den Vorsitz der SPD-nahen **Friedrich-Ebert-Stiftung**.
Seit 1988 war Holger Börner Ehrenbürger seiner Heimatstadt Kassel.

**Botanischer Garten**
Im Jahr 1912 wurde der Botanische Garten nahe dem **Schlösschen Schönfeld** als Schulgarten eröffnet. Von finanziellen Problemen über die Jahre nicht verschont, wurde er 1982 zu einer allgemeinen Grünanlage umgebaut. Heute bemüht sich der Freundeskreis Botanischer Garten darum, dieses Kleinod der Gartenkunst nicht nur zu erhalten, sondern auch weiterzuentwickeln. Die Vereinsmitglieder möchten jedoch zunächst die Gartenkultur der fünfziger Jahre, die den Garten prägt, durch Restaurierung des noch Vorhandenen wieder zur Geltung bringen.

**Brandkasse**
Im Jahr 1767 gründete Landgraf **->Friedrich II.** (1760–1785) auf Vorschlag der Landstände, die Brandkasse. Viele Menschen hatten aufgrund von Feuersbrünsten ihren Besitz und ihre Existenz verloren. Dem sollte entgegengewirkt werden.
Der Beitritt zur Brandkasse war freiwillig. Eine Vielzahl guter Gründe und ein niedriger Beitrag machten es den Gebäudeeigentümern aber leicht, das Angebot ihres Landesherrn anzunehmen. Interessant am Rande: Um die Versicherten zu erfassen, mussten sogenannte Brandkataster angelegt werden; dazu bedurfte es der Nummerierung aller Gebäude: die **Hausnummern** waren geboren.
Die öffentlich-rechtliche Brandkasse hatte 230 Jahre Bestand. Im Zuge der Europäisierung des Versicherungsrechts verlor die Brandkasse ihr Monopol, die Pflichtversicherung für Gebäude gegen Brand wurde abgeschafft. Die öffentlichen Versicherer mussten sich neu aufstellen. Im Zuge von Fusionen verschmolz die Brandkasse mit anderen Unternehmen.

**Branner, Dr. Karl (->Oberbürgermeister)**

**Brasselsberg (->Stadtteile)**

**Bratwurst**
In Kassel wird die Bratwurst, die zu den **->Schmeckewöhlerchen** gehört, aus grobem Schweinegehacktem („Hack“ oder „Hackfleisch“) hergestellt. Die beste Wurst dieser Art soll es im Kasseler Stadtteil **-> Niederzwehren** geben. Das wird verständlicherweise von den übrigen Kasseler Metzgern bestritten, obwohl man dort sogar jedes Jahr eine **->Bratwurstkirmes** feiert.

**Bratwurstkirmes**
„**De Bratwirschte**“ (die Bratwürste) heißen die Niederzwehrener mit ihrem Spitznamen in Kassel, und danach haben sie selbstironisch ihr Heimatfest benannt.
Die Tradition der Bratwurstkirmes reicht in Niederzwehren (**->Stadtteile**) in

die Zeit weit vor der Eingemeindung im Jahr 1936 zurück, als Niederzwehren noch ein Dorf und eigenständig war. Über viele Jahre schien es, als habe man das Volksfest vergessen, bis es 1996 sozusagen wieder belebt wurde. Heute gehört die Bratwurstkirmes zu den „angesagtesten" Veranstaltungen in Kassel.

**Breithaupt, Johann Christian**
1762 gründete Johann Christian Breithaupt (*1736, †1800) einen Betrieb zur Herstellung feinmechanischer Instrumente. Fünf Jahre später wurde er von **Landgraf ->Friedrich II.** (1760–1785) zum Hofmechaniker ernannt. Er gilt heute als der Stammvater eines inzwischen 245 Jahre in Kassel ansässigen Unternehmens, das als Hersteller von rund 100 verschiedenen **Präzisionsmessgeräten** längst weltweit tätig ist. Die Firma wird inzwischen in der siebten Generation von der Gründerfamilie geführt.

**Bremeier, Wolfram (->Oberbürgermeister)**

**Brückenhof-Siedlung**
Zwischen den Stadtteilen **->Nordshausen** und **->Oberzwehren** entstand in den sechziger Jahren (ab 1966) eine Wohnsiedlung mit rund 1 900 Wohnungen, in denen etwa 5 500 Menschen aus über 50 Nationen leben. Eigentümerin der Siedlung ist die Gemeinnützige Wohnungsbaugesellschaft Hessen (GWH).

**Brückner, Christine**
Als Christine Brückner (*10.12.1921, †21.12.1996) im Jahr 1960 wieder nach Kassel zog (sie hatte hier als ganz junge Frau bereits einige Jahre verbracht), hatte sie sich längst als Schriftstellerin einen Namen gemacht. Sie lebte mit ihrem Mann und Schriftstellerkollegen **Otto Heinrich Kühner** in der **->Auefeld-Siedlung**. In ihrem ehemaligen Wohnhaus in der Hans-Böckler-Str. 5 wurde nach dem Tod der beiden ein kleines **Literaturmuseum** eingerichtet.
1984 gründete das Ehepaar die Brückner-Kühner-Stiftung, die seit 1985 jährlich den **Kasseler Literaturpreis für grotesken Humor** vergibt.
Christine Brückner ist eine der erfolgreichsten Schriftstellerinnen nach dem Zweiten Weltkrieg. Zu ihren bekanntesten Werken zählen die Romantrilogie „Jauche und Levkojen", „Nirgendwo ist Poenichen", „Die Quints" sowie „Wenn du geredet hättest, Desdemona" und „Ungehaltene Reden ungehaltener Frauen".
Christine Brückner wurde vielfach ausgezeichnet. Sie ist Ehrenbürgerin der Stadt Kassel.

**Brüder Grimm**
Wenn man an Jacob (*04.01.1785, †20.09.1863) und Wilhelm Grimm (*24.02.1786, †16.12.1859) denkt, fällt einem immer zuerst ihre unvergängliche **Märchensammlung** ein, die sie fast überall in der Welt unsterblich gemacht hat. Beide waren aber viel mehr als „Märchenonkel", sie wa-

ren Sprach- und Geisteswissenschaftler von hohem Rang, vielleicht sogar die Väter der Germanistik. Sie schufen die „Deutsche Grammatik" und arbeiteten lange Jahre an ihrem **->Deutschen Wörterbuch**, in dem sie den Wortschatz der Zeit „von Luther bis Goethe" zusammentragen wollten. Und sie waren „politische" Menschen, die sich nicht im Elfenbeinturm der Wissenschaften versteckten, sondern offen für **Menschenrechte und Demokratie** eintraten und die bereit waren, für ihre Überzeugungen Nachteile in Kauf zu nehmen.
Die Brüder Grimm lebten in ihrer hessischen Heimat in Hanau (wo sie geboren wurden), in Steinau (wo sie ihre Kindheit verbrachten), in **Kassel** (wo sie das Lyceum, das heutige **Friedrichsgymnasium**, besuchten), in Marburg (wo sie studierten) und dann wiederum in **Kassel** (wo sie nun wissenschaftlich arbeiteten, ihren Lebensunterhalt verdienten und ihre Familie lebte).
Sie wollten nicht fort aus dieser Stadt, die sie ihre Heimatstadt nannten, aber als ihre Arbeit von **Kurfürst ->Wilhelm II.** (1821–1847) nicht so gewürdigt wurde, wie sie es für angemessen hielten, verließen sie Kassel um in Göttingen als Professoren zu lehren.
Aus politischen Gründen der Hochschule verwiesen, gingen sie nach Berlin, wo sie bis zu ihrem Tod unter guten Bedingungen geisteswissenschaftlich arbeiten konnten, insbesondere an ihrem Wörterbuch.

**Brüder-Grimm-Museum**
1959 gegründet, ist das Brüder-Grimm-Museum seit 1972 im **Palais Bellevue** an der Schönen Aussicht über der **->Karlsaue** untergebracht. Es gibt einen Einblick in das Leben und Werk der „Märchenbrüder" Jacob und Wilhelm Grimm, dokumentiert die Stationen ihres Wirkens und zeigt kostbares Mobiliar, zahlreiche Bilder und Briefe aus der Familie der Grimms, während ihrer Arbeit als Bibliothekare am Hof des Landgrafen und Kurfürsten sowie des Königs von Westfalen, **->Jérôme**.
Breite Berücksichtigung findet der künstlerische Nachlass des Malers und Zeichners **Ludwig Emil Grimm**, Bruder der beiden Germanisten.
Das Museum ist stolz auf eine der größten Sammlungen von Ausgaben der Grimm'schen Märchen weltweit.

**Buch der Wörter**
Ein Kunstwerk der besonderen Art zeigte **Ecke Bonk** anlässlich der **documenta 11** im Jahr 2002: seine **Rauminstallation** „Buch der Wörter". Er setzt sich mit dem **->Deutschen Wörterbuch** der **->Brüder Grimm** auseinander, welches die beiden Sprachforscher begannen, das aber erst mehr als 120 Jahre später fertig gestellt wurde.
Ecke Bonk zeigt 428 gerahmte Titelblätter von Lieferungen an die Grimms sowie eine Sequenz scheinbar zufälliger Wandprojektionen mit Eintragungen und Erläuterungen aus dem Wörterbuch, die dem Betrachter einen Einblick in das Schaffen der beiden Wissenschaftler bieten.
Die Stadt Kassel hat das Kunstwerk 2007 mit Sponsorenhilfe angekauft. Es wird in der **->Neuen Galerie** zu sehen sein.

### Bücherwurm

Im Vestibül der **->Murhard'schen Bibliothek** steht auf einem Säulenstumpf der Bücherwurm. Eigentlich gehört er auf die Granitsäule eines vor der Bibliothek errichteten und 1909 eingeweihten Brunnens. Den aber gibt es nicht mehr, weil seine Bronzefiguren im Zweiten Weltkrieg eingeschmolzen wurden – bis auf den Bücherwurm. Der schaffte es sich zu verstecken, wurde aber 1950 von einem städtischen Mitarbeiter auf einem **Schrottplatz in Hamburg** entdeckt und nach Kassel zurückgebracht.

### Bundesgartenschau

Die erste Bundesgartenschau, die Kassel erlebte, fand 1955 zu einem Zeitpunkt statt, als die Schäden des Zweiten Weltkriegs längst noch nicht alle beseitigt waren. Trotzdem wurde die Blumenschau in der **->Karlsaue** ein toller Publikumserfolg, vielleicht auch deshalb, weil zeitgleich die erste **->documenta** ihre Pforten für Gäste aus aller Welt öffnete. Die Menschen erfreuten sich an den Gartenschau-Anlagen, schwebten im **Sessellift** über das Gelände und genossen es, mit der **Minibahn** an Blumen und Pflanzen vorbeizufahren. Wie **Bundespräsident Theodor Heuss**, **Ministerpräsident Georg August Zinn** und **Oberbürgermeister Dr. Lauritz Lauritzen** (**->Oberbürgermeister**) waren drei Millionen Menschen von dieser Kasseler Gartenschau begeistert.

Zum **zweiten Mal** war Kassel 1981 Gastgeber der **Bundesgartenschau**. Wieder eröffnete der Bundespräsident, diesmal **Karl Carstens**, die Veranstaltung, die eine Schau der Superlative werden sollte. „Ein sommerlanges Parkfest" wünschte sich **Oberbürgermeister Hans Eichel** (**->Oberbürgermeister**) und die Besucher bekamen es. Gärtnerisches Schaffen, traditionelles wie alternatives, und bunte Blütenpracht wetteiferten mit einem künstlerischen Rahmenprogramm, das sich sehen lassen konnte. Das Konzept, ein riesiges Freizeitgelände (mit dem „**Bugasee**") in der Stadt zu schaffen, kam an, vor allem auch, weil es ja den Menschen, die hier lebten, erhalten blieb. Am Ende hatten 5,5 Millionen Menschen Kassel besucht.

### Bundeshauptstadt

Einen Versuch war es den Verantwortlichen allemal wert, auch wenn er am Ende nicht zum Erfolg führte: **Kassel wollte 1948 Bundeshauptstadt werden**.

Vieles sprach für die Fuldastadt, hauptsächlich natürlich ihre zentrale Lage, nahe gelegene Flugplätze in Waldau, Rothwesten und Fritzlar und einige bereits vorhandene größere Gebäude für die Unterbringung der Staatsorgane und Behörden. Sicher hätte noch viel getan werden müssen, aber die Stadtväter und -mütter waren überzeugt davon, das Notwendige leisten zu können.

Als dann **Bonn** schließlich die Endausscheidung gegen **Stuttgart, Kassel** und **Frankfurt** gewann, gab es an der Fulda nicht wenige, die aufatmeten und froh darüber waren, dass dieser Kelch an ihrer Stadt vorbeigegangen war. Sie hatten die Last für zu schwer gehalten, die die im Kriege so geschundene Stadt zusätzlich hätte schultern müssen.

**Bunsen, Robert Wilhelm**

Ziemlich am Anfang seiner Karriere als Chemiker, von 1836 bis 1839, lehrte und forschte Robert Wilhelm Bunsen (*30.03.1811, †16.08.1899) am Polytechnikum, der **Höheren Gewerbeschule** in Kassel. Den **Bunsenbrenner**, an den sich viele aus dem Chemieunterricht noch erinnern werden, hat er in dieser Zeit nicht erfunden. Manche sagen, er habe ihn überhaupt nicht erfunden. Das sei vielmehr Michael Faraday gewesen, sein englischer Kollege. Ein enger Mitarbeiter Bunsens habe das Gerät dann weiterentwickelt; und weil der nicht so bekannt war wie sein Chef, habe man das Ding dann eben Bunsenbrenner genannt.
Wie dem auch sei: es ändert nichts an Bunsens Größe, wenn er hinsichtlich des Brenners wirklich nur zweiter Sieger war.

**Bürgi, Jost**

Der **Hofastronom** des **Landgrafen ->Wilhelm IV.**, des Weisen (1568–1592), Jost Bürgi (*28.02.1552, †31.01.1632), kam 1579 aus Straßburg nach Kassel. Er war ein genialer Mathematiker, Uhrmacher und Instrumentenbauer, der am landgräflichen Hof in der ersten „festen“ Sternwarte Europas astronomisch arbeitete. Er pflegte die **Messinstrumente** des Landesherrn und entwickelte sie, wenn möglich, weiter. Bürgi baute großartige **Uhren** und **Globen**, von denen heute einige noch immer im **->Museum für Astronomie und Technikgeschichte** bestaunt werden können.
Sein mathematisches Talent findet Ausdruck in dem von ihm entdeckten **Logarithmensystem**, das er 1588 in Kassel entwickelte und 1620 publizierte. Da er es mit der Veröffentlichung seiner Erkenntnisse nicht so eilig hatte, kam ihm 1614 der Engländer John Napier zuvor, der zur gleichen Zeit wie Bürgi an diesem Problem arbeitete.

**Calm, Marie**
Ohne die Zustimmung der Eltern ließ sich Marie Calm (*03.04.1832, †22.02.1887) Mitte des 19. Jahrhunderts in der Schweiz zur Lehrerin ausbilden und arbeitete danach in England und Russland als Erzieherin. Nach dem Tod des Vaters kehrte sie nach Deutschland zurück und leitete von 1862 bis 1865 eine Schule für höhere Töchter in Lennep bei Remscheid. Nach einem weiteren England-Aufenthalt zog sie mit Mutter und Schwester nach Kassel, wo sie 1869/1870 den **Casseler Frauenverein** gründete. Zweck des Vereins war die Errichtung einer **Fachschule für Frauen**, an der sie selbst auch unterrichtete.
Marie Calm hatte gute Kontakte zu einer Reihe von Frauen der deutschen Frauenbewegung.
Unter dem Pseudonym **Marie Ruhland** war sie schriftstellerisch tätig. Sie schrieb Romane, Erzählungen und Gedichte.

**Caricatura**
Der 1984 gegründete Verein Caricatura hat seit 1995 im **->Kulturbahnhof** Kassel eine Galerie für komische Kunst eingerichtet. Hier haben **Komik und Satire** einen Platz gefunden, der sich zu einem **Zentrum der Satire in Deutschland** entwickelt hat.
Bekannte Cartoonisten und Karikaturisten stellen hier aus; zu jeder Ausstellung werden Begleitveranstaltungen (Kabarett, Film, Lesungen) angeboten. Darüber hinaus machen Wanderausstellungen in ganz Deutschland auf die Kasseler Galerie aufmerksam.

**Catta, Fritz**
Der Name Fritz Cattas (*11.01.1906, †17.09.1968) ist mit der Kasseler Nachkriegsgeschichte auf vielfältige Weise verbunden. Seit 1919 bereits in Kassel selbstständig, plante und errichtete der Architekt hier zahlreiche Gebäude der Nachkriegszeit. Er war Vorsitzender des **Wiederaufbauvereins Wilhelmshöhe** und gehörte unter anderem dem **Verwaltungsrat des Staatstheaters** an.
Von großer Bedeutung für die Stadt war sicher auch seine politische Tätigkeit. Fritz Catta war schon vor dem Zweiten Weltkrieg eine bedeutende liberale Persönlichkeit, keine Frage also für ihn, sich auch nach 1945 wieder politisch einzubringen. Nach dem parlamentarischen Neubeginn war er bis 1958 Landtagsabgeordneter.
Seit 1966 ist Fritz Catta Ehrenbürger der Stadt Kassel.

**Christoffel**
Heute weiß in Kassel fast niemand mehr, dass der **->Herkules** über beinahe zwei Jahrhunderte der „**große Chrischtof**" oder „Christof" genannt wurde – manche sprachen auch liebevoll von ihm als dem „Christoffel".
Das hat damit zu tun, dass die einfachen Menschen in Hessen-Kassel mit der griechischen Mythologie wenig anzufangen wussten. Von Herkules oder Herakles hatten die meisten keine Ahnung, aber sie kannten aus der Bibel und weil der Pfarrer von ihm erzählt hatte, Christopherus, diesen großen, starken

Kerl mit dem Jesuskind auf der Schulter. Groß und stark war der Bursche da oben auf dem Karlsberg ja auch. Und weil er auch noch fast so aussah wie Christopherus, war er eben der Christoffel.
Erst im Verlauf des 20. Jahrhunderts ging der Name verloren, und heute: Siehe oben!

**City-Point**
Der City-Point am **->Königsplatz** ist ein richtiger „Hingucker“. Das Gebäude ist fünfgeschossig, auf über 20 000 m² Verkaufsfläche bieten mehr als 60 Geschäfte ihre Waren an oder laden als Cafés oder Restaurants zum Verweilen ein. Ein glasüberspanntes Atrium sorgt für Tageslicht und nimmt dem Komplex jede Enge. 17 Rolltreppen verbinden die verschiedenen Ebenen. An der Außenfassade sind **82 000 Leuchtdioden** angebracht, die das Haus bei Dunkelheit in ein fantastisches Licht tauchen. 200 Millionen DM kostete die Galerie, die Anfang 2002 eröffnet wurde. Täglich 30 000 Besucher sorgen für Leben auf den Etagen und lassen die Kassen klingeln.

**Collegium Carolinum**
Im Jahr 1709 gründete **Landgraf ->Karl** (1677–1730) das Collegium Carolinum als eine Bildungseinrichtung, die nach dem Besuch der Lateinschule auf ein Universitätsstudium vorbereiten sollte. Sie war im **->Ottoneum** untergebracht.
**Landgraf ->Friedrich II.** (1760–1785) machte es sich dann ab 1766 zur Aufgabe, das Collegium Carolinum „umzubauen“. Der Lehrplan wurde anspruchsvoller, körperliche Ertüchtigung durch Reiten, Fechten und Tanzen ergänzte das Angebot. Das Collegium bekam universitäre Strukturen. Seine Lehrer wurden ab 1773 Universitätsprofessoren gleichgestellt.
Obwohl Friedrich II. viel tat, das Collegium Carolinum in seiner Bedeutung zu stärken (z. B. durch die Verpflichtung hervorragender Lehrer), musste er erkennen, dass die Einrichtung neben den etablierten Universitäten Marburg und Rinteln keinen Bestand haben würde. Das neu eingerichtete **Lyceum Fridericianum** als eine unmittelbar zur Universität hinführende Schule bereitete dem Collegium Carolinum dann ein Ende. Es wurde 1786 aufgelöst.

**Dampfer „Elsa“**
Als die Fulda-Schifffahrt 1895 begann, war der Dampfer „Elsa“ noch ein Schlepper und hieß „**Gustav**“. Da „Gustav“ aber einen Schraubenantrieb hatte, der für die Fulda zu tief ging, wurde er zu einem **Hinterrad-Salon-Dampfer** umgebaut und erhielt einen neuen Namen. Bis 1971 war der legendäre Dampfer „Elsa“ auf der Fulda unterwegs. Dann hatte er seine Schuldigkeit getan und wurde verschrottet.

**Daspel**
Der am Rande des Habichtswaldes gelegene Daspel ist der Hausberg der im Stadtteil **->Harleshausen** lebenden Menschen. Er ist 260 m hoch und für Waldspaziergänge hervorragend geeignet. Daran, dass der Daspel früher gern als Fest- und Tanzplatz genutzt wurde, erinnert ein Linden- und Hainbuchenrondell vor dem idyllisch gelegenen **Sportplatz**. In unseren Tagen sehenswert ist das jährliche Osterfeuer, zu dem der Bürgerverein regelmäßig auf den Daspel einlädt.
Der Waldsportplatz Daspel wurde im Rahmen einer Arbeitsbeschaffungsmaßnahme für Arbeitslose angelegt und 1928 fertig gestellt. Die damals noch selbstständige **Gemeinde Harleshausen** hatte dafür das Waldgrundstück von der Forstverwaltung erworben.
Der Name, den Berg und Sportplatz gleichermaßen tragen, ist, wenn man den Sprachforschern glauben mag, eine Verballhornung der Ortsbezeichnung Dassböll (dass = Dachs und Böll = Bühl, Hügel).

**Deutsch-deutsche Gespräche**
Am 19.03.1970 traf **Bundeskanzler Willy Brandt** in Erfurt mit dem **Ministerpräsidenten der DDR**, **Willi Stoph**, zusammen – ein erstes deutsch-deutsches Gipfeltreffen und der Beginn einer neuen Ost- und Entspannungspolitik. Tausende Menschen jubelten Brandt zu: Der Dialog zwischen den beiden deutschen Staaten hatte begonnen.
Der Gegenbesuch fand dann zwei Monate später, am 21.05.1970, in Kassel statt. Oberbürgermeister **Dr. Karl ->Branner** war es gelungen, die Entscheidungsträger in Bonn davon zu überzeugen, dass die Fuldametropole der geeignete Ort für das zweite Treffen der beiden Spitzenpolitiker sei.
In Kassel herrschte an diesem Tag Ausnahmezustand. Linke und rechte Demonstranten machten sich selbst und der Polizei das Leben schwer. Vor dem Schlosshotel wurde die DDR-Fahne vom Fahnenmast gerissen. Die politischen Gespräche waren dementsprechend zäh und wenig Erfolg verheißend. Als die Delegation der DDR abreiste, verabredete man, eine Denkpause einzulegen, den Dialog aber fortzusetzen.

**Deutsches Wörterbuch**
Als die **->Brüder Grimm** 1830 damit begannen, den gesamten Wortschatz aus der Zeit „**von Luther bis Goethe**“ zusammenzutragen, hatten sie bestimmt keine Vorstellung davon, welche Aufgabe sie sich da gestellt hatten. Ungefähr zehn Jahre meinten sie, bis zur Vollendung ihres Werkes zu benötigen. Sie mussten bald feststellen, wie sehr sie sich geirrt hatten. Zwar er-

schien der erste Band des Wörterbuches 1854. Doch trotz einer Vielzahl von Mitarbeitern ging es langsamer voran, als erwartet. Zum Zeitpunkt seines Todes 1859 hatte **Wilhelm Grimm** den **Buchstaben D** bearbeitet, **Jacob Grimm**, als er 1863 starb, die **Buchstaben A bis E**.
Ein Großaufgebot an Germanisten und Sprachwissenschaftlern war in den folgenden fast 100 Jahren damit beschäftigt, die Arbeit der Grimms fortzuführen. Der 32. und letzte Band erschien 123 Jahre nach Beginn der Arbeiten im Jahr 1961, ein Quellenverzeichnis erst weitere zehn Jahre später.

**Dez: Deutsches Einkaufszentrum**
In Kassel weiß man, wo das **dez** zu finden ist, aber weiß man auch immer, was diese drei Buchstaben bedeuten? Es sind täglich etwa 22 000 Menschen aus Kassel und Umgebung, die das dez im Stadtteil **->Niederzwehren** aufsuchen. Das Zentrum wurde 1968 auf dem Gelände der ehemaligen **Waggonfabrik Gebrüder Crédé** eröffnet. Heute hat es eine Verkaufsfläche von 76 000 Quadratmetern, auf denen 75 Fachbetriebe mit rund 800 Beschäftigten ihre Dienstleistungen anbieten. Ein ausgewogener Branchenmix stellt sicher, dass man fast immer das findet, was man sucht.
Aus **->Niederzwehren** ist das dez nicht mehr wegzudenken. Was manchmal stört, ist die nicht immer optimale Parksituation, aber das Problem gibt es anderswo auch.

**Dialekt**
In Kassel sprechen die Menschen nordhessischen Dialekt, in dem Anklänge an das Nordthüringische und Eichsfeldische zu finden sind. Womit sie überhaupt nichts zu tun haben (und haben wollen!) ist das südhessische „Gebabbel“, das so oft fälschlicherweise als Hessisch bezeichnet wird.
Heute hat der Dialekt der Kasseler mit dem, was Mundartdichter oft „**Fullebriggenschbroche**“ (Fuldabrückensprache) nennen, nicht mehr viel gemein. Es ist zu vermuten, dass diese Sprache tatsächlich auch nur um den **->Altmarkt** und die Fuldabrücke herum in der „reinen“ (oft sehr derben) Form gesprochen wurde. Die Dialekte der Stadtteilbewohner weichen von diesem „Ur-Kasselänisch“ doch oft erheblich ab.

**Dibben-Müllern**
Eigentlich hieß sie **Marie Magdalena Müller** (*1796, †06.11.1886) und war in **Waldau** geboren. Bekannt wurde sie aber als „Dibben-Müllern“ (Töpfe-Müllerin) auf dem Königsplatz.
Sie hatte als junge Frau einen Töpfermeister geheiratet, mit dem sie gemeinsam von Beginn ihrer Ehe an Töpfe auf dem Königsplatz verkaufte. Als ihr Mann starb, saß sie nunmehr allein zwischen ihren Töpfen und verdiente sich ihren Lebensunterhalt. Sie war eine Frau, die gern mit den Menschen sprach, ihren Humor selten verlor und ihre Kunden mit Witz und Schlagfertigkeit bediente.
Als die Dibben-Müllern starb, war Kassel um ein **Original** ärmer.

**Dierichs, Dr. Paul**
Dr. Paul Dierichs (*14.09.1901, †02.09.1996) kam 1956 als erfahrener Jour-

nalist und Zeitungsmann nach Kassel. Er erwarb die Mehrheitsanteile an den „**Hessischen Nachrichten**", die er als „**Hessische Allgemeine**" zu einer führenden Regionalzeitung in Deutschland machte. Er vergrößerte das Verbreitungsgebiet seiner Zeitung um den südlichen Teil Niedersachsens und nannte sein Blatt nun „**Hessisch/Niedersächsische Allgemeine**".
Der Gründer der Dierichs Medien Gruppe förderte in Kassel auf vielfältige Weise soziales Engagement (Paul-Dierichs-Stiftung), Kunst und Wissenschaft; der Ausbau und die Weiterentwicklung der Kasseler Universität lagen ihm sehr am Herzen. Die Staatlichen Museen verdanken ihm manches wertvolle Ausstellungsstück.

**Dierichs, Rainer**
Nicht nur als Chef der **Dierichs Mediengruppe** und als erfolgreicher Unternehmer folgte Rainer Dierichs (*30.08.1939, † 11.08.2007) seinem Vater nach. Er teilte vielmehr auch seine kulturellen Interessen und sein soziales Engagement. Er war immer wieder bereit, wichtige Projekte großzügig zu unterstützen und verwirklichen zu helfen.
Seine Firmengruppe vergrößerte Rainer Dierichs erheblich. Sein besonderes Augenmerk galt auch dem privaten Hörfunk in Hessen und Thüringen.

**Dilich, Wilhelm**
Es ist sicher, dass es den Zeichner, Kupferstecher, Kartografen und Baumeister Wilhelm Dilich gab, aber die Historiker tun sich schwer mit seinem Namen, seinem Geburts- und Todesjahr.
Dilich-Scheffer, aber auch Scheffern, Schöffler und Schäfer nannte man ihn, geboren ist er 1571 oder 1572, gestorben soll er 1650 oder 1655 sein. Eindeutig feststellbar ist das offenbar nicht mehr.
Überliefert allerdings ist, dass Wilhelm Dilich ein **begnadeter Zeichner** war. 1605 schuf er eine Sammlung wirklichkeitstreuer Ansichten aller hessischen Städte in Federzeichnungen, die er in einem Buch zusammenfasste. Er arbeitete einige Jahre am Hofe des Landgrafen **->Moritz des Gelehrten** (1592–1627), wo er dessen zeichnerische Aufträge zu erledigen hatte.
Als er die Gunst des Landesherrn verlor, trat er 1625 in kursächsische Dienste ein.

**Dock 4**
Das Kulturhaus Dock 4 wurde 1990 in der ehemaligen **Gerhart-Hauptmann-Schule** gegründet. Hier hat die „**freie**" **Kulturszene** die Möglichkeit zu produzieren, auszustellen und aufzuführen. Seit dem Jahr 2000 liegt der Schwerpunkt der Arbeit im Bereich Kinder- und Jugendkultur. Für die vorwiegend Kasseler Kunstschaffenden der Sparten Kleinkunst, Tanz, Neue Musik und Theater steht seit 2002 eine Bühne im früheren Schulschwimmbad zur Verfügung.

**documenta**
Als „Museum der 100 Tage" wird die documenta oft bezeichnet – 100 Tage zeitgenössische Kunst in einer der weltweit bedeutendsten Ausstellungen dieser Art.

Seit 1955 gibt es sie; veranstaltet wurde sie zunächst alle vier Jahre, dann aber in fünfjährigem Rhythmus. Ihr „Erfinder" ist **Arnold ->Bode**, ein Kasseler Hochschullehrer, der als Maler und Zeichner selbst künstlerisch erfolgreich tätig war. Inzwischen hat die **documenta 12** stattgefunden, die dreizehnte ist in Vorbereitung.

Spannend ist die documenta jedes Mal, weil unterschiedliche künstlerische Leiter die jeweiligen Schwerpunkte festlegen. Das führt zwangsläufig zu Diskussionen unter den Fachleuten, den Besuchern und nicht zuletzt auch in der Kasseler Bevölkerung, die die Ausstellung – wenn man den öffentlichen Verlautbarungen glauben darf – mehrheitlich auf eine eigentümliche Weise lieb gewonnen hat und sich jedes Mal wieder auf die vielen Gäste aus aller Welt freut.

**documenta-Treppe**

Ein documenta-Kunstwerk war die **Treppe auf dem ->Königsplatz** zunächst wohl nicht, eher der Versuch, den Platz einmal mehr zu verändern. Aber den Kasselern wollte das, was der **Architekt Professor Gustav Lange** da entworfen hatte, nicht so recht gefallen, erst recht nicht, als es dann eines Morgens im Mai da stand, kurz vor Beginn der **documenta 9**. Und das taten sie auch kund.

Für die Kasseler spielte auch keine Rolle, dass das Bauwerk inzwischen von der documenta-GmbH zum Kunstwerk „befördert" worden war: die Mehrzahl der Menschen in Kassel meckerte weiter.

Als die Stadtoberen schließlich versuchten, Volkes Stimme zu folgen und das Ding wieder los zu werden, protestierte der Architekt, klagte sein Urheberrecht ein.

Einige Jahre ging es hin und her, die Treppe aber blieb. 1993 wurde sie dann sogar zum Wahlkampfthema. Die Oberbürgermeister-Wahlen standen an und der Kandidat der CDU, **Georg Lewandowski**, gewann – nicht nur, aber auch, weil er den Abriss der viel diskutierten Treppe versprochen hatte.

Und Oberbürgermeister Lewandowski hielt sein Versprechen. Die Treppe war nächtens gekommen und sie verschwand in der Nacht: Im August 2000 ließ das Stadtoberhaupt die Treppe „entsorgen", mit seinem Bürgermeister und dem Baudezernenten, aber ohne Rechtsgrundlage.

Natürlich wurden die drei bestraft. Sie sahen ihr Unrecht ein und erhielten eine Geldbuße. Das „Ding" war zur Freude vieler Kasseler endlich weg, der Treppenwitz hatte ein Ende.

**documenta urbana**

Auch die Idee der documenta urbana stammt vom Erfinder und Macher der documenta, **Arnold ->Bode**. Ihm schwebte schon früh vor, die Architektur als Teil des künstlerischen Wirkens in die Kunstausstellung einzubeziehen, **experimentelles Bauen** zu proben.

Im Rahmen der **documenta 7** im Jahr 1982 sollte diese Idee Wirklichkeit

werden. Was dann bei der Umsetzung herauskam, war ein interessantes Bauprojekt internationaler Architekten, eine durchaus experimentelle Siedlung aus Mehrfamilien- und Reihenhäusern am Rande der Stadt. Ob sich **Arnold ->Bode** das so vorgestellt hatte, wurde von vielen seiner Wegbegleiter sehr in Frage gestellt.
Vielleicht ist es deshalb bisher bei diesem einmaligen Versuch, Kunst und Architektur auf diese Weise zusammenzuführen, geblieben. Die Idee aber existiert weiter.

**Dönche**
Früher wurde die im Kasseler Südwesten gelegene Dönche als **Truppenübungsplatz** genutzt, heute ist sie eines der größten innerstädtischen **Natur-schutz- und Erholungsgebiete** in Deutschland. Keine Straßen kreuzen das Gebiet, einzig Spazierwege durchziehen die Landschaft, **Dönchebach** und **Krebsbach** plätschern ruhig vor sich hin. Die **Universität Kassel** hat auf der Dönche ein **Freilandlabor** als „außerschulischen Lernort" eingerichtet.

**Drache**
„Drache" hieß die erste von der Firma Henschel gebaute und im Jahr 1848 an die hessische **->Friedrich-Wilhelms-Nordbahn** gelieferte Dampflok. Sie war der Vorläufer zigtausender Lokomotiven, die ihren Weg von Kassel hinaus in die ganze Welt nahmen. 15 686 Kurhessische Taler hatte **Carl Anton ->Henschel** in die Entwicklung des neuartigen Dampfwagens investiert – mit Erfolg, wie sich bald herausstellte und mit großen Auswirkungen auf das wirtschaftliche Leben der Stadt, wurde seine Firma doch in späteren Jahren der größte Arbeitgeber in Kassel und seinem Umland. Viele Menschen in der Region waren oft jahrzehntelang **„bi Henschels"** beschäftigt.

**Drahtbrücke**
Um eine Verbindung zwischen der Unterneustadt und der Innenstadt zu schaffen, wurde 1870 die Drahtbrücke gebaut. Sie hat eine Spannweite von 84 m und darf nur von Fußgängern und Radfahrern benutzt werden.
Konstruiert wurde die Brücke von dem **Ingenieur Eduard Rohde**, gebaut hat sie die **Firma Henschel**. Ihren Namen erhielt sie wegen der Stahlseilverbindungen, die, an zwei Pfeilern aufgehängt, die Brücke tragen.
Nach ihrer Freigabe für den Fußgängerverkehr mussten die Nutzer mehr als zweieinhalb Jahrzehnte lang einen **Brückenzoll** zahlen, mit dem die privaten Bauherren ihre Investition refinanzierten. 1896 ging das Bauwerk dann in den Besitz der Stadt über; von da an war die Überquerung kostenlos.
Im Laufe ihrer Geschichte wurde die Brücke immer mal wieder verändert und erneuert, nicht zuletzt auch, weil sie Eisschollen oder Hochwasser beschädigten. 1945 zerstörten Fliegerbomben das Bauwerk fast völlig. Zu Beginn des Jahres 1946 war die Brücke aber bereits wieder hergestellt und konnte wieder begangen werden.
Auch nach dem Krieg waren von Zeit zu Zeit Beschädigungen zu beheben

oder Veränderungen vorzunehmen. Ob die etwas damit zu tun hatten, dass ganze Schülergenerationen, z. B. wenn sie von den Sportplätzen auf den Waldauer Wiesen kamen, entgegen dem ausdrücklichen Verbot im **Gleichschritt** über die Brücke gingen und sie damit in erhebliche Schwingungen versetzten: wer weiß das schon? Heute hat sich dieses Problem weitestgehend erledigt. Die Brücke ist inzwischen baulich so verändert worden, dass sie kaum mehr zum „Wackeln" gebracht werden kann, auch nicht von renitenten jungen Leuten.

**Drusel**

Die Drusel entspringt im **->Habichtswald** in der Nähe des **->Ziegenköpfchens**. Auf ihrem Weg zur **->Fulda** verschwindet sie, wenn sie den oberen Teil ihres Tales verlassen hat, ab und an unter der Erde, tritt wieder ans Tageslicht, um irgendwann erneut unterirdisch ihren Weg zu suchen.
Auf diese Weise durchquert sie den westlichen Teil der Stadt, um schließlich im Süden am Fuße des **->Weinbergs** wieder zu Tage zu treten, jetzt allerdings kanalisiert. Hier wechselt sie ihren Namen und heißt nun **Kleine Fulda**. Als solche fließt sie durch die **->Karlsaue** an **->Orangerie** und **->Hessenkampfbahn** vorbei und mündet zwischen **->Drahtbrücke** und **->Rondell** in die **->Fulda**.

**Druselturm**

Der 27 m hohe Druselturm, 1415 zum Schutz der Druselmündung und zur Verstärkung der **Stadtmauer** errichtet, ist der Stadt als Zeuge des alten Kassel erhalten geblieben. Der Turm diente ursprünglich außer als **Wehrturm** auch als **Gefängnis**. An einem Seil wurden die Gesetzesbrecher durch ein Loch im Boden herabgelassen. **Landgraf ->Philipp der Großmütige** (1518–1567), der von 1547 bis 1552 selbst in kaiserlicher Gefangenschaft gesessen hatte, ließ in den Zellen der Gefangenen Heizmöglichkeiten schaffen.
Vor dem Turm auf dem **Druselplatz** gab es früher einen **Feuerlöschteich**. Zu bestimmten Tageszeiten wurde das dort gesammelte Wasser über entsprechende Rinnen in die **->Altstadt** geleitet, um die Straßen zu reinigen. Seitdem nennen die Kasseler die Wasserrinne am Straßenrand „**Druseln**". Heute steht der Turm leer und kann nur von außen besichtigt werden.

**Du Ry, Simon Louis**

Simon Louis du Ry (1726–1799) stammte aus einer hugenottischen Baumeisterfamilie, die 1685 nach Kassel kam. Sein Großvater Paul du Ry baute zusammen mit seinem Sohn Charles, Simons Vater, im Auftrag **Landgraf Karls** (1677–1730) die **->Oberneustadt** als Wohn- und Arbeitsort für die französischen Neubürger, die der Landesherr als **Religionsflüchtlinge** in Kassel und Umgebung aufgenommen hatte.
Simon du Ry wurde in Stockholm als Baumeister ausgebildet, auf Reisen nach Frankreich und Italien erweiterte er seine Kenntnisse.
Nach dem Tod seines Vaters wurde er Oberhofbaumeister des Landgrafen in

Kassel. Er arbeitete ab 1757 für **Wilhelm VIII.** (1751–1760), ab 1760 dann für **Friedrich II.** (1760–1785) Sein vielleicht wichtigstes Bauwerk ist das im klassizistischen Stil errichtete und 1779 fertig gestellte **->Fridericianum.** Mit der Anlage des **->Friedrichsplatzes**, der **->Königsstraße** und des **->Königsplatzes** verband er die **Oberneustadt** mit der **Altstadt**.
Neben anderem, z. B. der **Kirchditmolder Kirche**, wurden auch Teile des **->Schlosses Wilhelmshöhe** nach seinen Plänen gebaut. **Weißenstein- und Kirchflügel** entstanden nach seinen Entwürfen, seine Vorstellungen von der Gestaltung des Mittelbaus fanden nicht die Gnade des Landgrafen. Hier kam (natürlich gegen den Willen du Rys) **Heinrich Christoph ->Jussow** zum Zuge.



**Ehrenbürger**
Die Ehrenbürgerwürde wurde seit 1830 bisher an 39 Frauen und Männer verliehen, die sich um Kassel verdient gemacht haben. Zuletzt zeichnete die Stadt am 14.01.1989 Dr. Max Danz, den Mitbegründer und Vizepräsidenten des Nationalen Olympischen Komitees, aus. Eine Auflistung aller Ehrenbürgerinnen und Ehrenbürger ist im Anhang zu finden.

**Ehrungen der Stadt**
Die Stadt Kassel hat verschiedene Möglichkeiten, Menschen, die sich um die Stadt verdient gemacht haben, auszuzeichnen. Das gilt für ihre Bürgerinnen und Bürger, aber auch für Persönlichkeiten, die ihren Wohnsitz nicht in der Stadt haben.
Folgende Ehrungen sind möglich:

- Bürgerplakette des Oberbürgermeisters

Die Bürgerplakette wird vom Oberbürgermeister verliehen. Mit ihr sollen Menschen ausgezeichnet werden, die sich uneigennützig um das Wohl der städtischen Gemeinschaft verdient gemacht haben. Gewürdigt werden besondere Leistungen in allen Bereichen des gesellschaftlichen Lebens.

- Ehrenbürgerrecht

Grundlage für die Verleihung des Ehrenbürgerrechts ist die Hessische Gemeindeordnung. Geehrt werden können Menschen, die sich um die Stadt besonders verdient gemacht haben. Über die Verleihung entscheidet das Stadtparlament.

- Ehrenbezeichnung Stadtälteste/Stadtältester

Diese Ehrung können nur Bürgerinnen und Bürger erfahren, die mindestens zwanzig Jahre lang ein politisches Amt oder Mandat ausgeübt haben. Rechtsgrundlage ist auch hier die Hessische Gemeindeordnung.
In Frage kommen für die Verleihung der Ehrenbezeichnung Stadtverordnete, Ehrenbeamte, hauptamtliche Wahlbeamte, Ortsbeiratsmitglieder und Mitglieder des Ausländerbeirats.

- Ehrennadel der Stadt Kassel

Verdiente Persönlichkeiten aus allen Gruppen der Kasseler Bevölkerung können die Ehrennadel erhalten. Gewürdigt werden sollen damit ehrenamtliche Tätigkeiten vor allem im sozialen, kulturellen und wirtschaftlichen Bereich. Für besondere Verdienste wird die Ehrennadel in Gold verliehen.

- Ehrenplakette der Stadt Kassel

Die Ehrenplakette ist keine Auszeichnung für Einzelpersonen, sondern für Vereine, Initiativen und Gruppen aus allen gesellschaftlichen Bereichen, die sich durch ihre ehrenamtliche Tätigkeit um die Stadt und ihre Menschen verdient gemacht haben. Die Plakette verleiht der Oberbürgermeister.

- Goldene Sportplakette

Aufgrund von Vorschlägen der Sportkommission entscheidet der Magistrat über die Verleihung der Sportplakette. Geehrt werden sollen Persönlichkeiten, die sich Verdienste im Sportleben der Stadt erworben haben. Die Goldene Sportplakette wurde erstmals 1953 verliehen.

- Karl-Schomburg-Plakette

Die Plakette, die den Namen des ersten Kasseler Oberbürgermeisters trägt, wird an Persönlichkeiten verliehen, die sich in der Kommunalpolitik um die Stadt verdient gemacht haben. Über die Ehrung entscheidet der Magistrat.

- Stadtmedaille

Stadtverordnete und Ortsbeiratsmitglieder, die sich durch ihre kommunalpolitische Arbeit hervorragende Verdienste um die Stadt und ihre Menschen erworben haben, können mit der Stadtmedaille ausgezeichnet werden, wenn sie (in der Regel) vier Legislaturperioden oder zwanzig Jahre im Amt waren. In besonderen Fällen sind Ausnahmen möglich.
Auch an Persönlichkeiten, Gruppen, Organisationen und Vereinigungen, die sich in besonderer Weise für die Stadt Kassel eingesetzt haben, kann die Medaille verliehen werden. Sie müssen nicht in der Stadt ansässig sein. Über die Verleihung entscheidet der Oberbürgermeister nach Unterrichtung der Fraktionsvorsitzenden der im Stadtparlament vertretenen Parteien.

- Wappenring

Der Wappenring wurde 1967 vom Stadtparlament gestiftet. Über seine Verleihung entscheidet der Magistrat, der damit Persönlichkeiten würdigen soll, die hervorragende Verdienste in der Stadt auf kulturellem und wirtschaftlichem Gebiet erworben haben.

**Eichel, Hans (->Oberbürgermeister)**

**Einwohnerentwicklung**
Drei Quellen sind es, die uns Aufschluss über die Entwicklung der Einwohnerzahlen geben: Volkszählungsergebnisse, Fortschreibungen der Stadtverwaltung (bis 1971) und Aufzeichnungen des Statistischen Landesamtes (ab 1971). Trotz aller, insbesondere in den frühesten Jahren vorhandener Ungenauigkeiten spiegeln die Statistikdaten ein interessantes Bild städtischer Bevölkerungsentwicklung wider. Hier ein kleiner Ein- und Überblick:

| | | | |
|---|---|---|---|
| 1492 | 4 500 | Einwohner | |
| 1626 | 6 329 | Einwohner | |
| 1773 | 17 310 | Einwohner | |
| 1849 | 35 794 | Einwohner | Volkszählung am 03.12. |
| 1900 | 106 034 | Einwohner | Volkszählung am 01.12. |
| 1925 | 171 483 | Einwohner | Volkszählung am 16.06. |
| 1939 | 216 141 | Einwohner | Volkszählung am 17.05. |
| 1943 | 225 694 | Einwohner | vor der Bombardierung am 22.10. |
| 1945 | 71 209 | Einwohner | am 08.05., dem Kriegs ende |
| 1946 | 127 568 | Einwohner | Volkszählung am 29.10. |
| 1952 | 176 593 | Einwohner | |
| 1961 | 207 507 | Einwohner | Volkszählung am 06.06. |
| 1971 | 215 039 | Einwohner | |
| 1987 | 187 288 | Einwohner | Volkszählung am 25.05. |
| 1993 | 202 158 | Einwohner | |
| 2006 | 193 518 | Einwohner | |

Lebendig werden diese Daten, wenn man sie auf dem Hintergrund geschichtlicher Ereignisse betrachtet. Da war die Industrialisierung vornehmlich in der zweiten Hälfte des 19. Jahrhunderts, die die Menschen in die Stadt zog. Da gab es aber auch Eingemeindungen umliegender Dörfer in 1906 und 1936, welche die Bevölkerungsentwicklung beeinflussten. Und es gab zwei Weltkriege, von denen vor allem der zweite signifikante Auswirkungen auf die Einwohnerzahl hatte, sowohl wegen der vielen Opfer nach Luftangriffen auf die Stadt, als auch wegen des Zustroms einer großen Zahl von Flüchtlingen und Vertriebenen.
Die demographische Entwicklung lässt erwarten, dass die Stadt Kassel in den kommenden Jahrzehnten weiter Einwohner verlieren wird. Die 200 000-Einwohner-Marke wird sie wohl auf absehbare Zeit nicht wieder erreichen.

**Elena-Klinik**
Am 01.08.1937 wurde die Königin-Elena-Klinik von dem Kasseler Arzt **Dr. Walther Völler** im Kasseler **Stadtteil ->Harleshausen** gegründet. In den

Jahren nach dem Ersten Weltkrieg hatte eine epidemisch auftretende Kopfgrippe viele Menschen krank gemacht, als deren Spätfolge das **Parkinson-Syndrom** auftrat. 1937 zählte man 36 000 Betroffene in Deutschland.
Dr. Völler lernte in Kassel die **italienische Königin Elena** kennen, die die Parkinson-Krankheit kannte und in Rom ein Institut zu ihrer Erforschung ins Leben gerufen hatte. Diese Begegnung und der Austausch mit der Königin veranlassten Dr. Völler, eine Klinik zur systematischen Behandlung Parkinson-kranker Menschen zu errichten.
Am Rande des Habichtswaldes fand er ein 11 000 Quadratmeter großes Grundstück mit einem schlossartigen Gebäude, das für seine Zwecke wie geschaffen war. Königin Elena war bereit, die Schirmherrschaft über diese in Deutschland einmalige Klinik zu übernehmen und ihr ihren Namen zu geben.
Als 1965 Dr. Gerd Völler, der Sohn des Gründers, die Klinik übernahm, hatte sie bereits einen hervorragenden Ruf. Dr. Völler forschte intensiv über das Parkinson-Syndrom weiter und entwickelte neue Behandlungsmethoden. Die Klinik wurde ausgebaut. Heute hat sie einen Leistungsstandard, der überall auf der Welt hohe Anerkennung findet.
1980 hat die **Paracelsus-Kliniken GmbH Deutschland** die Klinik übernommen.

**Elfbuchen**

536 m hoch im **->Habichtswald** liegt die Erhebung, die in Kassel unter dem Namen „Elfbuchen" bekannt ist. Noch 15 m höher ist die Plattform des **Elfbuchenturmes**, der 1879 vom Verschönerungsverein als Aussichtsturm gebaut wurde. Die Einweihungsfeier war ein wahres Volksfest.
Schon damals stand neben dem Turm so etwas wie ein kleiner **Kiosk**, den die **Familie Fischer** betrieb. Hier wurden all denen Erfrischungen angeboten, die die Elfbuchen erklommen hatten und hungrig und durstig waren.
Heute betreiben die Fischers den **Gastronomiebetrieb** dort oben in der vierten Generation. Aus dem Kiosk ist ein schönes **Hotel** geworden, dessen Biergarten im Sommer und dessen Gaststube im Sommer und Winter zum Essen und Trinken einladen.
Der Elfbuchenturm steht noch immer, seine 70 Stufen hinaufzuklettern ist aber müßig, weil die hohen Bäume (inzwischen mehr als „elf Buchen") um ihn herum den Blick ins Kasseler Becken nicht mehr freigeben. Ein schöner Platz zum Entspannen in der Natur sind die Elfbuchen aber auch heute noch allemal.

**Elisabeth-Hospital**

Mechthild von Klewe, die zweite Frau des **Landgrafen ->Heinrich I.** (1247–1308) , gründete 1297 ein **Siechenhaus** für Aussätzige und Menschen mit ansteckenden Krankheiten, das sie der Großmutter ihres Mannes, der Heiligen Elisabeth, weihte. Das Hospital lag außerhalb der Stadtmauern, um die Ansteckungsgefahr für die Bevölkerung gering zu halten.
Da die Stadt aber wuchs, befand sich das Krankenhaus dreieinhalb Jahrzehnte später bereits in der Stadt: Ein Ort für Aussätzige konnte es jetzt nicht

mehr sein. Also nahm es Alte und Kranke auf, das Siechenhaus wurde vor die **->Unterneustadt** verlagert.
1587 ließ **Landgraf ->Wilhelm IV.** (1568–1592) das Haus fast völlig abreißen und einen Neubau errichten: das **Hofhospital**. Hier wurde das pensionierte Hofpersonal aufgenommen, später zogen hier die Witwen kurhessischer Staatsbediensteter ein.
Nach dem Zweiten Weltkrieg bezog man die noch erhaltenen Teile des Elisabeth-Hospitals in die Bauplanung für das Wohnviertel mit ein. Ein Sandsteinrelief mit dem Wappen Wilhelms IV. und daneben ein Relief der Heiligen Elisabeth an der Außenmauer haben den Krieg überlebt.

**Entbindungsheim**
**Landgraf ->Friedrich II.** (1730–1751) richtete 1761 ein Entbindungshaus ein, in dem **unverheiratete schwangere Frauen** ihr Kind gebären konnten. Sie erhielten für die Zeit ihres Aufenthaltes im Haus kostenlose ärztliche Behandlung und Pflege. Als Gegenleistung hatten die Frauen bei der Hausarbeit zu helfen, Flachs und Wolle zu spinnen und zu nähen.
Der Aufenthalt im Entbindungsheim war aber nicht nur deshalb so preiswert, weil man den Müttern helfen wollte. Die Einrichtung war auch ein Lehrinstitut für Ärzte und Hebammen, die hier naturgemäß gute Voraussetzungen vorfanden, ihre Kenntnisse und Fertigkeiten zu verbessern.
Wie das **->Findelhaus** wurde auch das Entbindungshaus von jungen Frauen aus benachbarten Staaten aufgesucht, so dass Maßnahmen getroffen werden mussten, den Missbrauch zu vermeiden.

**Entenanger**
Vielleicht gab es zwischen **->Garnisonkirche** und **->Marstall** in früherer Zeit einmal eine Grünfläche, einen Anger, auf dem sich die Enten tummelten, nachweisbar ist das jedoch nicht. Der Entenanger nahe der **-> Martinskirche** ist erst 1955 zu seinem Namen gekommen, warum weiß niemand mehr so genau.
Im Mittelalter gab es etwa dort, wo heute der Entenanger zu finden ist, eine Entengasse, die viel später dann ihren Namen änderte, um ihn irgendwann zurück zu bekommen. Aber Entenanger?
Tatsache ist: es gibt ihn. Er ist immer noch kein sehr schöner Platz, obwohl er es sein könnte. Hoffen wir auf eine gute Idee.

**Entenkirmes**
Die Entenkirmes ist eines der traditionellen Volksfeste in Kassel. Sie wird im **Stadtteil ->Waldau** gefeiert und ist seit über 40 Jahren für die Waldauer und zahlreiche Gäste aus dem übrigen Kassel eine gute Gelegenheit, sich in froher Runde zu treffen. Seit einigen Jahren wird das Fest in der **historischen Zehntscheune** veranstaltet, was dem Ereignis sichtbar gut bekommen ist. Die Kirmes heißt Entenkirmes, weil die Waldauer mit ihrem Spitznamen in Kassel „**de Änden**“ (die Enten) genannt werden.

**Ephesus**

Eigentlich hieß er **Johann Georg Jäger** und wurde 1866 in Melsungen geboren. Er war Bäcker von Beruf. Nach Kassel muss er schon sehr früh gekommen sein, denn er wurde hier zu dem, was manche ein **Original** nennen. Er schlug sich mit Gelegenheitsarbeiten durch, von geregelter Tätigkeit hielt er eher wenig. Dafür war er dem Alkohol ausgesprochen zugetan. Mit seinem Freund **Kupille** bildete er ein stadtbekanntes Gespann.
Ephesus liebte es, sich gewählt auszudrücken und seine Bildung (oder das, was er dafür hielt) zu zeigen. Die Geschichten, die man noch heute über ihn und seinen Partner erzählt, sollen überwiegend auf tatsächlichen Begebenheiten beruhen. Sie wurden von Generation zu Generation weitererzählt und manche auch schriftlich festgehalten. Aber auch hier gilt, dass wenn vielleicht auch nicht alle Episoden wahr sind, sie doch gut erfunden wurden.
So wird beispielsweise über seinen Spitznamen berichtet, Ephesus habe gern in fröhlicher Runde auf das Wohl von „**Diana, der Göttin der Epheser**" getrunken. Andere sagen, es sei sein Vater gewesen, der diese Dame besonders mochte, und aus seinem Sohn sei dann deshalb Ephesus geworden.
Ephesus starb 1929 in Haina.

**Erdbeben**

Dass die Erde ab und an in Süddeutschland bebt, ist nicht ungewöhnlich. Aber Erdbeben in Kassel? Doch, es gab sie, wenn man auch davon ausgehen darf, dass es sich eher um relativ sanfte Erdstöße und nicht um heftige Beben handelte. Menschen kamen dabei erfreulicherweise nie zu Schaden und der Sachschaden hielt sich in Grenzen.
**In Kassel zitterte die Erde z.B. am 12.01.1552, 16.01.1682 (23.00 Uhr), 18.02.1756 (8.00 Uhr), 13.04.1767 (0.20 Uhr) und am 06.03.1872.** Immer dauerten die Erschütterungen nur wenige Sekunden. Diese Zeit reichte aber aus, die Menschen in Angst und Schrecken zu versetzen, auch wenn vielleicht „nur" die Häuser wackelten und die Gläser und das Geschirr in den Schränken klirrten (bei denen, die so etwas zu jener Zeit schon besaßen).
Eines gilt noch heute: ein solches Erlebnis gehört nicht unbedingt zu jenen, bei denen man dabei gewesen sein muss.

**Erdkilometer**

Eine Bodenplatte mit Messingkappe in der Mitte, das ist alles, was man vom „**Vertikalen Erdkilometer**" auf dem **->Friedrichsplatz** zu sehen bekommt. **Walter de Maria** war es, der die Menschen anlässlich der **documenta 6** (1977) verblüffte: **1000 Meter Messingstab, in die Erde eingelassen** – das ist Kunst?
Manche sprachen respektlos vom „**Kasseler Loch**", andere waren zurückhaltender. "Nichts zu sehen, viel zu denken!" schrieb einer. Und andere dachten, auf Teile des Messingstabs zu treffen, als die Tiefgarage unter dem Friedrichsplatz fertig gestellt war. Aber nichts da! Auch wenn man nicht gleich mit dem Denken anfängt, ins Grübeln kommt man allemal.

**Erdmann**

Der **Dackel Kaiser Wilhelms II.** mit dem ungewöhnlichen Namen Erdmann liegt auf der **Roseninsel** im **->Schlosspark Wilhelmshöhe** begraben. Eine Gedenktafel hält dort die Erinnerung an den vierbeinigen Freund Seiner Majestät wach. Ihre Inschrift lautet:

**Andenken an meinen treuen Dachshund**
**Erdmann 1890–1901 W.II.**

Der Teckelclub Kassel hat die Patenschaft über das Grab und die Grabpflege übernommen.



**Fasanenhof (->Stadtteile)**

**Fernwärme**

Das Kasseler Stadtgebiet wird mit umweltfreundlicher Fernwärme der Kasseler Fernwärme GmbH (KFW), einer Tochter des KVV-Konzerns (Kasseler Verkehrs- und Versorgungs-GmbH) beliefert. Die KFW verfügt über drei Heizkraftwerke und vier Heizwerke, um den Bedarf ihrer Kunden zu decken.

**Feuerwehr**

Eine **Berufsfeuerwehr** besteht in Kassel seit dem 01.04.1891. Ein organisiertes Feuerlöschwesen besteht aber nachweisbar bereits ab 1558, als **nämlich Landgraf ->Philipp der Großmütige** (1518–1567), wahrscheinlich aus gegebenem Anlass, eine Feuerordnung für die Stadt erließ. Überwiegend war von da an meist eine Bürgerwehr für das Feuerlöschwesen zuständig, die aus mutigen Laien, nicht aber aus ausgebildeten Spezialisten bestand.
Heute stehen über 200 Berufsfeuerwehrleute und noch einmal so viele Feuerwehrleute der Freiwilligen Feuerwehren zur Verfügung, wenn es nötig sein sollte. Die **Freiwilligen Feuerwehren** sind Stadtteil-Feuerwehren. Sie haben eine lange Tradition, denn sie stammen noch aus jener Zeit, als die Stadtteile noch selbstständige Dörfer waren. Besonders erwähnenswert ist die hervorragende Jugendarbeit, die in den Stadtteil-Wehren geleistet wird.

**Fieseler, Gerhard**

Die Fliegerei war sein Lebensinhalt. Schon in seiner Jugend an Flugzeugen interessiert, wurde Gerhard Fieseler (*15.04.1896, †01.09.1987) im Ersten Weltkrieg Jagdflieger. 1926 kam er nach Kassel, um die Stelle eines Fluglehrers in der **Flugzeugbau-Firma Raab-Katzenstein** anzutreten. Er wandte sich bald dem Kunstflug zu, konstruierte sein erstes Kunstflugzeug und ließ es von seinem Arbeitgeber bauen.
Als Raab-Katzenstein seinen Betrieb bankrott aufgeben musste, kaufte Fieseler eine Kasseler Segelflug-Fabrik und machte sich am 01.04.1930 mit **den Gerhard-Fieseler-Werken** selbstständig. 1934 wurde er **Kunstflug-Weltmeister**. Er zog sich danach aus der Kunstfliegerei zurück und widmete sich

ausschließlich dem Flugzeugbau in seiner Firma. Umstritten war sein Verhalten während der NS-Zeit.
1980 gründete er die **Gerhard-Fieseler-Stiftung**, die Einrichtungen der Kunst und Kultur, des Sports, der Altenhilfe und sonstige soziale Einrichtungen unterstützt.

**Fieseler-Werke**
Mit der Gründung der nach ihm benannten Werke 1930 in Kassel widmete sich **Gerhard ->Fieseler** zunächst dem Sportflugzeugbau, mit dem er recht erfolgreich war. Die Blüte seines Unternehmens erlebte er allerdings erst, als er im Auftrag des Reichsluftfahrtministeriums **Militär- und Jagdflugzeuge** baute und sich der Entwicklung der sogenannten „Vergeltungswaffe" **V1** annahm. In seinen Werken beschäftigte Fieseler tausende von **Zwangsarbeitern**. 1944 setzten ihn die Nationalsozialisten als Werkleiter ab, weil sie mit ihm unzufrieden waren. Seine Rolle in jenen Jahren ist umstritten; nach dem Krieg wurde er trotz seiner Verbindungen zu den Nationalsozialisten entlastet.
Gerhard Fieseler versuchte 1950 noch einmal, mit seiner Firma Fuß zu fassen, gab aber sieben Jahre später den Betrieb auf.

**Findelhaus**
Die „Babyklappe" ist keineswegs eine Erfindung der Neuzeit. Schon 1763 ließ **Landgraf ->Friedrich II.** (1760–1785) ein Findelhaus bauen, um das Morden unehelich geborener Säuglinge einzuschränken. Die Mutter konnte das ungewollte Kind durch ein, von der Straße aus zu bedienendes Drehrad unbemerkt im Findelhaus abliefern, wo es dann weiter versorgt wurde.
Allerdings bewährte sich die Einrichtung insofern nicht vollends, als sie die „Unmoral" sozusagen herausforderte. Zahlreiche unverheiratete Frauen entbanden im **->Entbindungshaus** und gaben ihr Neugeborenes umgehend im Findelhaus ab, manche „Dirne" sogar mehrfach. Es wurden auch ältere Kinder dort abgegeben und selbst aus benachbarten Staaten kamen Frauen nach Kassel, um ihre Kinder im Findelhaus „loszuwerden".

**Finkenherd**
Ursprünglich war die Fuldainsel Finkenherd, zwischen Fulda- und Hafenbrücke nahe der Weserstraße gelegen, sehr wahrscheinlich ein Platz, an dem man Vögel, vielleicht hauptsächlich Finken, beobachten oder gar fangen konnte. Im 16. und 17. Jahrhundert diente der idyllische Ort als Teil der **Kasseler Stadtbefestigung**. Reste der Verteidigungsanlage sind heute noch zu finden.
Wenn man heute zum Finkenherd geht, möchte man in angenehmer Umgebung gut essen – ein attraktives Restaurant mit schönem Biergarten lädt dazu ein.

**Firnskuppe**
Die 314 m hohe Firnskuppe liegt westlich von **->Harleshausen** im Habichtswald. Wenige Meter unterhalb des Basaltgipfels führt ein Schacht senkrecht

in den Berg. Hier wurde vor langer Zeit nach Verwertbarem im Gestein gesucht.
Um den Schacht ranken sich einige Geschichten, die auch heute noch gern erzählt werden, deren Wahrheitsgehalt aber weniger wichtig ist als ihre Spannung. Der Schacht jedenfalls ist heute durch ein Gitter gesichert, damit nicht neues Unheil zu verkünden ist.
In der Umgebung der Firnskuppe gibt es angenehme Spazierwege, u. a. zum nicht weit entfernten **->Daspel**.

**Flughafen**
Als am 24.08.1924 der Flughafen **Kassel-Waldau** eröffnet wurde, kamen die Menschen in Scharen, um das Ereignis zu feiern. Obwohl am Einweihungstag die Sportfliegerei im Mittelpunkt des Interesses stand, sollte der Flugplatz ein **Verkehrsflughafen** werden. Flugzeugkonstrukteure siedelten sich an (**Gobiet**, **Raab-Katzenstein** und **->Fieseler**), Linienmaschinen der Lufthansa starteten und landeten hier. Aber schon 1930 war der Traum von einem Knotenpunkt des Luftverkehrs ausgeträumt: Der Flughafen war nicht wirtschaftlich zu betreiben, die Ausgaben überstiegen die Einnahmen. In Waldau wurden weiterhin Flugzeuge gebaut, insbesondere in den dreißiger Jahren für Militärzwecke, sonst gehörte der Flugplatz der Sport- und Privatfliegerei.
Nach dem Zweiten Weltkrieg beschlagnahmte die US-Army den Platz, ab 1955 stand er aber wieder zu ziviler Nutzung zur Verfügung – bis 1970. Dann nämlich wurde der **Flugplatz Kassel-Calden** der Öffentlichkeit übergeben, Waldau hatte ausgedient, das Fluggelände wurde Industriegebiet.
Der Flugplatz Kassel-Calden lebt heute im Wesentlichen von der Privatfliegerei, dem Luftsport- und Freizeitverkehr und von der Hubschrauberfliegerei. Sein Ausbau zu einem attraktiven Regionalflughafen wird angestrebt.

**Fontäne**
Es ist immer wieder ein besonderes Schauspiel, wenn in dem von **Heinrich Christoph ->Jussow** so hübsch angelegten Teich als Abschluss der **->Wasserspiele** im sommerlichen **->Bergpark Wilhelmshöhe** die Fontäne über 50 m hoch in den Himmel steigt.
Eigentlich mutet es fantastisch an: Ohne Pumpen und sonstige Maschinen, allein durch das Gefälle des Berges, wird das Wasser aus dem **->Sichelbachteich** hinter dem **->Herkules** durch Rohre nach unten Richtung **->Schloss Wilhelmshöhe** geführt, über Schieber wird der Druck gesteuert – das ist eigentlich schon alles.
Als man 1964 das Rohrsystem überprüfte und teilweise erneuerte, stellte man überrascht fest, dass die vermutlich über 180 Jahre alte, 13-löchrige Fontänendüse noch funktionsfähig war und weiter verwendet werden konnte. Unglaublich, oder?

**Förster, Auguste**
Als Nachfolgerin von **Marie ->Calm** setzte die Lehrerin und **Frauenrechtlerin** Auguste Förster (*1848, †1926) deren Arbeit im **Casseler Verein für**

**Frauenbildung** fort. Sie war dabei nicht weniger erfolgreich, hatte aber naturgemäß mit den gleichen Schwierigkeiten zu kämpfen wie ihre Vorgängerin. Es gab noch immer viele Männer, denen die Emanzipationsbestrebungen der Frauen ein Dorn im Auge waren und denen es überhaupt nicht gefiel, wenn Frauen sich organisierten.
Auguste Förster zeigte sich davon unbeeindruckt. Sie ermöglichte es den Frauen, sich zusammen zu finden (z. B. im **Casseler Verein für weibliche Angestellte**), und setzte sich unverdrossen dafür ein, Frauen den Zugang zu den Universitäten zu ermöglichen. 1902 gründete sie den **Verband Casseler Frauenvereine**, war maßgeblich an der Einrichtung des ersten Kasseler Kinderhorts beteiligt und führte die Koedukation ein, die gemeinsame Erziehung von Jungen und Mädchen.

**Forst**
Dem „Forst" genannten Bereich im **Kasseler Osten** sieht man wirklich nicht mehr an, dass er einstmals seinem Namen alle Ehre gemacht hat: Eichenwälder wuchsen hier, in denen man jagte und sein Vieh hütete. Aus Gründen der besseren Stadtverteidigung wurden die Bäume im 16. Jahrhundert abgeholzt, man wollte potenzielle Angreifer rechtzeitig entdecken.
Über die Jahrhunderte war der Forst **Gerichts- und Hinrichtungsstätte**, **Viehweide**, ein Ort für **Viehmärkte** und **Messen**, **Schieß-**, **Parade-** und **Flugplatz**. 1915 baute man hier eine **Munitionsfabrik**, später zog die **Spinnfaser AG** in die Werkshallen ein – auch diesen Betrieb gibt es inzwischen längst nicht mehr.
Heute ist das ->**Forstfeld** ein eigenständiger Kasseler Stadtteil, seine Bewohner leben gern hier.

**Forster, Georg**
Als Johann Georg Adam Forster (*16.11.1754, †10.01.1794) im Dezember 1778 nach Kassel kam, um eine Professorenstelle am ->**Collegium Carolinum** anzutreten, hatte er sich längst einen Namen als Naturforscher und Schriftsteller gemacht. Er war schon in jungen Jahren an der Seite seines Vaters, mit Kapitän James Cook, um die Welt gesegelt (von 1772 bis 1775) und hatte Gegenden kennen gelernt, die vor ihm noch kein Europäer gesehen hatte.
Die beiden Forsters entdeckten über 270 unbekannte **Tier- und Pflanzenarten**, die sie zeichnerisch festhielten und beschrieben. Sie trafen auf Menschen, die zum ersten Mal einen weißen Mann sahen: Georg Forster beschrieb diese Begegnungen einfühlsam in seinen Reiseberichten.
In Kassel unterrichtete er Geografie und deutsche Sprache, außerdem lehrte er Naturgeschichte. Er wurde von **Landgraf ->Friedrich II.** (1760–1785) in die **Société des Antiqués** berufen, die die Kunstwerke und Sammlungen des Landesherrn erforschen und katalogisieren sollte.
Im Mai 1784 verließ Georg Forster Kassel, er war weiterhin reisend, forschend und lehrend tätig. Als Befürworter der Französischen Revolution wandte er sich 1792 der Politik zu. Zwei Jahre später starb er in Paris an einer Lungenerkrankung.

**Forstfeld (->Stadtteile)**

**Freibäder**
Drei Freibäder gibt es in der Fuldastadt, alle betrieben von der Städtische Werke AG und am Leben erhalten von Fördervereinen, ohne deren Engagement das Wasser der Schwimmbecken sehr wahrscheinlich schon längst abgelassen worden wäre.
Die ältesten Freibäder sind die in den Stadtteilen **->Bad Wilhelmshöhe** (eröffnet 1935) und **->Harleshausen** (eröffnet 1936). Das **Schwimmstadion am Auedamm** (direkt an der Fulda) ist jüngeren Datums, es wurde erst nach dem Zweiten Weltkrieg gebaut und 1955 eröffnet.
Alle drei Bäder sind landschaftlich sehr schön gelegen und bieten heute über das Schwimmen hinaus vielfältige Möglichkeiten für Sport und Spiel. Zur Zeit wird die Schließung von Freibädern diskutiert.

**Freies Radio Kassel**
Seit dem 01.05.1997 ist das Freie Radio Kassel „auf Sendung", als nicht kommerzieller Sender eine Alternative zum herkömmlichen Rundfunk. Nicht den Massengeschmack will es bedienen. Es sollen Menschen mit Themen zu Wort kommen, die sonst kein oder nur wenig Gehör finden.
Die Mitarbeiterinnen und Mitarbeiter sind keine Profis, sondern interessierte Laien, die einfach Spaß am Radiomachen haben und ehrenamtlich arbeiten. Das Freie Radio Kassel ist ein eingetragener Verein mit rund 420 Mitgliedern. Sein Verbreitungsgebiet beschränkt sich auf Kassel und Umgebung.

**Freiheiter Durchbruch**
In den Jahren nach dem Ersten Weltkrieg wurden die Wohnverhältnisse in der Kasseler **->Altstadt** immer katastrophaler. Die politisch Verantwortlichen wussten sehr wohl um die Probleme; um die Situation zu verändern, fehlte ihnen einfach das Geld. So blieb es den Nationalsozialisten vorbehalten, 1935 in einem Großprojekt zur Arbeitsbeschaffung die **Altstadtsanierung** zu ihrer Sache machen.
Mit dem Freiheiter Durchbruch, dem Bau einer neuen Straße vom **->Altmarkt** zum Martinsplatz im ehemaligen Stadtbezirk **->Freyheit** beseitigten sie zahlreiche Altbauten und siedelten deren Bewohner um. Natürlich feierten sie sich selbst ausgiebig und mit dem ihnen eigenen Pathos, obwohl die Kasseler Bevölkerung mit einem „**Notopfer für Arbeitsbeschaffung**" nicht unerheblich zum Erfolg des Ganzen beigetragen hatte.

**Freiluftkino**
Im Juni 1921 kam die Kasseler Bevölkerung zum ersten Mal in den Genuss einer **Open-Air-Filmveranstaltung**. Ein schöner Sommerabend im **Stadtpark** und Kino im Freien: Kassel war begeistert. Aber irgendwie geriet das im Laufe der Zeit wieder in Vergessenheit, bestimmt war anderes wichtiger. Erst 1991 griff der **Filmladen e.V.**, der seit 1981 sein gleichnamiges Kino in der Goethestraße betrieb, die Idee wieder auf und lud zum **Open-Air-Kino** in den **Stadthallengarten** ein.

1993 zog man dann in den Hof des **->Dock 4** um; dort zeigt der Filmladen seitdem über die Sommermonate attraktive Filme in interessanter Umgebung. Schade ist nur, dass das Kasseler Wetter nicht immer so recht mitspielt.

**Freimaurer**
Die Freimaurerei hat in Kassel eine lange Tradition, reichen doch ihre Wurzeln bis ins Jahr 1773 zurück. Unter der „Schirmherrschaft" des **Landgrafen >Friedrich II.** (1760–1785) wurde in Kassel die erste Freimaurerloge gegründet. „Friedrich zur Freundschaft" nannte sich die Loge, die 1794 von **Landgraf ->Wilhelm IX.** (1785–1821) verboten wurde, weil ihre Mitglieder als Befürworter der Französischen Revolution galten.
Bemerkenswert ist deshalb, dass das Logenwesen gerade zur Zeit der französischen Herrschaft in Kassel (**König ->Jérôme**) wieder auflebte; bis zu ihrem Verbot durch die Nationalsozialisten im Jahr 1935 hatten sich in Kassel sechs Logen etabliert.
1947 wurde die Loge „**Goethe zur Bruderliebe**" wieder gegründet. Sie sieht sich in der Tradition der ersten Kasseler Freimaurerloge „**Friedrich zur Freundschaft**". Sie ist eine von zurzeit vier Logen in Kassel.

**Freyheit**
Die Freyheit (oder später dann „Freiheit") war ein Stadtbezirk zunächst außerhalb der Kasseler Stadtmauern, der ursprünglich ein eigenständiges Gemeinwesen mit eigenem Bürgermeister bildete. Er wurde 1330 von **Landgraf ->Heinrich II.** (1328–1376), dem Eisernen, gegründet. Seine Bewohner hatten keine Steuern und sonstige Abgaben zu leisten, dafür lebten sie aber auch nicht im Schutz der Residenzstadt.
Natürlich blieb das nicht so. Im Laufe der Zeit wuchsen Kassel und seine „Vorstadt" zusammen. Spätestens das bedeutete dann das Ende aller materiellen Privilegien. Der Name des Bezirks aber überlebte bis in die Neuzeit.

**Fridericianum**
**Landgraf ->Karl** (1677–1730) hatte die Idee, die von ihm und seinen Vorgängern gesammelten Kunstgegenstände in einem Museum auszustellen und sie der Öffentlichkeit zugänglich zu machen.
Das nach den Planen von Simon Louis **->du Ry** konzipierte und am Rande des **->Friedrichsplatzes** errichtete klassizistische Gebäude wurde 1779 fertig gestellt.
Es bot Platz für die **Kunstsammlung** der Landgrafen, die **Waffensammlung**, die **naturkundliche Sammlung** und die **landgräfliche Bibliothek**.
Das ursprünglich zweigeschossige Gebäude wurde im Zweiten Weltkrieg stark beschädigt und brannte aus. Es wurde später dreigeschossig wieder aufgebaut. Heute ist es Veranstaltungsort für wechselnde Ausstellungen und zentraler Ausstellungsraum der **->documenta**.

**Friedrich I., Landgraf (->Herrscher in Kassel)**

**Friedrich II., Landgraf (->Herrscher in Kassel)**

**Friedrich Wilhelm I., Kurfürst (->Herrscher in Kassel)**

**Friedrich-Wilhelms-Nordbahn**
Die Erschließung der deutschen Lande durch die **Eisenbahn** machte ab der Mitte des 19. Jahrhunderts große Fortschritte. In Kurhessen war es die Friedrich-Wilhelms-Nordbahn, benannt nach dem Kurfürsten, die Kassel mit Thüringen im Osten und Westfalen im Norden verbinden sollte. Weitere Strecken waren vorgesehen.
Mit dem Bau begann man Mitte 1845, vier Jahre später waren die Teilstücke fertig gestellt und miteinander verbunden.
Nachdem **Kurfürst ->Friedrich Wilhelm** 1866 seines Amtes enthoben und Kurhessen von Preußen annektiert worden war, benannte man die Bahn um. Sie hieß jetzt **Hessische Nordbahn**.

**Friedhöfe**
Seit der Mitte des 16. Jahrhunderts gibt es den **Altstädter Friedhof** dort, wo seit 1897 die **->Lutherkirche** steht. Bis 1848 lag er noch außerhalb der Stadtmauern, heute ist er dicht ans Stadtzentrum herangerückt. Hier liegen u. a. die Gräber von **Jost ->Bürgi**, dem Mathematiker und Uhrmacher, **Dorothea Grimm**, der Mutter der **->Brüder Grimm** und **Carl ->Schomburg**, dem ersten Kasseler Oberbürgermeister. Im sogenannten **Kurfürstengrab** sind außerdem die Ehefrauen von **Kurfürst ->Wilhelm I. und ->Wilhelm II.** beigesetzt. Der Altstädter Friedhof wurde bis zur Fertigstellung **des Hauptfriedhofs** im Jahr 1843 genutzt.
Heute gibt es außer dem Hauptfriedhof 14 weitere Friedhöfe in Kassel, davon 11 Stadtteilfriedhöfe (der früher selbstständigen Gemeinden), zwei „**Zentralfriedhöfe**" (West seit 1970, Nord seit 1984) und einen **Militärfriedhof**. Einmalig in Deutschland ist, dass diese Friedhöfe nicht kommunal verwaltet werden, sondern unter kirchlicher Trägerschaft stehen.
Außerdem liegt im Stadtteil **->Bettenhausen** der **Jüdische Friedhof**, dessen Geschichte bis ins 14. Jahrhundert zurückreicht. Der jetzige Jüdische Friedhof wurde 1932 angelegt. In seinem mittleren Teil sind russische und polnische Zwangsarbeiter begraben, die im Zweiten Weltkrieg in Kassel ihr Leben ließen. Der Friedhof wird heute noch genutzt.

**Friedrichsplatz**
Nachdem **Landgraf ->Friedrich II.** (1760–1785) am Ende des **Siebenjährigen Krieges** (1756– 1763) die **Festungsanlagen** der Stadt hatte schleifen lassen, beauftragte er seinen Hofarchitekten **Simon Louis ->du Ry** einen Platz anzulegen, der die **->Altstadt** mit der **->Oberneustadt** verband. Du Ry schuf eine rechtwinklige Fläche enormer Ausdehnung. Der Platz galt seinerzeit als einer der größten innerstädtischen Plätze in Europa.
Heute teilt ihn der Steinweg, eine Hauptverkehrsstraße am Rande der Innen-

stadt. Der Friedrichsplatz ist seit einigen Jahren in seiner gesamten Fläche mit einer Tiefgarage unterbaut. Auf dem Platz steht dem **->Fridericianum** gegenüber **ein Marmordenkmal Landgraf Friedrichs II.** Es wurde von den hessischen Landständen gestiftet und zwischen 1781 und 1783 von **August** und **Samuel ->Nahl** geschaffen.

**Frikadellen**

Jeder kennt Frikadellen (Buletten, Fleischpflanzerl, Klopse), jene wohlschmeckenden Gehacktes- oder Hackfleischbällchen aus der Pfanne. Wer aber die Frikadellen aus Kassel und Umgebung nicht probiert hat, kennt diese Köstlichkeit noch nicht richtig.

Frikadellen (die in Kassel übrigens „**Friggedellen**“ heißen) bestehen aus gewürztem Gehackten, eingeweichten Brötchen, Zwiebeln und Ei. Wenn sie in Kassel besser schmecken als anderswo, liegt das vor allem an der Würze des Hackfleisches, da sind die nordhessischen Metzger unübertroffen. Außerdem kennen die häuslichen Köchinnen und Köche hier immer ein paar kleine Tricks, den Geschmack der Frikadelle zu verfeinern – und die werden natürlich nicht verraten.

Dass Frikadelle aus dem Italienischen kommt (von Frittatella, was so viel wie „Gebratenes“ heißt), weiß in Kassel fast keiner. Und eigentlich ist es auch nicht so wichtig, Hauptsache, die „Friggedelle“ schmeckt.

**Fulda**

Die Fulda, im Volksmund „**Fulle**“ genannt, entspringt auf der Wasserkuppe in der Rhön und vereinigt sich nach fast 200 km in Niedersachsen bei Hannoversch Münden (oder einfach Hann. Münden, wie man in Kassel sagt) mit der Weser. Dort steht seit dem 31.07.1899 der Weserstein mit folgendem kleinen Gedicht:

„Wo Werra sich und Fulda küssen,
sie ihren Namen büßen müssen.
Und hier entsteht durch diesen Kuss
deutsch bis zum Meer der Weserfluss.“

Die Einwohner Kassels hatten zu ihrem Fluss trotz gelegentlicher Überschwemmungen eigentlich immer eine gute Beziehung. Er war und ist Ausgangspunkt angenehmer Vergnügungsfahrten per Schiff im Sommer, erlaubt nach wie vor zahlreiche Arten von Wassersport, lud im Winter ab und an zum Eislaufen ein und ist vor allem und seit 1926 immer wieder Zentrum des **Kasseler ->Zissels**, eines Volksfestes der besonderen Art zu Wasser und zu Lande.

**Fuldabad**

Im Jahr 1829 hatte der Konditormeister Jérôme Francois Labassé die pfiffige Idee, an der Fulda das erste private **Flussbad**, den Casseler Badebetrieb, zu eröffnen. Zehn Jahre später übernahm der Hutmacher Jean Baptiste Collet das Bad. Er beließ es nicht beim Planschen im Wasser, sondern bot „Personen männlichen Geschlechts“ Schwimmunterricht an.

Der Badebetrieb blieb in den Folgejahren in Familienbesitz: Sohn Georg

folgte auf den Vater und 1871 übernahm der Enkel, wie der Großvater ein Jean Baptiste, die Schwimmanstalt. Der stellte bald einen ehemaligen Militär-Schwimmlehrer ein, der alle Kasseler Schüler im Schwimmen unterrichtete.
1892 trat dann August „**Schwimmi**" Gerhardt auf den Plan. Er kaufte den Betrieb und erweiterte ihn um eine **Schwimmbadeanstalt für Frauen**.
Im Laufe der Jahre wurden weitere private Fuldabäder eröffnet. Zu Beginn des Zweiten Weltkriegs waren es ein halbes Dutzend Badeeinrichtungen, die ihre Dienste anboten.
1923 dann wurde das **Städtische Flussbad** eingeweiht, das sich bald zu einem Publikumsrenner entwickelte. Damals ahnte noch niemand, dass an gleicher Stelle 32 Jahre später das **Schwimmstadion am Auedamm**, allerdings nicht als Flussbad, seine Pforten öffnen würde.

**Fünffensterstraße**
Eigentlich sollten die Gebäude in der von **Paul ->du Ry**, dem Hofarchitekten des **Landgrafen ->Karl** (1677–1730), für die französischen Glaubensflüchtlinge angelegten Oberneustadt nur drei Fenster breit sein. Nachdem aber eine dem Landgrafen nahestehende Dame, so wird berichtet, die Genehmigung bekommen hatte, die Vorderfront ihres Hauses auf fünf Fenster auszurichten, wurde die ursprünglich getroffene Regelung „aufgeweicht" und die **Fünf-Fenster-Fassade** in jener Straße Standard. Und bald schon nannte die Kasseler Bevölkerung sie nach den Fensterfronten Fünf-Fenster-Straße. Diesen Namen hat sie, obwohl längst anders bebaut, bis heute behalten.

**Fußballnationalspieler**
Viele fußballbegeisterte Mädchen und Jungen träumen davon, wenigstens einmal in ihrem Sportlerleben in der A-Nationalmannschaft zu spielen. Drei echte Kasseler Jungen haben das in der Vergangenheit geschafft. Es waren:
**Gustav Hensel** (*23.10.1884, †29.08.1933), Casseler Fußballverein, eine Berufung,
**Heini Weber** (*21.06.1900, †22.01.1977), SV Kurhessen, zwölf Berufungen,
**Karl-Heinz Metzner** (*09.01.1923, † 25.04.1994), KSV Hessen Kassel, zwei Berufungen.
Bleibt zu hoffen, dass es bald wieder einmal einem talentierten Mädchen oder Jungen gelingt, den Sprung in die ganz große Fußballwelt zu schaffen. Die ganze Stadt (und natürlich auch ihre Umgebung) würde mit Stolz auf sie schauen.

**Garnisonkirche**
Nahe am ->**Königsplatz** steht die Garnisonkirche oder besser: das, was von ihr übrig geblieben ist, ihre Ruine.
Dem Kasseler Militär eine eigene Kirche zu bauen, war nicht ganz einfach. Als man Mitte des 18. Jahrhunderts endlich die Finanzmittel, im Wesentlichen aus Spenden, für den Bau zusammengebracht und den Grundstein gelegt hatte, begann der Siebenjährige Krieg, der den Baubeginn um Jahre verzögerte. Nach Kriegsende mangelte es wieder an Geld, es musste also erneut gespendet werden, wollte man mit der Errichtung des **Sakralbaus** endlich beginnen.
Im Jahr 1770 war es dann so weit: das Gotteshaus stand und konnte eingeweiht werden. Zwar hatte es noch keinen Turm, aber der kam, wenn auch erst zehn Jahre später.
Während der Herrschaft **König ->Jérômes** (1806–1813) wurde die Kirche als **Futterlager** missbraucht, anschließend war sie umfassend renovierungsbedürftig. Die für die Renovierung entstandenen Kosten übernahm der Kurfürst. Ab 1816 konnte die Kirche dann wieder ihrem Zweck entsprechend genutzt werden.
Nach umfangreichen Renovierungen in der zweiten Hälfte des 19. Jahrhunderts konnten in der Garnisonkirche über lange Jahre Gottesdienste gefeiert werden, bis im Oktober 1943 die Bomben des Zweiten Weltkriegs aus dem Bauwerk eine Ruine machten. Hunderte von Menschen, die in der Kirche Schutz gesucht hatten, kamen dabei zu Tode.
Heute wird die Kirchenruine gewerblich genutzt.

**Gärtnerplatzbrücke**
Seit der ->**Bundesgartenschau** 1981 verbindet die Gärtnerplatzbrücke die über die ->**Fulda,** die ->**Karlsaue** und das **Freizeitgelände** um den „**Bugasee**" (**Fuldaaue**). Die Brücke ist fast 140 m lang und war zunächst aus Holz.
Da der Zahn der Zeit an der Brücke nagte und das Bauwerk langsam morsch wurde, musste ein neues Bauwerk her, wenn möglich eines mit einer längeren Lebensdauer als das alte. Im August 2005 wurde die Holzbrücke abgerissen.
Die neue Brücke konnte nach einigen Verzögerungen im Juli 2007 eingeweiht werden. Sie besteht jetzt aus einem an der ->**Universität Kassel** entwickelten Spezialbeton, der fünfmal fester, deutlich leichter und wesentlich haltbarer als herkömmlicher Beton sein soll.
Der Gärtnerplatzbrücke kommt die Ehre zu, das erste größere europäische Bauwerk zu sein, das auf diese innovative Weise errichtet wurde.

**Gefängnis**
Das Gefängnis im Stadtteil ->**Wehlheiden** wurde im Jahr 1882 als **Königlich-Preußische Strafanstalt Cassel-Wehlheiden** eröffnet und bot Platz für 498 Gefangene. Zu Beginn des Folgejahres waren bereits 421 dieser Plätze besetzt. Die Häftlinge sollten nicht mehr nur eingesperrt, sondern zu ordentlichen Mitgliedern der Gesellschaft erzogen werden. Sie arbeiteten deshalb

nicht nur innerhalb der Gefängnismauern, sondern auch außerhalb als Steinbrecher im **Druseltal** und auf der gefängniseigenen Müllhalde.
Heute hat die **Justizvollzugsanstalt Kassel** 650 Haftplätze für männliche Erwachsene. Seit 1938 ist dem Gefängnis ein Krankenhaus – heute das einzige Gefängniskrankenhaus in Hessen – angegliedert.
Zum 125-jährigen Bestehen der Einrichtung buken die Mitarbeiter der Gefängnisbäckerei eine „Gefängnistorte". Detailgetreu formten sie ihren „Knast" aus Kuchenteig nach. Der Baumkuchen mit Marzipan wurde von den Festgästen nach dem Festakt gern verspeist.

**Gefesselter**
Am Rande des **->Friedrichsplatzes** steht seit 1974 die Skulptur „**Den Opfern der Gewalt**" des russischen Bildhauers Wadim Sidur (*28.06.1924, †26.06.1986), die in Kassel auch als „Gefesselter" bekannt ist.
Eine Bürgerinitiative ermöglichte seinerzeit die Anschaffung dieses Kunstwerks, das sich wie die meisten von Sidurs Werken mit dem Krieg, insbesondere dem zwischen Deutschland und Russland, auseinandersetzt.

**Gehacktesbrötchen**
Das Gehacktesbrötchen ist in Kassel auch als „**Musdenwegge**" (von Musd = gehacktes Fleisch, Fleisch"mus", Wegge = Brötchen) bekannt. Für die meisten Kasseler ist es eine Köstlichkeit, manche wenden sich aber entsetzt ab, wenn frisches rohes Schweinehackfleisch, nach der Rezeptur des jeweiligen Metzgers gewürzt, zwischen zwei Brötchenhälften gepackt und, mit zwei oder drei Zwiebelringen versehen, verspeist wird.

**Geilebach**
Warum der im Waldgebiet um **->Harleshausen** entspringende Geilebach (oder die Geile bzw. „**Gille**", wie die Menschen in **Harleshausen** sagen) an seinem Unterlauf den Namen wechselt, hat sicher nichts mit Animositäten zwischen den Stadtteilen **->Harleshausen** und **->Rothenditmold** zu tun, die seit jeher gute Nachbarschaft pflegen. Man weiß es nicht, warum er plötzlich **Döllbach** heißt und die Harleshäuser haben sich auch nie darüber beschwert.
Jedenfalls ist der Bach neun Kilometer lang; der größte Teil seiner Strecke führt durch Wald, durch Felder und Auen. Als Döllbach fließt er dann im **Stadtteil ->Wesertor** in die **Ahne**, die ihrerseits kurz darauf die **->Fulda** erreicht.
Den Geilebach begleiten (auch als Döllbach) zahlreiche Spazier- und Wanderwege und an vielen Stellen ist er auch heute noch ein beliebter Spielplatz für die größeren Kinder.

**Gemäldegalerie**
Das Museumsgebäude an der **Schönen Aussicht** am Rande der **->Karlsaue**, in dem der Kunstinteressierte heute die **->Neue Galerie** findet, erschien vielen nach seiner Fertigstellung 1879 als ein repräsentativer Ort, **die ->Alten Meister** einem breiteren Publikum vorzustellen. Optimal war das Pro-

blem einer angemessenen Präsentation der Sammlung aber offenbar noch nicht gelöst, wechselten doch in den folgenden Jahrzehnten immer wieder die Ausstellungsräume.
Erst 1974 erhielten die Kunstwerke im **->Schloss Wilhelmshöhe** nach dessen Wiederaufbau das Ambiente, das ihnen zustand und den Raum, auch die Werke zu zeigen, die aus Platzgründen viel zu lange in den Magazinen verborgen bleiben mussten. Fortan wurden und werden in der Gemäldegalerie die **->Alten Meister** präsentiert.
Das neue Museum wurde von vielen Kunstinteressierten hoch gelobt, die beeindruckende Umgebung geradezu gefeiert.

**Generalkommando**
Der **Monumentalbau** am **Graf-Bernadotte-Platz** wurde in den Jahren 1936 bis 1938 errichtet. Das IX. Armeekorps hatte hier seinen Sitz, in einem Gebäude, dessen Architektur den nationalsozialistischen Zeitgeist nicht verleugnen kann.
Im Zweiten Weltkrieg wurde der Bau kaum beschädigt. Nach Kriegsende zogen die Amerikaner in das Haus ein und nutzten es als Krankenhaus. 1947 übergaben sie es der Stadt Kassel. Seit 1954 ist das **Bundessozialgericht** in seinen Räumlichkeiten untergebracht.

**Gewächshaus**
Unbedingt sehenswert ist das Gewächshaus am Rande **des ->Bergparks Wilhelmshöhe** in der Nähe des Schlosses. Es wurde vom Hofarchitekten **Kurfürst ->Wilhelm II.** (1821–1847), **Johann Conrad Bromeis**, 1822 erbaut. Beeindruckend ist die Konstruktion aus Glas und Stahl, die zahlreichen einheimischen und exotischen Pflanzen Raum zur Entfaltung bietet. Besonders sehenswert ist die **Kameliensammlung** mit teilweise über einhundert Jahre alten Pflanzen, vor allem natürlich, wenn sie blühen. Wechselnde Ausstellungen von Gewächsen besonderer Art tragen wesentlich zur Attraktivität des Hauses bei.

**Gießhaus**
Das historische Gießhaus der **Fa. Henschel und Sohn** steht heute als eines der wenigen Baudenkmäler aus frühindustrieller Zeit in Kassel auf dem weiten Campus der **->Universität Kassel** am **Holländischen Platz**. 1836/1837 nach den Plänen **Carl Anton ->Henschels** errichtet, bildete es mit seinem markanten Kuppeldach lange Jahre den Mittelpunkt der Fabrikanlage. 1918 wurde das Gießhaus stillgelegt und ab 1935 als **Werksmuseum** genutzt.
Als das Land Hessen 1972 das Gelände erworben hatte und mit dem Bau der **->Universität** begann, wurden einige der vorhandenen Industriebauwerke in die Bebauung integriert. Heute wird das Gießhaus insbesondere für Veranstaltungen repräsentativer Art der Hochschule genutzt.

**Gliedebahn**
Früher wusste jedes Kind in Kassel, was eine Gliedebahn ist. Jeden Winter

gab es Hunderte in der Stadt, nicht immer zur Freude der Erwachsenen. Glieden hat etwas mit „gleiten“ zu tun. Eine Gliedebahn ist also eine Bahn, auf der man dahingleitet. Man braucht dazu eine ebene Fläche, ordentlich Eis und Schnee und widerstandsfähiges Schuhwerk mit glatten Ledersohlen. Auf denen rutscht man dann so lange über den immer eisiger werdenden Untergrund, bis man eine Strecke (eine Gliedebahn) von manchmal mehreren Metern mit den Schuhen so glatt geschliffen hat, dass jeder vernünftige Erwachsene einen großen Bogen um die blanke Fläche macht.
Und manchmal half man der Natur ein wenig nach: abends nach Einbruch der Dunkelheit ein paar Tropfen Wasser auf die Bahn und der Spaß ist am nächsten Tag noch größer – wenn nicht ein humorloser älterer Mensch die Bahn inzwischen mit Asche abgestreut hat aus Sicherheitsgründen, wie es dann meistens heißte. Heutzutage sind Gliedebahnen selten geworden, wahrscheinlich wegen der milden Winter.

**Glowesabend**

Am 6. Dezember, dem **Nikolaustag**, geschehen abends nach Einbruch der Dunkelheit in und um Kassel merkwürdige Dinge. Verkleidete Mädchen und Jungen, die **Glöwesse**, gehen durch die Straßen und bitten in Geschäften und an Haustüren um Süßigkeiten und kleine Geschenke. Als Gegenleistung sagen sie ein kleines Gedicht auf, manchmal in **Kasseläner Mundart**.
Man vermutet, dass die Bezeichnung „Glowes“, im Plural „Glöwesse“, von Nikolaus (Klaus, Klobes, Glowes) abgeleitet werden kann.
Nennt man einen Mann einen „ahlen Glowes“, hat der etwas getan, was er besser nicht hätte tun sollen.

**Goethe, Johann Wolfgang von**

Immerhin viermal hat Johann Wolfgang von Goethe (*28.08.1749, †26.03.1832) die Fulda-Metropole besucht – nachweislich. Zum ersten Mal kam er 1779 nach Kassel, zusammen mit **Herzog Carl August von Sachsen-Weimar**, inkognito sagt man, um die Sehenswürdigkeiten der Stadt kennenzulernen.
Der zweite Besuch 1783 galt dem **Herkules**, den der Sohn seiner Freundin **Charlotte von Stein**, Fritz, gern sehen wollte. Der Dichterfürst war von dem Bauwerk alles andere als begeistert.
1793 kam er dann aus Düsseldorf spät abends in Kassel an – sein dritter Besuch. Er war von der „mit hundert und aberhundert Lampen“ erleuchteten Stadt überwältigt. Diese Begeisterung wurde aber arg gedämpft, als er nur mit Mühe ein Zimmer für die Nacht im „**Gasthof zur Post**“ bekam. Der Diener an der Anmeldung hatte ihn für einen Franzosen gehalten und die standen bei dem Manne wohl gerade nicht so hoch im Kurs. Nachdem Johann Wolfgang von Goethe den Irrtum aufgeklärt hatte, erhielt er schnell das gewünschte Nachtquartier.
Der vierte und letzte Kassel-Aufenthalt datiert aus dem Jahr 1801, als er die Stadt mit Christiane Vulpius, seinem Sohn August und Professor Johann Heinrich Meyer besuchte.
Heute hat Kassel eine Goethestraße mit Goethestern, eine Goethe-Anla-

ge, eine Goetheschule und im **->Naturkundemuseum** den **->Goethe-Elefanten**.

**Goethe-Anlage**

Die Goethe-Anlage im **Vorderen Westen** ist ein beliebter Treffpunkt von Jung und Alt. Hier trifft man sich im Sommer zum Ballspielen, zum Grillen, man liest ein Buch oder hält ein Schwätzchen mit dem Nachbarn. Im Winter lädt der Park zum Joggen oder zu kleinen Spaziergängen ein, auch wenn er von überschaubarer Größe ist. Die Menschen in der Nachbarschaft jedenfalls lieben die Anlage.
Wahrscheinlich wissen aber nur wenige, dass einige Meter unter ihnen in Rohren die **->Drusel** fließt, deren Tal erst mit 10 000 Kubikmetern Müll und einer dicken Schicht Mutterboden aufgefüllt werden musste, bevor Wege, Rabatten und Rasenflächen angelegt werden konnten.
Im Mai 1933 wurde die Grünanlage der Öffentlichkeit, wie in solchen Fällen nicht unüblich, mit offiziellen Ansprachen, Blasmusik und Chorgesang übergeben. Besonderes Lob erfuhr der **Stadtgartendirektor Rudolf Stier**, der „Vater" der Anlage.
Wenn man den Zeitzeugen glauben darf, war die Rasenfläche der Goethe-Anlage eine der ersten in Kassel, die von den Menschen, für die sie eigentlich ja auch geschaffen worden waren, auch betreten werden durfte.

**Goethe-Elephant**

Am Rande der **->Karlsaue** unterhalb der ->**Schönen Aussicht** besaß **Landgraf ->Friedrich II.** (1760–1785) seit 1764 eine **Menagerie**, in der allerlei Tiere lebten, unter ihnen ab 1773 auch ein **indischer Elefant**. Dieses Tier wurde aber nicht nur hinter Gittern gezeigt, sondern auch als Helfer bei der Arbeit und als exotisches „Beiwerk" bei Theateraufführungen und Umzügen zur Erbauung des Publikums eingesetzt.
Nach einer solchen Veranstaltung im Jahr 1780 riss sich der Elefant plötzlich los und stürzte sich am steilen **Aueabhang** zu Tode. Im Auftrag des Landesherrn präparierte der Wissenschaftler **Samuel Thomas von ->Sömmering** den Körper und das Skelett des Tieres und baute es zusammen, so wie es im **Naturkundemuseum** heute noch betrachtet werden kann.
Zu seinem Namen kam der Goethe-Elefant, weil Johann **Wolfgang von ->Goethe**, der auf verschiedenen Gebieten auch wissenschaftlich arbeitete, den ihm bekannten **von ->Sömmering** bat, ihm den Kopf des Exoten zu anatomischen Studienzwecken zu überlassen. Da seine Untersuchungsergebnisse von großem wissenschaftlichem Interesse waren, wurde aus dem unglücklichen Elefanten aus Indien in Kassel der „Goethe-Elefant".

**Graffiti-Archiv**

Das Kasseler Graffiti-Archiv ist untrennbar mit dem Namen des Diplom-Sozialpädagogen **Axel Thiel** (*22.09.1945, †17.06.2006) verbunden, der in über dreißigjähriger Arbeit mehr als 100 000 Schriftstücke und mehrere hundert Bücher über die Graffiti-Kunst sammelte, ordnete und für wissenschaftliche Zwecke zugänglich machte.

Das Archiv ist beispielgebend. Der **Graffiti-Forscher** Axel Thiel war international gefragt. Seine Datensammlung ist inzwischen so bekannt, dass beispielsweise auch Städte im Archiv um Rat fragen, wie sie mit Graffiti umgehen sollen.
Graffiti-Forschung ist eine Aufgabe, der sich inzwischen weltweit sehr viele Menschen widmen. Für die stellt Axel Thiels Graffiti-Archiv eine unverzichtbare und einmalige Informationsquelle dar.

**Granitblock**
Seit 1982, dem Jahr der **documenta 7**, steht der Granitblock des Bildhauers **Ulrich Rückriem** (*30.09.1938) schwer und unverrückbar neben der **->Neuen Galerie** auf dem Freigelände zur **->Schönen Aussicht** hin.
Der aus afrikanischem Granit gefertigte Block ist in drei Teile gespalten, der mittlere Teil in weitere vier Teile geschnitten. Alle Teile sind wieder zur ursprünglichen Form zusammengesetzt, der untere Teil bildet das in die Erde eingelassene Fundament.

**Grimm, Ludwig Emil**
Ludwig Emil Grimm (*14.03.1790, †04.04.1843) war ein **Bruder von Jacob und Wilhelm Grimm**, die als Sprachforscher und Geisteswissenschaftler Ruhm erwarben und als die **->Brüder Grimm** mit ihrer Märchensammlung weltbekannt wurden.
Er hatte den Beruf des Kupferstechers gelernt, bevor er seine künstlerische Laufbahn begann. Schwerpunkte seines Schaffens waren Radierungen, hauptsächlich Porträts, aber auch Tiere und Landschaften, volkskundliche sowie historische Darstellungen.
1817 ließ sich Ludwig Emil Grimm als freier Künstler in Kassel nieder und hatte mit seinen Arbeiten Erfolg. Eineinhalb Jahrzehnte später, 1832, wurde er von **Kurfürst ->Wilhelm II.** (1821–1847) zum Professor an der Kunstakademie in Kassel ernannt.
Ludwig Emil Grimm gilt als Mitbegründer der in der Schwalm beheimateten **Willingshäuser Malerschule**.

**Grünflächen**
Es lässt sich nicht so leicht feststellen, wer es wie ermittelt hat, aber es wird immer wieder betont: Kassel besteht zu 63 Prozent aus Grünflächen und Gartenanlagen. Bei einem Spaziergang merkt man oft kaum, dass man sich in einer Großstadt befindet.
Kassel ist stolz auf diesen Reichtum und so ist es nicht verwunderlich, wenn es gern daran erinnert: Jedes Jahr findet die „**63-Prozent-Wanderung**" statt, die über verschiedene Routen durch die Grünzüge der Stadt hin zu einem zentralen Treffpunkt (z.B. an der **->Fulda**) führt. Viele Menschen sind dann auf den Beinen und haben, besonders wenn das Wetter mitspielt, einen herrlichen Tag in ihrer Stadt.

**Guerniero, Giovanni Francesco**
Gegen Ende des Jahres 1699 reiste **Landgraf ->Karl** (1677–1730) für eini-

ge Monate nach Italien, um sich Anregungen für den Bau eines **Parks mit Wasserspielen** am Osthang des Habichtswaldes zu holen. Auf dieser Reise traf er Giovanni Francesco Guerniero (* 1665, †19.03.1745), einen Baumeister, den er 1701 nach Kassel holte und mit dem Bau der Parkanlage beauftragte.

Guerniero errichtete zunächst die beiden unteren Teile des **Oktogons** auf dem **Winterkasten**, wie man den **Karlsberg** damals nannte. **Parkanlage** und **Kaskade** folgten, hatten aber ein erheblich bescheideneres Aussehen als zunächst geplant. Erst 1713 entschied Landgraf Karl, das Oktogon, dieses Riesenschloss, mit einer **Pyramide** zu versehen und auf deren Spitze eine **Herkulesfigur** zu setzen, deren Original er auf seiner Italien-Reise in der Villa Farnese bewundert hatte. Der Augsburger Goldschmied **Johann Jacob ->Antoni** schuf die kupferne Figur von 1714 bis 1717. Die Fertigstellung des Herkules erlebte Guerniero in Kassel nicht mehr; er war 1715 bereits (immerhin als wohlhabender Mann) in seine Heimat zurückgekehrt – manche sagen fluchtartig, weil es erste Probleme um die Stabilität des Oktogons gegeben hatte.

**Guldengroschen**

Im **->Hessischen Landesmuseum** in Kassel wird eine Silbermünze aufbewahrt, die Fachleute für die älteste mit Jahreszahl versehene Münze Deutschlands halten. **Landgraf ->Wilhelm II.** (1493–1509) ließ 1502 diesen Guldengroschen prägen, auf dem die Heilige Elisabeth und der Hessische Löwenschild abgebildet sind. Die Münze hat ein Gewicht von 30 Gramm.

**Gutenberg-Bibel**

Weltweit gibt es heute noch 48 Exemplare der Gutenberg-Bibel, von denen ein Exemplar in der Bibliothek der **->Universität Kassel** aufbewahrt wird. Die Bibel in lateinischer Sprache wurde zwischen 1452 und 1454 in Mainz in der Werkstatt von Johannes Gensfleisch, genannt Gutenberg, gedruckt. Sie ist bis heute eines der schönsten Bücher dieser Art auf der ganzen Welt.

**Habichtswald**
Der „Hauswald“ der Kasseler Bevölkerung ist der Habichtswald, ein Mittelgebirge vorwiegend aus Basalt, mit abwechslungsreichem Baumbestand, schönen Waldwiesen und einer Vielzahl von Wegen zum Spazierengehen und Wandern. Einige Vororte (z.B. **->Harleshausen**, **->Kirchditmold**, **->Bad Wilhelmshöhe**) reichen bis dicht an den Wald heran. Überregional ist der Naturpark insbesondere wegen des **->Bergparks Wilhelmshöhe**, des **->Schlosses Wilhelmshöhe**, der **->Löwenburg** und natürlich wegen des **->Herkules'** bekannt.
Im Habichtswald entspringen kleinere Bäche, so u.a. die **->Ahna**, die **->Drusel** und der **->Geilebach**.
Der Spaziergänger kann sich an einigen hübschen kleinen Seen ausruhen, die der Wald entweder dem Basaltabbau (z.B. den **Blauen See**, den **Silbersee**, das **Erlenloch**) oder aber den Gestaltern des Bergparks (z.B. den **Lac**, den **Asch**) verdankt.
Der **Naturpark Habichtswald** ist ungefähr 35 Quadratkilometer groß. Seine höchste Erhebung ist das **->Hohe Gras**.
Übrigens: Habichte gibt es natürlich auch noch in diesem Wald, dem sie den Namen gaben.

**Haesler, Otto**
Der Architekt Otto Haesler (*13.06.1880, †02.04.1962) gilt als einer der führenden Vertreter des Neuen Bauens. In Kassel ist er durch den **Bau der ->Rothenberg-Siedlung** (1930) und des Altenheims, der **Marie-von-Boschan-Aschrott-Stiftung** (1931) bekannt geworden.
Haesler zog sich während der Zeit des Nationalsozialismus aus der Öffentlichkeit nach Eutin zurück, begleitete aber von 1942 bis 1945 das Amt des stellvertretenden Stadtbaurats in den besetzten polnischen Städten Lodz und Lemberg.
Nach dem Zweiten Weltkrieg lebte und arbeitete Haesler als Hochschullehrer und in anderen leitenden Funktionen in der DDR.

**Hafen**
Nach zwei Jahren Bauzeit konnte der Kasseler Hafen am 01.08.1895 feierlich eingeweiht werden. Unter großer Anteilnahme der Bevölkerung lief der **Frachtdampfer „Cassel“**, mit **Oberbürgermeister ->Westerburg** an Bord, in den neuen Hafen ein.
Der Hafen wurde für den Güterverkehr gebaut. Allerdings konnten größere Transportkähne und Schlepper nie bis nach Kassel fahren, die **->Fulda** war (und ist) nicht entsprechend ausgebaut. Gleichwohl entwickelte sich ein schnell wachsender Güterverkehr auf dem Fluss; Binnenschiffer brachten Stückgut, Getreide und Jute nach Kassel und nahmen dafür Schottersteine, Straßenpflaster und nordhessisches Getreide mit auf ihren Weg zurück nach Norden.
Der Gütertransport per Schiff hatte nach dem Zweiten Weltkrieg noch einmal eine große Zeit. Ab Mitte der siebziger Jahre veränderte sich allerdings das Bild: der Transport verlagerte sich mehr und mehr auf Schiene und Straße.

Der Hafen wurde 1977 geschlossen und steht seitdem ausschließlich **Sportbooten** als Lagerplatz zur Verfügung.

**Hallenbäder**

Kassel verfügt zurzeit über vier Hallenbäder, von denen drei (**Hallenbad Ost**, **Stadtbad Mitte** und **Hallenbad Süd**) von der Städtische Werke AG und eins (->**Kurhessentherme**) von der Wicker-Gruppe betrieben werden. Das Stadtbad Mitte und das Hallenbad Ost sollen wegen ihres unzureichenden baulichen Zustands geschlossen werden. Es ist allerdings geplant, ein neues Hallenbad, möglicherweise in der Nähe des bisherigen Hallenbades Ost, zu errichten.

**Harleshausen (->Stadtteile)**

**Hartwig, Heinrich Wilhelm (->Oberbürgermeister)**

**Haus der Jugend**

Seit 1985 heißt das in den Jahren 1952/1953 auf historischem Grund an der Fulda erbaute Haus der Jugend „**Willi-Seidel-Haus**". Dem ersten **->Oberbürgermeister** der Stadt Kassel nach dem Zweiten Weltkrieg, **Willi ->Seidel**, ist es zu verdanken, dass im Zuge des Wiederaufbaus der Stadt diese Begegnungsstätte der Jugend so früh schon errichtet wurde.
Die Geschichte des Baugrunds ist lang und reicht weit zurück bis ins 13. Jahrhundert. Soviel man heute weiß, stand hier zunächst ein Jägerhaus, das später immer mal wieder erweitert, umgebaut und neuen Nutzungszwecken zugeführt wurde. Es diente als Lager für die Truppenverpflegung, Lazarett, Tuchfabrik und Artilleriekaserne, dann als Ersatzkirche, Verteidigungsanlage (mit Gewölbekellern, die heute noch zu besichtigen sind), Staatsgefängnis, Militärarresthaus und möglicherweise als noch einiges mehr. Im Oktober 1943 schließlich brannte das historische Gebäude im Bombenhagel aus. Gut war die Idee der Kasseler Stadtoberen, auf diesem, in seiner Geschichte oft so kriegerisch genutzten Areal ein Haus der Jugend zu bauen!

**Hedwig Sophie von Brandenburg, Landgräfin (->Herrscher in Kassel)**

**Heidelbach, Paul**

Von Geburt war er kein **Kasseläner**, aber wenn es diese Charakterisierung ehrenhalber gäbe, Paul Heidelbach (*28.07.1870, †13.02.1954) hätte sie verdient. Er hat nicht nur in dieser Stadt gelebt, er hat sie literarisch auf vielfältige Weise aufgearbeitet – wissenschaftlich streng, aber auch mit augenzwinkerndem Humor.
Paul Heidelbach kam, nachdem sein Vater früh verstorben war, als Junge aus Düsseldorf zu seiner Tante nach Kassel. Er machte unter Mühen Abitur, studierte einige Jahre außerhalb Kassels, legte aber nie ein Examen ab. Er wollte Schriftsteller werden. Also kam er zurück nach Kassel und schrieb; mit Gedichten und Erzählungen für Zeitschriften und Zeitungen begann er, Geld zu verdienen. Mit seinem literarischen Schaffen machte er sich bald einen Namen.

1919 wurde Heidelbach **Stadtarchivar**, ein Jahr später auch **Bibliothekar** der **->Murhard'schen Bibliothek**. Und nebenbei schrieb und veröffentlichte er, auch noch nach seinem Eintritt in den Ruhestand 1935, unterbrochen vom Zweiten Weltkrieg, bis zu seinem Tod.
Paul Heidelbach hat zweifellos seine Stadt geliebt und – was vielleicht genauso wichtig ist – er hat ihre Menschen verstanden.

**Heinrich I., das Kind von Brabant, Landgraf (->Herrscher in Kassel)**

**Heinrich II., der Eiserne, Landgraf (->Herrscher in Kassel)**

**Henschel, Carl Anton**
Nach Schule und einigen Lehr- und Studienjahren trat Carl Anton Henschel (*23.04.1780, †19.05.1861) im Jahr 1797 in den Staatsdienst ein, arbeitete im Berg- und Salinenbau und brachte es dort schon bald zu hoher Anerkennung. 1817 genehmigte **Kurfürst ->Wilhelm I.** seinen Eintritt in den „kränkelnden" Betrieb seines Vaters, ohne dass er den landesherrlichen Dienst deshalb verlassen musste. Von diesem Zeitpunkt an wurde der vom Vater seit 1810 unabhängig geführte **Gießereibetrieb** als **Maschinenfabrik** ausgerichtet – eine bahnbrechende unternehmerische Entscheidung.
Carl Anton Henschel, der sich schon in seinen früheren Jahren durch einige technische Erfindungen hervorgetan hatte, wandte sich nun verstärkt dem **Eisenbahnwesen** zu. Er reiste nach England, um sich dort über den Stand der Entwicklung zu informieren und verfasste mehrere interessante Schriften zu diesem Thema. Währenddessen baute seine Firma **Dampfmaschinen**, große **Werkzeugmaschinen**, **Dampfkessel** und befasste sich mit dem **Stahlbrückenbau**.
1848 dann wurde die erste Lokomotive der Firma Henschel ausgeliefert: der **->„Drache"**.
Carl Anton Henschel war ein industrieller Pionier, der mit seinen großartigen Erfindungen und seinem Gespür für Entwicklungen seinen Zeitgenossen oft weit voraus war. Er war in seinem Metier ein Genie.

**Henschel, Johann Werner**
Johann Werner Henschel (*14.02.1782, †15.08.1850), der jüngere Bruder von **Carl Anton ->Henschel**, erlernte zunächst den Beruf eines **Stück- und Glockengießers** im Betrieb seines Vaters. Daneben studierte er Bildhauerei an der Kunstakademie in Kassel. Nach Weiterbildungsjahren in Frankreich kehrte er nach Kassel zurück und arbeitete erfolgreich als **Bildhauer**.
1832 wurde Johann Werner Henschel Professor an der Akademie seiner Heimatstadt, arbeitete aber auch künstlerisch weiter. Die **Bildsäule des Heiligen Bonifatius**, die er 1839 für die Stadt Fulda anfertigte, gilt als eines seiner Hauptwerke und wurde im Familienbetrieb gegossen.
Später zog sich Johann Werner Henschel ganz aus der Firma zurück, die er einst mit dem Vater gegründet hatte. Er ging nach Rom, wo er weiter sehr erfolgreich als Künstler arbeitete und 1850 starb.

**Henschel, Sophie**
Sophie Henschel (*11.11.1841, †05.02.1913) war mit dem Enkel **Carl Anton ->Henschels** verheiratet, der die Firma von 1860 bis zu seinem Tod 1894 leitete. Er war es, der die **->Henschel-Villa** am **Weinberg** bauen und den **->Henschelgarten** anlegen ließ.
Nach seinem Tod übernahm seine Ehefrau Sophie die Verantwortung für die Firma, da sie sich schon zu Lebzeiten ihres Mannes stark für die Firmenpolitik interessierte und in die unternehmerischen Entscheidungen eingebunden war.
Besondere Bedeutung für die Stadt Kassel und ihre Menschen hatte Sophie Henschel aber, weil sie, die um die Jahrhundertwende zu den reichsten Frauen Deutschlands zählte, unbeschreiblich viele soziale und gesundheitspolitische Projekte der Stadt, kulturelle Einrichtungen und künstlerische Vorhaben nachhaltig finanziell unterstützte. Sie war eine **Philantropin** und **Mäzenin**, die sich ihrer gesellschaftlichen Verantwortung bewusst war und ihr beispielgebend gerecht wurde.
Vor dem **Roten-Kreuz-Krankenhaus** im **Stadtteil ->Wehlheiden** erinnert ein nach ihr benannter Platz an diese einzigartige Frau.

**Henschelgarten**
Auf dem **->Weinberg** entstanden etwa um 1800 herum einige gastronomische Betriebe, die von der Kasseler Bevölkerung gern besucht wurden.
Ab 1867 wurde das Gelände nach und nach der Öffentlichkeit entzogen. Die Familie Henschel kaufte Grundstück um Grundstück auf, um sie zu bebauen – zunächst mit der in Kassel so genannten **->Henschel-Villa**, später dann auch noch mit dem gigantischen **->Henschel-Haus** und seinen Nebengebäuden. Ein künstlerisch gestalteter Garten mit kleinen Wegen, Treppen, Terrassen und stillen Aussichtsplätzen umgab die Bauwerke.
1959 erwarb die Stadt Kassel die Grundstücke und machte sie der Öffentlichkeit wieder zugänglich.

**Henschel-Haus**
Viel pompöser und beeindruckender als die **->Henschel-Villa** aus den Jahren 1868 bis 1870 war das 1904 von **Karl Henschel**, dem Sohn von **Carl Anton Oscar** und **Sophie ->Henschel**, errichtete Henschel-Haus. Es war ein Palast mit 24 Räumen, Gesindehaus, Ställen und Garagen sowie einer Gärtnerei.
Leider stand das Haus nicht annähernd so lange, wie es sich sein Erbauer vielleicht einmal vorgestellt hatte. Es wurde von dem Erben **Karl Henschels** 1932 in wirtschaftlich wahrlich schwerer Zeit abgerissen, weil er, so wird es kolportiert, die Steuern dafür nicht mehr zahlen konnte.
Es ist aber nicht auszuschließen, dass die **Henschel-Familie** einfach in diesem Prunkbau nicht länger leben wollte.

**Henschel-Museum**
Im **Stadtteil ->Rothenditmold** hat das Henschel-Museum auf dem ehemaligen Gelände des dort über viele Jahrzehnte angesiedelten Teilbereichs der

**->Henschelwerke** seit 2004 seinen Platz gefunden. Im Mittelpunkt der Betrachtung steht die Unternehmerfamilie Henschel, die mit ihrem Wirken in Kassel auf vielfältige Art Spuren hinterlassen hat.
Natürlich bilden die verschiedenen Lokomotiven-Modelle vom **->„Drachen“** bis zum **Transrapid** einen Schwerpunkt der Sammlungen. Aber auch viele andere Exponate geben Aufschluss darüber, welche Rolle die **Henschel-Familie** in der **Industrie- und Eisenbahngeschichte** nicht nur der Stadt Kassel gespielt hat.
Eisenbahnbegeisterte kommen in diesem Museum allemal auf ihre Kosten.

**Henschel-Villa**
Zwischen 1868 und 1870 errichteten **Carl Anton Oscar** und seine **Frau Sophie ->Henschel** auf dem Gelände des früheren **Schaner'schen Gartens**, einer Schankwirtschaft, die Villa Henschel, ein klassizistisches Gebäude mit einem Turm an einer Seite. Es war ein großartiges Haus mit hochherrschaftlicher Zu- und Abfahrt um ein umzäuntes Gärtchen herum vor dem säulenbewehrten Eingangsportal.
Der **Peilert'sche Garten**, 1887 hinzuerworben, vergrößerte den **->Henschelgarten**, der kunstvoll und repräsentativ gestaltet war.
1901 arrondierten die Henschels ihren Grundbesitz um weitere Teilstücke, insbesondere das **Felsenkellergelände**, das für seine gastronomischen Betriebe bekannt war. **Karl Henschel**, Sohn von **Carl Anton Oscar** und **Sophie Henschel**, errichtete dort 1904 ein neues, noch großartigeres Gebäude: das **->Henschel-Haus**.
Die Henschel-Villa wurde im Zweiten Weltkrieg zerstört.

**Henschelwerke**
Alles begann im Jahr 1810 in der **Weserstraße**, wo **Georg Christian Carl Henschel** seine eigene Gießerei gründete. Hier stand quasi die Wiege der Firma, die später Weltgeltung erlangen sollte und deren Name heute in vergleichsweise kleinen Unternehmen immer noch weiterlebt.
Als **Carl Anton ->Henschel**, der Sohn des Firmengründers, den Betrieb 1837 um einen weiteren Standort am **Holländischen Platz** in Kassel erweiterte und dort begann, **Lokomotiven** zu bauen, war der Erfolg der Firma Henschel nicht mehr aufzuhalten. Die Familie führte den Betrieb über sechs Generationen. Neben Lokomotiven, die den Weltruf der Firma begründeten, baute Henschel **Flugzeuge**, **Lastwagen** und **Omnibusse**; in beiden Weltkriegen verdiente sie mit der Herstellung von **Rüstungsgütern** viel Geld.
Im Jahr 1962 wurde die **Henschelwerke GmbH** eine **Aktiengesellschaft**, in der die Familie schließlich keinen Einfluss mehr hatte. Die Firma ging in fremde Hände über.
Für Kassel waren Firma und **Familie Henschel** über Jahrzehnte ein Glücksfall. Generationen von Handwerkern waren **„Henschelaner“**, sie arbeiteten **„bi Henschels“**. Das tat der wirtschaftlichen Entwicklung der Stadt gut und die Firma kümmerte sich um ihre Arbeitnehmer und deren Familien in vorbildlicher Weise. Aber als der Betrieb 1931 während der Weltwirtschaftskri-

se besonders hinsichtlich des Lokomotivenbaus in Schwierigkeiten geriet, waren Entlassungen unvermeidbar. Die Arbeitslosenzahlen schossen in Kassel nach oben.
Henschel war für Kassel wichtig, ohne Zweifel. Das Engagement der **Henschelwerke** auf dem **Rüstungssektor** allerdings wirkte sich insbesondere im Zweiten Weltkrieg für die Stadt verheerend aus. Die Bomber der Alliierten sollten die Waffenschmiede treffen und sie trafen die ganze Stadt.

**Hentze, Wilhelm**
**Kurfürst ->Wilhelm II.** (1821–1847) übertrug dem Hofgärtner Wilhelm Hentze (*14.09.1793, †09.10.1874) im Jahr 1822 die Aufsicht über sämtliche Hofgärten und die Gestaltung der **Karlsaue** als besonderen Aufgabenschwerpunkt.
Hofgartendirektor Hentze, der diese Aufgaben 42 Jahre wahrnahm, machte aus der **Aue** einen wunderschönen **Naturpark**, ohne ihre Grundstrukturen zu verändern. Sein Hauptaugenmerk galt jedoch der **Insel ->Siebenbergen**, die er in eine bezaubernde Gartenlandschaft verwandelte.

**Herbarium**
Das Herbarium **Kaspar Ratzenbergers**, ausgestellt im **->Naturkundemuseum**, stammt aus dem Jahr 1556 und war das erste seiner Art in Deutschland. Der Student aus Wittenberg sammelte, presste und beschrieb zu wissenschaftlichen Zwecken 746 Pflanzen, die er 1592 **Landgraf ->Moritz dem Gelehrten** (1592–1627) schenkte. An dessen Hof befasste man sich zu jener Zeit intensiv mit der Botanik und wusste das Werk Ratzenbergers zu würdigen. Der Herrscher bedankte sich mit einem wertvollen Becher voller Goldmünzen.
Die über 400 Jahre alten Pflanzen sind noch heute gut erhalten.

**Herbsthäuschen**
Irgendwann in der Mitte der zwanziger Jahre des letzten Jahrhunderts hatte Martin Reuter die Idee, aus der Zeit des Kohleabbaus im **->Habichtswald** zurückgebliebenen Gebäude gastronomisch zu nutzen. Wanderer und Spaziergänger sollten einkehren können, um sich mit einer kräftigen „Jause" zu stärken. „Herbsthäuschen" hieß der gastliche Ort und weil es ihn heute noch gibt und die Einheimischen ihn gern besuchen, ist er inzwischen schon ein bisschen Kult.
Das Herbsthäuschen ist ein beliebtes **Ausflugslokal**, in dem es heute mehr gibt als Kuhmilch, Brot, Wurst und Käse der Anfangsjahre. Hier kann man sich in natürlicher Umgebung im Sommer wie im Winter treffen: zum Ausruhen, zum Auftanken, zum Feiern.
Die alten Gebäude wurden 1963 durch einen Neubau ersetzt, der 2005 durch einen Brand vernichtet wurde. Inzwischen steht das neue Herbsthäuschen, nicht weniger einladend als seine Vorgänger und nach wie vor attraktiv gelegen. Wer in der Nähe wandert, sollte einfach mal reinschauen.

**Herkules**
Seit bald 300 Jahren steht der muskulöse Kerl dort oben auf dem **Karlsberg**, ein griechischer Halbgott, und schaut ruhig und gelassen über seine Stadt, die ihm zu Füßen liegt. Er weiß vielleicht, dass er ursprünglich für dieses Bauwerk nicht vorgesehen war, jedenfalls nicht so, wie er jetzt da steht, 8,25 m groß, äußerlich scheinbar unbeeindruckt von Wind und Wetter. Er weiß es vielleicht, aber es bewegt ihn nicht.
Vorbild für die **Herkules-Figur** auf der Spitze der **Pyramide** des **Oktogon** war der „**Herkules Farnese**", den **Landgraf ->Karl** (1677–1730) auf einer Italienreise sah, der ihn faszinierte und den er schließlich hoch oben auf der Pyramide haben wollte, so wie wir ihn heute sehen.
Von 1714 bis 1717 schuf der Augsburger Goldschmied **Johann Jacob -> Antoni** die Statue aus Kupferblech. Als er mit seiner Arbeit fertig war, hatte der Erbauer des Oktogon, des Riesenschlosses, **Francesco -> Guerniero**, längst das Weite gesucht und war nach Rom zurückgekehrt. Erste **Bauschäden** waren aufgetreten, schon früh, noch ohne Pyramide und Statue.
Seither ist die Geschichte des Herkules und seines Schlosses auch eine Geschichte ihrer Sanierung. Der als Baumaterial verwendete **Tuffstein** ist zu weich und nicht frostresistent, das Kupferblech der Figur ist immer korrosionsgefährdet – es verträgt sich nicht mit der eisernen Stützkonstruktion.
Die Menschen in Kassel aber lieben ihren Herkules. Er ist ihr Wahrzeichen, das zu erhalten ihnen selbst auch einiges wert ist. Sie wandern oder fahren „**auf den Herkules**" und meinen damit „**auf den Karlsberg**, den Herkules zu besuchen". Die Bevölkerung in Kassel hat dem Berg längst den Namen der Statue gegeben.

**Herkulesbahn**
Seit 1902 transportierte die Herkules-Bahn **Braunkohle** aus dem Habichtswald zum **Bahnhof Wilhelmshöhe**; der Kasseler Unternehmer **Gustav Henkel** wollte aber mehr: Personen sollten befördert werden, zum Herkules und zurück. Die dafür notwendige Lizenz hatte er schon 1901 erhalten, zwei Jahre später war es dann so weit. Am 27.04.1903 fuhren die ersten Passagiere vom **->Palmenbad** bis zur Endstation hinter dem **->Herkules** und zurück. Eigentlich hatte die Fahrt bis zum Oktogon gehen sollen, das aber hatten die Behörden nicht gestattet. Man befürchtete, die kaiserliche Familie könnte, wenn sie auf **->Schloss Wilhelmshöhe** weilte, gestört werden.
Über die Jahre wurde die Straßenbahntrasse erweitert, bis 1926 die **Große Kasseler Straßenbahn** die **Herkulesbahn-Aktien** erwarb und ein Jahr später auch ihre Geschäfte zur Abwicklung übernahm. Sie hatte sich damit eines Konkurrenten entledigt.
1960 dann wurde die Herkulesbahn endgültig mit der **Kasseler Verkehrsgesellschaft** verschmolzen und danach ging es Schlag auf Schlag. Der Braunkohletransport endete 1961, der Basaltverkehr wurde ein Jahr später aufgegeben. 1965 folgte die teilweise Einstellung des Personenverkehrs, am 11.04.1966, nach 63 Jahren, war dann endgültig Schluss: die Herkulesbahn

erwies sich wohl als zu unrentabel, um sie weiter verkehren zu lassen, Busse waren billiger.
Heute denkt man wieder (wenn auch ganz vorsichtig) über eine Neuauflage der Herkulesbahn nach. Sie hat ihren Reiz eben doch nie so ganz verloren.

**Hermann, der Gelehrte, Landgraf (->Herrscher in Kassel)**

**Herrscher in Kassel (chronologisch):**
Seit dem 9. Jahrhundert wurden die Hessen von fränkischen und sächsischen **Gaugrafen**, ab dem 11. Jahrhundert von den **Grafen Werner** und im 12. Jahrhundert von den **thüringischen Landgrafen** regiert. Als Landgraf Heinrich Raspe IV., trotz dreier Ehen 1247 ohne Erben starb und die Landgrafschaft Thüringen an die Markgrafen von Meißen, die Wettiner, fiel, gelang es seiner Nichte Sophie, der Tochter der Heiligen Elisabeth und Gattin des Herzogs von Lothringen und Brabant, Hessen als eigenständige Landgrafschaft für ihren damals gerade drei Jahre alten Sohn Heinrich durchzusetzen.
Über 300 Jahre bestimmtem **hessische Landgrafen** in Kassel das politische und sonstige Geschehen. Wenn sie ihren Herrschaftsbereich, was dann und wann vorkam, unter ihren Erben aufteilten, hatte das keine nachhaltige historische Wirkung. Das änderte sich jedoch im Jahr 1567, als **Philipp der Großmütige** jedem seiner vier Söhne einen Teil der Landgrafschaft Hessen als **Landgrafschaft Hessen-Kassel**, Hessen-Darmstadt, Hessen-Marburg und Hessen-Rheinfels übertrug. Nach dem Aussterben der entsprechenden Adelshäuser fielen die beiden letztgenannten Landgrafschaften schließlich an Hessen-Kassel bzw. Hessen-Darmstadt, die weiter bestanden.

**Landgraf Heinrich I., das Kind von Brabant (1247–1308)**
Nach siebzehnjährigem thüringisch-hessischem Erbfolgekrieg gegen den Markgrafen von Meißen erkämpfte Heinrichs Mutter Sophie von Brabant für ihren Sohn die hessischen Besitztümer der 1247 ausgestorbenen thüringischen Landgrafen, die er schließlich ab 1265 mit Unterstützung seiner Mutter als Landgrafschaft regierte.
Heinrich (*24.06.1244, †21.12.1308) wurde 1247 auf der Mader Heide (südlich von Kassel zwischen Gudensberg und Fritzlar gelegen) als rechtmäßiger Erbe von den Landständen bestätigt. 1277 machte er Kassel zu seiner Residenz und nannte sich Landgraf von Hessen.
Heinrich I. war darum bemüht, sein Herrschaftsgebiet zu sichern und zu erweitern. Kriegerischen Auseinandersetzungen ging er dabei nicht aus dem Weg. 1292 wurde er von König Adolf von Nassau in den Reichsfürstenstand erhoben. Damit war die führende Rolle seiner Familie in Hessen auf lange Zeit festgeschrieben.
Nach Heinrichs Ableben wurde sein Herrschaftsgebiet zwischen seinen Söhnen Otto I. und Johann von Hessen geteilt. Otto erhielt Oberhessen und residierte in Marburg, Johann bekam Niederhessen mit seiner Residenz Kassel.

**Landgraf Johann von Hessen (1308–1311)**
Wie sein Vater war Johann (*1278, †14.02.1311) darum bemüht, seinen Be-

sitz zu sichern und sein Herrschaftsgebiet zu vergrößern. Kriegerische Auseinandersetzungen scheute er dabei nicht. Ihm blieb jedoch nicht viel Zeit, seine politischen Ziele zu verwirklichen. Johann starb bereits etwas mehr als zwei Jahre nach Übernahme der Landgrafschaft in Kassel an der Pest.

**Landgraf Otto I., das Kind (1311–1328)**
Nach dem Tod seines Halbbruders und Mitregenten in Hessen, Johann, führte Otto I. (*~ 1278, †17.01.1328) das Erbe des Vaters wieder zusammen. Krieg, insbesondere mit dem Mainzer Erzbischof, blieb auch ihm nicht erspart. Historisch belegt ist, dass Otto seiner Residenzstadt Kassel (die sich dieses Privileg aber mit Marburg teilen musste) diverse Rechte einräumte und Freiheiten gewährte.
Einige Quellen berichten, Otto habe angeordnet, die Erbfolge in seiner Familie so zu regeln, dass nur der jeweils älteste Sohn Anspruch auf die Nachfolge des Vaters als Landesherr hat. Seine Absicht sei gewesen, zukünftige Erbauseinandersetzungen und eine erneute Teilung des Landes zu vermeiden.

**Landgraf Heinrich II., der Eiserne (1328–1376)**
Auch Heinrich II. (*vor 1302, †03.06.1376) war zunächst weiterhin in Kämpfe mit dem Erzbischof von Mainz verwickelt. Immer wieder kam es zu Konflikten, die zu blutigen Auseinandersetzungen führten. Erst 1354 fanden beide Seiten einen akzeptablen Interessenausgleich, der die Streitigkeiten beendete.
Um ihn auf seine zukünftigen Aufgaben vorzubereiten, berief Heinrich im Jahr 1360 seinen einzigen Sohn Otto zum Mitregenten, musste seine Nachfolge aber neu regeln, als Otto 1366 starb. Zunächst entschied er sich für seinen Enkel Otto von Braunschweig, änderte aber schon 1367 seine Entscheidung zu Gunsten seines Neffen Hermann des Gelehrten. Die Folge waren heftige Kämpfe gegen das Herzogtum Braunschweig-Lüneburg und dessen Verbündete. Heinrich suchte und fand seinerseits Bundesgenossen, den mächtigsten in Kaiser Karl IV.
Otto von Braunschweig gab schließlich seine Erbansprüche auf.
Für die Residenzstadt Kassel war Heinrich II. insofern von besonderer Bedeutung, als er auf der der Stadt gegenüber liegenden Fuldaseite ein neues Gemeinwesen, die Freyheit, gründete, das später als Kasseler Stadtteil „Unterneustadt" genannt wurde. Es trug diesen ungewöhnlichen Namen, weil Bürger, die sich hier niederließen, zunächst von Steuern und Abgaben befreit waren. Die Siedlung war mit Kassel durch eine Brücke über die Fulda verbunden und hatte einen eigenen Bürgermeister.
Heinrich der Eiserne war es auch, der Wolfram von Eschenbachs **->Willehalm-Codex** abschreiben und aufbewahren ließ. Er begann mit dem Bau der **->Martinskirche**, konnte sie aber nicht fertig stellen.

**Landgraf Hermann, der Gelehrte (1376–1413)**
Hermann der Gelehrte (*1341, †24.05.1413) ist ein Sohn Ludwig des Junkers und der Neffe Heinrichs II. Er studierte in Paris und Prag. Nach dem Tod seines Onkels übernahm er 1376 sein Amt.

Da die Kriege seines Vorgängers viel Geld gekostet hatten und die Staatskasse leer war, führte Hermann unmittelbar nach Übernahme der Geschäfte eine neue Steuer auf alle eingeführten Lebensmittel, Kleiderstoffe und Metallwaren ein, auf Dinge also, die die Menschen in seinem Lande dringend brauchten.
Diese Steuer verärgerte Bürger und Adel gründlich, einvernehmlich verweigerten sie 1377 die Zahlung. Im Zuge der Auseinandersetzungen mit dem Landesherrn schlossen die Bürger die bis dahin selbstständigen Kasseler Gemeinwesen Altstadt, Neustadt und Freiheit zu einem Städtebund zusammen. Diesem Bund schloss sich der Adel an; gemeinsam besetzte man die Burg des Landgrafen. Balthasar, dem Thüringer Landgrafen, gelang es dann, zwischen den Streitenden zu vermitteln und einen Interessenausgleich herbeizuführen.
1384 suchte Landgraf Hermann allerdings erneut die Konfrontation mit den Kasseler Bürgern. Er nahm der Stadt ihre Selbstständigkeit und machte sich zu ihrem Despoten. Die Bürger baten ein weiteres Mal Balthasar von Thüringen um Unterstützung, der sich mit dem Herzog von Braunschweig und dem Erzbischof von Mainz verbündete und gegen Hermann Front machte. Dreimal belagerten sie die Stadt ohne sie einnehmen zu können. Erst ab 1394 verhandelte man über den Frieden, der aber erst sechs Jahre später endgültig geschlossen werden konnte.
Trotz dieser Auseinandersetzungen konnte Hermann sein Herrschaftsgebiet weiter vergrößern.

**Landgraf Ludwig I., der Friedfertige (1413–1458)**

Obwohl er „der Friedfertige" genannt wird, war Landgraf Ludwig I. (*06.02.1402, †17.01.1458) wie seine Vorgänger in kriegerische Auseinandersetzungen mit den Mainzer Erzbischöfen verwickelt. Erst als er Konrad III. 1427 vernichtend schlug, war den klerikalen Machtansprüchen ein für allemal ein Ende bereitet.
Ludwig erweiterte sein Herrschaftsgebiet nicht spektakulär, aber er stabilisierte es. Beispielsweise erwarb er 1437 die Lehenshoheit über die Grafschaft Ziegenhain, die die Landgrafschaft Hessen bis dahin in zwei Bereiche geteilt hatte. Im Jahr 1450 zog er das Lehen ein, weil die Grafschaft keinen männlichen Erben mehr hatte.
Den Handwerkergilden in seinem Lande stellte er 1421 neue Zunftbriefe aus, die ihnen Rechte und Freiheiten bisher nicht gekannten Ausmaßes zugestanden.
Nach seinem Tod wurde die Landgrafschaft wieder einmal geteilt: sein Sohn Heinrich erhielt Oberhessen mit der Residenz Marburg, Sohn Ludwig residierte als Landgraf des niederhessischen Teils in Kassel. **Landgraf ->Otto I.** (1311–1328) war damit in seinem Bemühen, nur dem ältesten Sohn das Recht auf Erbfolge einzuräumen und damit eine Teilung des Landes zu verhindern, gescheitert.

**Landgraf Ludwig II., der Freimütige (1458–1471)**

Mit seinem landgräflichen Bruder Heinrich stritt Ludwig II. (*07.09.1438, †08.11.1471) zwölf lange Jahre erbittert um den präzisen Verlauf ihrer Lan-

desgrenze. Die Auseinandersetzungen führten 1469 sogar zu einem Bruderkrieg, der 1470 aber beigelegt wurde.
Ludwig starb jung, was zu allerlei Vermutungen über die Todesursache führte. Manche Quellen schließen eine Vergiftung nicht aus.

**Landgraf Heinrich III., der Reiche (1471–1483)**
Nach dem frühen Tode seines Bruders Ludwig II. übernahm Heinrich III. (*15.10.1440 oder 1441, †13.01.1483), der Landgraf von Oberhessen, die Vormundschaft über seine beiden Neffen, die Söhne Ludwigs und die Regierungsgewalt auch in Niederhessen. Nach seinem Tod führte sein Sohn Wilhelm III. die Regierungsgeschäfte in Marburg weiter, in Kassel wurde der älteste Sohn Ludwigs, Wilhelm der Ältere, neuer Landgraf.

**Landgraf Wilhelm I., der Ältere (1483–1493)**
Wilhelm der Ältere (*04.07.1466, †08.02.1515), ein aufgrund der mütterlichen Erziehung sehr religiös geprägter Mensch, entschloss sich einige Jahre nach Übernahme der Regierungsgewalt zu einer Pilgerreise ins Heilige Land, die er 1491 antrat. Im folgenden Jahr kehrte er, wahrscheinlich syphiliskrank, zurück und dankte 1493 zugunsten seines Bruders Wilhelm II. ab.

**Landgraf Wilhelm II., der Mittlere (1493–1509)**
Eigentlich sollte Wilhelm II. (*29.04.1469, †11.07.1509) ein Mann der Kirche werden. Da das aber, wie er bald feststellte, nicht seinen Interessen entsprach, entschied er sich, das Soldatenhandwerk zu lernen. Diesen Beruf übte er solange aus, bis sein schwer kranker Bruder 1493 die Regierungsgeschäfte abgab und er sein Nachfolger als niederhessischer Landgraf wurde. Nach dem Tode seines ohne Nachkommen verstorbenen Vetters Wilhelm III., des in Marburg herrschenden Landgrafen von Oberhessen, vereinte Wilhelm II. die Landgrafschaft wieder in einer (seiner) Hand.

**Regentschaftsrat der hessischen Stände (1509–1514)**
1504 erkrankte Wilhelm II. wie sein älterer Bruder an Syphilis und übertrug 1506 die Vormundschaft über seine beiden Kinder, Elisabeth und Philipp, seinen geisteskranken Bruder Wilhelm, dessen Ehefrau und über seine eigene Gattin Anna testamentarisch einem aus fünf adeligen Mitgliedern bestehenden Regentschaftsrat, der ihn bereits seit dem Ausbruch seiner Krankheit vertrat und sich um die Regierungsgeschäfte kümmerte.
Zwei Jahre später änderte er jedoch sein Testament und setzte seine Ehefrau Anna und einen bischöflichen Onkel als Vormünder ein. Da der Onkel noch im gleichen Jahr starb, oblagen Vormundschaft und Regierungsgeschäfte ausschließlich seiner Gattin. Das wiederum brachte die Landstände und die bis dahin an der Regierung beteiligten Räte gegen sie auf. So waren die folgenden Jahre geprägt von rechtlichen Auseinandersetzungen darüber, wer denn nun rechtmäßiger Vormund und Regent sei.
Für Anna schien alles verloren, als die Landstände 1509 das zweite Testament ihres Gatten offiziell nicht anerkannten. Der Regentschaftsrat hatte zunächst obsiegt.

**Landgräfin Anna von Mecklenburg-Schwerin (1514–1518)**

Trotz der für sie so ungünstigen Entscheidung der Landstände stritt Anna (*14.09.1485, †05. oder 12.05.1525) auch in den Folgejahren weiter um ihr Recht und ihren Regentschaftsanspruch. Da kam es ihr sehr entgegen, dass die Regentschaftsräte untereinander zerstritten und einige Ritter und Städte mit der Politik des Rates nicht länger einverstanden waren. Mit deren Unterstützung und mit stiller Duldung des Kaisers gelang es Anna 1514, ihren Herrschaftsanspruch und ihren Anspruch auf Vormundschaft über ihre minderjährigen Kinder durchzusetzen.

Im Jahr 1518 erklärte Kaiser Maximilian ihren Sohn Philipp für volljährig. Bis dahin regierte Landgräfin Anna in Hessen, ohne offiziell dafür legitimiert worden zu sein.

**Landgraf Philipp I., der Großmütige (1518–1567)**

Mit 13 Jahren übernahm Philipp I. (*13.11.1504, †31.03.1567), vom Kaiser für volljährig erklärt, die Regierungsgeschäfte, zunächst allerdings noch mit Unterstützung seiner Mutter. 1524 wurde er Protestant und einer der Vorkämpfer der Reformation. In seinem Land säkularisierte er die Klöster und machte sie teilweise zu Hospitälern. Im gleichen Jahr heiratete er Christiane von Sachsen, mit der er zehn Kinder zeugte.

Philipp gründete 1527 die Universität Marburg und das Gymnasium Philippinum. 1529 lud er Martin Luther und Ulrich Zwingli zu Religionsgesprächen nach Marburg ein, die die protestantische Bewegung einigen und stärken sollten. Die beiden Reformatoren konnten in vielen, aber nicht in allen Punkten Übereinstimmung erzielen.

Zur militärischen Verteidigung ihrer protestantischen Sache gründete Philipp I. zusammen mit gleichgesinnten Fürsten und Städten den Schmalkaldischen Bund.

Dann aber beging er einen schwerwiegenden Fehler: mit Luthers Wissen heiratete er seine große Liebe, das Hoffräulein Margarete von der Saale, ohne von seiner ersten Frau geschieden zu sein. Er lebte in Bigamie und machte sich damit angreifbar. Um einer Bestrafung durch den Kaiser zu entgehen, musste er politische Zugeständnisse machen.

Seinen religiösen Grundüberzeugungen blieb er gleichwohl treu. 1547 kam es zum Schmalkaldischen Krieg zwischen den protetantischen Verbündeten und dem katholischen Kaiser Karl V., in dem der Bund vernichtend geschlagen wurde. Philipp musste sich dem Kaiser unterworfen und wurde über fünf Jahre in den Niederlanden gefangen gehalten. Ein Versuch, in Abwesenheit des Landgrafen die Reformation zu beenden, scheiterte nicht zuletzt am Widerstand des Klerus.

In Kassel ließ der Kaiser die Festungsanlagen schleifen. Als Philipp 1552 nach Hause zurückkehrte, befahl er die Stadt umgehend wieder verteidigungsfähig zu machen. Zwei Jahre später bereits war die Wiederbefestigung abgeschlossen.

In den eineinhalb Jahrzehnten bis zu seinem Tod widmete sich Philipp I. vorrangig seinem Staatswesen. Der Krieg mit dem Kaiser hatte viel Geld gekostet, Hessen war verschuldet. Zur Finanzierung der Lasten baute der Landgraf das Steuerwesen aus, sicher nicht unbedingt zur Freude seiner Untertanen.

Seine Entscheidung, das Land nach seinem Tode auf seine vier Söhne aus der Ehe mit Christina von Sachsen aufzuteilen, hatte für die Landgrafschaft nachteilige Auswirkungen: ihr Einfluss auf die Reichspolitik war über lange Zeit geschwächt.
Philipp I. wurde in der Martinskirche in Kassel beigesetzt.

**Landgraf Wilhelm IV., der Weise (1568–1592)**
Der älteste Sohn Philipps des Großmütigen, Wilhelm IV. (*24.06.1532, †25.08.1592), hatte sich in der Zeit der erzwungenen Abwesenheit seines Vaters schon erste politische Sporen verdient. Nach dessen Tod erhielt er möglicherweise auch deshalb im Zuge der Erbteilung fast die Hälfte der hessischen Lande und die Residenzstadt Kassel.
Wilhelm war von Jugend an naturwissenschaftlich sehr interessiert, studierte die Mathematik und widmete sich begeistert der theoretischen und praktischen Astronomie. Er ließ in Kassel die erste fest eingerichtete europäische Sternwarte, ausgestattet mit den modernsten Instrumenten seiner Zeit, bauen. Es gelang ihm, **->Jost Bürgi**, den Schweizer Uhrmacher und Instrumentenbauer, an seinen Hof zu holen, der die vorhandenen Messinstrumente pflegte, weiterentwickelte und gänzlich neue entwarf und baute. Wilhelm hatte Kontakt zu **Tycho Brahe**, dem dänischen Wissenschaftler und Astronomen, den er in seiner Arbeit nachhaltig unterstützte.
Schon zu seinen Lebzeiten war Wilhelms Uhren- und Instrumentensammlung berühmt. Zu seiner Zeit wurde Kassel zu einem Zentrum der theoretischen und praktischen Astronomie.
Politisch war Wilhelm erfolgreich um äußeren Frieden bemüht. Seine Residenzstadt baute er mit dem **->Renthof** (1573–1583), dem **->Zeughaus** (1581) und dem **->Marstall** (1591) weiter aus.

**Landgraf Moritz, der Gelehrte (1592–1627)**
Der Sohn Landgraf Wilhelms IV., Moritz (*25.05.1572, †15.03.1632), war ein protestantisch erzogener, überaus gebildeter Mann. Er war naturwissenschaftlich interessiert, als Musiker und Komponist mehr als talentiert und – glaubt man den Quellen – äußerst sprachbegabt. Die breit gefächerten Kenntnisse und Fertigkeiten ihres Landesherrn kosteten die Untertanen viel Geld.
Landgraf Moritz war zweimal (nacheinander) verheiratet. Beide Ehefrauen standen dem Calvinismus nahe, dem sich Moritz 1605 ebenfalls anschloss und den er zur Staatsreligion erklärte. Dieser Religionswechsel war es, der ihm in der Folge allerlei politische Schwierigkeiten einbrachte und zu erheblichen Auseinandersetzungen mit dem lutherischen Hessen-Darmstadt und in die Gegnerschaft zum Kaiser führte.
Moritz handelte politisch glücklos. Sein Land litt unsäglich unter dem Dreißigjährigen Krieg (1618–1648), war schließlich hoch verschuldet und finanziell am Ende. 1627 wurde Moritz von den Landständen gezwungen, zugunsten seines Sohnes Wilhelm V. abzudanken.

**Landgraf Wilhelm V., der Beständige (1627–1637)**
Das Land, das Wilhelm V. (*14.02.1602, †21.09.1637) von seinem Vater übernahm, war wirtschaftlich völlig ruiniert und hochverschuldet, politisch hatte es keine Bedeutung mehr. Sein Ziel konnte demnach zunächst nur sein, sein Erbe wirtschaftlich zu stabilisieren und Schulden abzubauen.
Dank Wilhelms diplomatischem Geschick und seiner militärischen Erfolge als Feldherr, gewann er in der zweiten Hälfte des Dreißigjährigen Kriegs wieder an Einfluss. Im Jahr 1630 verbündete er sich mit Gustav Adolf von Schweden, eine, wie es zunächst aussah, richtige Entscheidung. Aber nach dem Tod des Schwedenkönigs 1632 hatte die für Hessen-Kassel so wichtige Bündnispartnerschaft keinen Bestand mehr. Zwei Jahre später wurde das schwedische Heer von den Truppen des Kaisers schwer geschlagen. Wilhelm musste sich strategisch neu orientieren und verbündete sich mit Frankreich. Der Kaiser erklärte ihn daraufhin zum Reichsfeind, seine Strafaktionen zwangen Wilhelm V. sich mit seiner Familie und seinen Truppen nach Friesland zurückzuziehen, wo er unter nicht ganz geklärten Umständen starb.

**Landgräfin Amalie Elisabeth** (1637–1650)
Nach dem Tod ihres Mannes übernahm in schwerer Zeit Amalie Elisabeth (*29.01.1602, †08.08.1651) die Regentschaft als Vormund ihres noch unmündigen Sohnes Wilhelm VI. Sie war eine kluge und entschlossene Frau, überzeugte Calvinistin, ihrer Familie aufs Engste verbunden und verpflichtet.
Wilhelm V. hatte seiner Frau ein schlagkräftiges Heer hinterlassen und dieser Tatsache war sich Amalie Elisabeth in ihren politischen Verhandlungen sehr bewusst. Mit ausgeprägtem diplomatischem Geschick festigte die Landgräfin nicht nur die Position ihres Landes im protestantischen Lager, sondern machte es wieder zu einer Führungsmacht.
Den „Hessenkrieg", eine Folge des schon lang andauernden Streits mit Hessen-Darmstadt um Oberhessen und Marburg, konnte sie mit einem guten Ergebnis für Hessen-Kassel beenden. Auch der Westfälische Frieden, der das Ende des Dreißigjährigen Kriegs (1618–1648) bedeutete, brachte ihr territoriale Gewinne und sogar bares Geld in die Staatskasse. Und sie verdiente mit ihrer immer noch hochgerüsteten Streitmacht Geld aus Subsidienverträgen.
Während man allerdings bei Hofe in Kassel wieder rauschende Feste feierte, befand sich das Land weiter in erbärmlichem Zustand.
Amalie Elisabeth übertrug ihr Amt 1650 auf ihren Sohn Wilhelm VI.

**Landgraf Wilhelm VI., der Gerechte (1650–1663)**
Landgraf Wilhelm VI. (*23.05.1629, †16.07.1663) konnte sich nach Beendigung des großen und schrecklichen Kriegs um innere Angelegenheiten seines Landes kümmern. Wesentlicher Schwerpunkt seiner Aktivitäten war der Ausbau der Universitäten und „höheren Lehranstalten". Er gilt als Gründer der Post in Hessen. Außerdem beendete er endgültig den Streit mit den Darmstädter Verwandten.
Um den Frieden in Europa sicherer zu machen, trat er der Rheinischen Allianz bei, einem überkonfessionellen Bündnis der Reichsfürsten.
Wilhelm VI. starb mit 34 Jahren wahrscheinlich an den Spätfolgen eines Jagdunfalls.

**Landgräfin Hedwig Sophie von Brandenburg (1663–1677)**
Da der Erstgeborene Wilhelms VI., Wilhelm VII., noch nicht volljährig war, als sein Vater starb, übernahm seine Mutter Hedwig Sophie (*04.07.1623, †16.06.1683) als sein Vormund die Regentschaft. Sie galt als sparsame Frau.
Kurz bevor ihr Sohn im Jahr 1670 die Amtsgeschäfte übernehmen sollte, erkrankte dieser auf einer längeren Reise schwer und starb in Frankreich.
Hedwig Sophie blieb weiter im Amt, da der zweitgeborene Prinz Karl ebenfalls noch unmündig war. Erst 1677, als Karl schon 23 Jahre alt war, zog sie sich aus der Regierungsverantwortung zurück.

**Landgraf Karl (1677–1730)**
Als Karl (*03.08.1654, †23.03.1730) die Regierungsgeschäfte von seiner Mutter übernommen hatte, waren die Folgen des Dreißigjährigen Krieges im Land längst noch nicht beseitigt. Wenn das schließlich in Hessen-Kassel schneller ging als in anderen Regionen, hatte das nicht zuletzt mit der Entscheidung Karls zu tun, die aus Frankreich vertriebenen **->Hugenotten** und Waldenser in seinem Herrschaftsgebiet aufzunehmen und ihnen eine neue Heimat zu bieten.
Während seine Politik, durch Subsidienverträge mit einem schlagkräftigen Heer die Staatsfinanzen zu verbessern, nicht überall Zustimmung fand, war seine „Freiheitskonzession" von 1685 für die französischen Glaubensflüchtlinge eine politische Großtat für sein Land. Die Menschen, die bald in großer Zahl in die Residenzstadt und in die Region kamen, halfen mit das zerstörte Land wieder aufzubauen. Ihre ausgeprägten handwerklichen Kenntnisse und Fertigkeiten trugen dazu bei, das Land wirtschaftlich zu stabilisieren.
Landgraf Karl ließ 1688 für die Protestanten aus Frankreich einen eigenen Stadtteil, die **->Oberneustadt**, errichten. Er gewährte den Neubürgern die versprochene Glaubensfreiheit, unterstützte sie beim Aufbau ihrer wirtschaftlichen Existenz und gestattete ihnen, in eigenen Kirchen und Schulen ihre Sprache zu pflegen. 2000 Religionsflüchtlinge fanden in Kassel eine neue Heimat, unter ihnen die Baumeisterfamilie **->du Ry**, die die Residenzstadt Kassel nachhaltig prägen sollte.
Karl hat in seiner Hauptstadt nach über fünfzigjähriger Regentschaft viele Spuren hinterlassen. Ihm sind die Anlage der **->Karlsaue** und des **->Bergparks** mit den **->Wasserspielen** zu verdanken, er ließ die **->Orangerie** und das **->Marmorbad** bauen. Eins ist aber auch klar: finanziert haben das alles seine Landeskinder.

**Landgraf Friedrich I. (1730–1751)**
Der älteste Sohn Landgraf Karls, Friedrich (*28.041676, †05.04.1751), heiratete 1715 eine Schwester des schwedischen Königs Karls XII. und wurde nach dessen Tod 1720 sein Nachfolger. Als Thronfolger übernahm der erstgeborene Sohn Karls 1730 auch die Landgrafschaft Hessen-Kassel, bestätigte aber schon ein Jahr später anlässlich eines Besuches in Kassel seinen Bruder Wilhelm VIII. als seinen Statthalter. Friedrich I. starb kinderlos.

**Landgraf Wilhelm VIII. (1751–1760)**
Nach dem Tod seines älteren Bruders Friedrich im Jahr 1751, wurde Wilhelm VIII. auch offiziell Landgraf in Hessen-Kassel. Er nahm auf Seiten Preußens und Englands gegen Österreich, Frankreich und Russland am Siebenjährigen Krieg (1756–1763) teil. Das hatte u. a. zur Folge, dass seine Landgrafschaft einmal mehr durch kriegerische Auseinandersetzungen verwüstet wurde.
Innenpolitische Probleme bereitete ihm der Übertritt seines Sohnes Friedrich II. zum Katholizismus im Jahre 1749. Im Einvernehmen mit den Landständen verhinderte er durch eine Reihe von Regelungen, dass die religiöse Überzeugung seines Sohnes nach dessen Amtsübernahme Staatsreligion werden konnte.
Friedrich musste den Forderungen seines Vaters entsprechen, wollte er nicht zum Thronverzicht gezwungen werden.
Wilhelm VIII. hatte als junger Mann einige Zeit in Holland gelebt und in dieser Zeit die niederländische Malerei kennen und schätzen gelernt. Er erwarb zahlreiche Gemälde holländisch-flämischer Meister (beispielsweise von **->Rembrandt van Rijn** und Peter Paul **->Rubens**), die noch heute als bedeutende Sammlung Besucher aus aller Welt ins **->Schloss Wilhelmshöhe** locken.

**Landgraf Friedrich II. (1760–1785)**
Friedrich II. (*14.08.1720, †31.10.1785) wurde in der Schweiz schulisch ausgebildet. Zunächst übte er den Soldatenberuf aus und kämpfte an der Seite Kaiser Karls VII. im österreichischen Erbfolgekrieg. Mit seinem Übertritt zum Katholizismus trennte sich seine Frau von ihm und ließ sich die Grafschaft Hanau übertragen, die drei Söhne nahm sie mit.
Wie sein Vater kämpfte Friedrich im Siebenjährigen Krieg bis zum Ende auf Seiten Preußens.
Als er im Jahr 1760 Landgraf wurde, blieb Hessen-Kassel, wie von Landgraf Wilhelm VIII. gefordert, protestantisch.
Während Friedrichs Regierungszeit wurde in und um Kassel fleißig gebaut. Zunächst einmal musste das im Krieg zerstörte Land wieder aufgebaut und wirtschaftlich stabilisiert werden. Deshalb siedelte der Landesherr Manufakturen und industrielle Betriebe an. Er baute ein Krankenhaus, gründete die **->Brandkasse** und ließ ein **->Findelhaus** mit angeschlossener „Babyklappe“ errichten. Daneben kümmerte er sich intensiv um Kunst und Kultur. Noch heute kündet das **->Museum Fridericianum** von diesem ausgeprägten Interesse. Er widmete sich dem Um- und weiteren Ausbau des **->Bergparks**.
Für alle diese Vorhaben benötigte er Geld und das floss nicht zuletzt aus gut ausgehandelten Verträgen mit dem englischen König über die Vermietung von Soldaten nach Übersee. Die Engländer wollten die Unabhängigkeitsbestrebungen Amerikas beenden, da waren auch fremde Truppen gern gesehen. Wie immer man das heute sehen mag: ein stehendes Heer war teuer im Unterhalt und viele europäische Landesherrn nutzten die Möglichkeit, ihre Soldaten gewinnbringend in fremde Kriege zu schicken, um die Truppen zu finanzieren. Wenn dann sogar mehr Geld in die Staatskasse floss als für das Heer benötigt wurde, umso besser ließ sich damit doch mancher Fürsten-

wunsch erfüllen. In Hessen-Kassel jedenfalls wurde das Geld von Friedrich II. auch zur Verbesserung der Infrastruktur verwendet - nicht die schlechteste aller Möglichkeiten in einem vom Krieg arg gebeutelten Landstrich.
Friedrich jedenfalls wurde durch den Handel mit seinen Soldaten zu einem der reichsten europäischen Fürsten. Als er starb, war die Staatskasse ordentlich gefüllt.

**Landgraf Wilhelm IX. (1785–1821), ab 1803 Kurfürst Wilhelm I.**
Als ältester Sohn Friedrichs II. und Erbprinz regierte Wilhelm IX. (*03.06.1743, †27.02.1821) nach Studienjahren in Göttingen und Dänemark von 1764 bis 1785 die Grafschaft Hanau. Nach dem Tod seines Vaters trat er in Kassel dessen Nachfolge an. Wilhelm war anders als Friedrich Protestant. Er teilte nicht unbedingt dessen Zuneigung zu französischer Kunst und Kultur, war eher der englischen Lebensart verbunden.
Geradezu gefürchtet im Schloss war seine Sparsamkeit, die manche in seinem Umfeld eher Geiz nannten. Er entließ Personal, trennte sich von Ballett und Oper. Er liebte die Baukunst und seine Soldaten. Letztere dienten auch ihm dazu, das Heer und seine landgräflichen Neigungen zu finanzieren. Er schloss wie sein Vater lukrative Subsidienverträge ab.
Schloss Weissenstein ließ er abreißen, um Platz für das von Simon Louis **->du Ry** und Heinrich **->Jussow** zu errichtende Schloss Wilhelmshöhe zu schaffen. Im Bergpark wurden der **->Aquädukt**, die Teufelsbrücke, der große Wasserfall und, angelehnt an englische Traditionen, die **->Löwenburg** gebaut.
Im Jahr 1803 erhielt Wilhelm IX. die Kurfürstenwürde und nannte sich von nun an Kurfürst Wilhelm I. Anlässlich dieses Ereignisses gab es in Kassel eine Riesenfeier.
Lange konnte sich Wilhelm seiner neuen Würde nicht erfreuen, denn schon 1806 musste er vor Napoleon fliehen. Die Franzosen besetzten Kassel, **->Jérôme**, Napoleons jüngerer Bruder, herrschte jetzt von hier aus über sein westfälisches Königreich.
Wilhelm I. setzte sich zunächst nach Holstein, dann nach Prag ab.
Als 1813 dann der Franzosenkaiser geschlagen war, kehrte er, von der Bevölkerung freundlich empfangen, nach Kassel zurück. Die Freude währte allerdings nur kurz. Wilhelm regierte sehr zum Leidwesen seiner Untertanen, als habe es die Revolution in Frankreich und die Aufklärung nie gegeben.

**Kurfürst Wilhelm II. (1821–1847)**
Nach dem Tod seines Vaters und der Übernahme der Regentschaft führte Wilhelm II. (*28.07.1777, †20.11.1847) zunächst einige zeitgemäße Reformen der Verwaltung durch, denen sich sein reaktionärer Vater verweigert hatte. Allerdings blieben auch die von ihm auf den Weg gebrachten Veränderungen hinter den Erwartungen, insbesondere des Bürgertums, zurück. Auch er war an einer Weiterentwicklung seines Kurfürstentums hin zu einer konstitutionellen Monarchie nicht in der Lage.
Zunehmend belasteten schwere familiäre Konflikte das Ansehen des Kurfürsten in der Öffentlichkeit. Als er seine Geliebte in den Grafenstand erhob, zo-

gen sich seine Frau und sein Sohn, der Thronfolger Friedrich Wilhelm, vom Hofe zurück.
Letzterer ging nach Berlin, die Kurfürstin fand viel Zustimmung bei Adel und Bürgertum, die das Verhalten Wilhelms II. verurteilten. Der Kurfürst war dadurch politisch und gesellschaftlich weitgehend isoliert.
Als die Revolution von 1830 ausbrach, musste Wilhelm II. handeln. Er rief die Landstände ein und stimmte der von ihnen beschlossenen neuen fortschrittlichen Verfassung zu.
In völliger Verkennung seiner Situation glaubte er, seine Geliebte an den Hof zurückholen zu können. Die erneut ausbrechenden Unruhen zwangen ihn, Kassel Hals über Kopf Richtung Hanau zu verlassen. Und da es unmöglich war, von dort aus Hessen-Kassel zu regieren, bestimmt er seinen Sohn Friedrich Wilhelm für die Zeit seiner Abwesenheit zu seinem Vertreter. Wilhelm II. blieb zwar bis zu seinem Tod formell Regent, kehrte aber nie mehr nach Kassel zurück.

**Kurfürst Friedrich Wilhelm I. (1847–1866)**
Hatte das Privat- und Familienleben seines Vaters schon zu Protesten und Unruhen im Lande gesorgt, sollte auch Friedrich Wilhelm I. (*20.08.1802, †06.01.1875) wegen seiner mit einer geschiedenen Bürgerlichen geschlossenen, unstandesgemäßen Ehe in die scharfe Kritik des die moralischen Maßstäbe des 19. Jahrhunderts bestimmenden Bürgertums geraten. Den Regenten aber berührte das wenig. Zeitgenossen beschreiben ihn als einen Egozentriker, den die Weiterentwicklung seines Landes oder die Wünsche der Menschen in Hessen-Kassel wenig bis gar nicht interessierten.
Friedrich Wilhelm war ein Alleinherrscher, mehr an seinem eigenen Wohl als an dem seines Landes interessiert. Als Landesvater wäre er wohl falsch beschrieben, die Denk- und Handlungsweise eines solchen war ihm eher fremd. Da es ihm zunächst nicht gelang, die seinem Vater abgerungene fortschrittlich-liberale Verfassung wieder abzuschaffen, regierte er eben an ihr vorbei.
Erst nachdem er selbst Kurfürst geworden war, ging er gegen die Verfassung offen vor. Der Streit mit den Ständen ging über lange Jahre. Erst als der König von Preußen 1862 mit Sanktionen drohte, lenkte der Kurfürst ein und setzte die Verfassung von 1831 wieder in Kraft.
Im preußisch-österreichischen Krieg unterstützte Friedrich Wilhelm die Osterreicher. Als die dann unterlagen, lehnte er es 1866 ab, dem preußischen Bund beizutreten. Daraufhin wurde Hessen-Kassel kurzerhand von Preußen annektiert, der Kurfürst gefangen genommen und ins Exil auf seine böhmischen Güter abgeschoben. Friedrich Wilhelm I. starb 1875 in Prag.

**Herwig, Axel**
In Kassel ist Axel Herwig (1909 bis 1980) weniger als Lehrer (obwohl er ein guter gewesen sein soll), sondern eher als **Theatermann** und **Mundartautor** in Erinnerung. Er gründete mit anderen die „**Junge Bühne**“, die sich

später als „**Komödie**“ einen Namen machte und noch heute ihr Publikum erfreut. Als Schauspieler und Regisseur verdiente sich Axel Herwig Anerkennung, auch außerhalb Kassels durch seine Arbeit an den Amateurbühnen in Burghasungen und Niederelsungen.
Richtig bekannt geworden ist er aber (in Kassel jedenfalls) durch seinen Einsatz für die **Kasseläner ->Mundart**, sein **Mundart-Wörterbuch** ist Legende. Und natürlich hat er auch auf Kasselänisch geschrieben, Gedichte und anderes. Für die, die ihn gern selbst außerhalb der Schauspielbühne oder seines Zwehrener Klassenzimmers sehen und hören wollten, gab es den Mundart-Frühschoppen „**Schobben ung Kännchen**“, da war Axel Herwig richtig in seinem Element.
Heute erinnert der **Axel-Herwig-Fonds** zur Pflege der Mundart an seinen Einsatz für die Sprache seiner Heimatstadt.

**Hessencourrier**
Es ist schon ein besonderes Erlebnis, mit diesem **historischen Dampfzug** von **->Wilhelmshöhe** nach Naumburg und vielleicht auch wieder zurück durch das nordhessische Bergland zu fahren.
Seit 1972 ermöglicht das der **Verein Hessencourrier**, der seitdem alte, vornehmlich hessische Eisenbahnfahrzeuge sammelt, restauriert und wieder fahrtüchtig macht. Er nennt inzwischen einen beachtenswert großen Fuhrpark sein eigen, zahlreiche Dampf- und Diesellokomotiven, Personen- und Gepäckwagen, inzwischen längst nicht mehr nur aus Hessen, wurden in ehrenamtlicher, unendliche Stunden umfassender Arbeit wieder hergestellt. Besonders stolz sind die Vereinsmitglieder auf einen Zug, der früheren **Kleinbahn Kassel-Naumburg**, dessen Personenwagen über hundert Jahre alt sind.
Ihren Bahnhof hat die **Museumseisenbahn** an der **Marbachshöhe**. Im dortigen **Technologiepark** konnte der Verein ein angemessen großes Areal erwerben.
Fahrten bietet der Hessencourrier über das ganze Jahr an. Fast 34 km lang ist eine Strecke und gemütlich geht’s voran. Das Zugpersonal besteht aus Fachleuten. Alle haben die notwendigen Prüfungen abgelegt und sind befugt, auf dem Zug zu arbeiten.
Wer das stressfrcie Reisen mit der guten alten Eisenbahn mag, sollte sich ihnen anvertrauen.

**Hessenkampfbahn**
Am 02.05.1926, zwei Jahre nach Beginn der Bauarbeiten, wurde mit der Hessenkampfbahn eine für damalige Verhältnisse vorbildliche Sportstätte eingeweiht. Unter großer Anteilnahme der Bevölkerung marschierten Mitglieder der 53 Kasseler Turn- und Sportvereine, zusammen rund 5 000 Teilnehmerinnen und Teilnehmer, zu klingendem Spiel in die Arena ein.
Nicht alle Zuschauer fanden Platz; 20 000 sportinteressierte Menschen mussten sich 2 000 Sitz- und 5 000 Stehplätze teilen.
Die Eröffnungsreden der Kommunalpolitiker wurden musikalisch umrahmt von 1 500 Sängern des Kurhessischen Sängerbundes, danach durften die Sportler die Kampfbahn mit einem stundenlangen, abwechslungsreichen

Programm in Besitz nehmen. Im Zweiten Weltkrieg wurde die Hessenkampfbahn schwer verwüstet, konnte aber im Sommer 1948 den Kasseler Sportvereinen wieder übergeben werden.
Bis heute wird die Anlage regelmäßig genutzt. Viele Kasseler Schülerinnen und Schüler haben hier für ein gutes Abschneiden bei den Bundesjugendspielen gekämpft. Und legendär sind die Feldhandballspiele der **->Sutter-Elf** (SV Harleshausen, später SVH Kassel), die hier mehrfach um die **Deutsche Meisterschaft** spielte.
Übrigens: die Laufbahn der Arena ist 500 m lang und nicht – wie sonst üblich – 400 m. Vielleicht war sie deshalb 1926 eine der schnellsten in Deutschland.

**Hessenschanze**
In **->Kirchditmold** und **->Harleshausen** kennt die Hessenschanze fast jedes Kind. Im Winter kann man auf dieser, am Rande des **->Habichtswaldes** gelegenen Lichtung, prima Schlitten fahren, vorausgesetzt, es ist genug Schnee vorhanden. Übers ganze Jahr ist die Hessenschanze Treffpunkt für Spaziergänger, Jogger und Mountainbiker, die aus ganz Kassel hier heraufkommen, um sich in der frischen Luft zu bewegen. Der Ort ist gut erreichbar, da hier die Straßenbahn endet und nach einer kleinen Schleife zurück in die Stadt fährt.
Seinen Namen hat dieser heute so friedliche Ort wahrscheinlich im oder nach dem Siebenjährigen Krieg (1756–1763) bekommen. Verbrieft ist, dass im Zweiten Weltkrieg hier eine Flak-Einheit lag, mit der Namensgebung hat die jedoch mit Sicherheit nichts zu tun.
Und noch etwas ist interessant: zu Beginn des vorigen Jahrhunderts kamen Schulen und Sportvereine zum Turnen und Ballspielen hier herauf, heutzutage unvorstellbar.

**Hessisches Landesmuseum**
Das Landesmuseum wurde 1913 im Rahmen der **Tausendjahrfeier** der Stadt eingeweiht. Sein Architekt Theodor Fischer nahm für sein Museumsgebäude nicht den Klassizismus des **->Fridericianums** auf, sondern entschied sich für einen Bau im Stile der Spätrenaissance.
Das Museum liegt am Ausgangspunkt der **->Wilhelmshöher Allee** dem etwa 6 km entfernten Schloss fast gegenüber. Gleichzeitig ist es als Endpunkt der **Oberen ->Königsstraße** deutlich zur Stadt hin orientiert.
Im Landesmuseum befinden sich die Sammlungen zur **Vor- und Frühgeschichte**, zur **Volkskunde**, die Sammlung **Angewandte Kunst** und das **Deutsche ->Tapetenmuseum** (der Standort des Tapetenmuseums wird zurzeit diskutiert).

**Hildebrandlied**
Im klimatisierten Tresorraum der **Murhard'schen Bibliothek** aufbewahrt, ist das Hildebrandlied ein ganz besonderes Stück deutscher Literaturgeschichte. Zwei unbekannte Fuldaer Mönche, die um die Mitte des 9. Jahrhunderts herum eigentlich damit beschäftigt waren, die Bibel zu kopieren, waren

dreist genug, auf der Vorderseite des ersten und auf der Rückseite des letzten Blattes eines frühmittelalterlichen biblischen Codex das altgermanische Heldenlied aufzuschreiben. Vielleicht hatten sie es von einem fahrenden Sänger gehört oder sie erinnerten sich seiner aus anderem Anlass, jedenfalls hielten sie es schriftlich fest. Da sie selbst kein Pergament besaßen und sich gewiss auch keines leisten konnten (Papier gab es noch nicht), kamen sie auf die kluge Idee, die leere Vorder- und Rückseite einer theologischen Schrift für ihre Aufzeichnung zu nutzen. Die Heldendichtung erzählt die **Geschichte Hildebrands**, der im Kampf plötzlich seinen Gegenüber als seinen Sohn Hadubrand erkennt und sich entscheiden muss, entweder seinen Sohn zu töten oder sein Ansehen als Krieger zu verlieren. Leider gibt die Aufzeichnung keinen Aufschluss darüber, wie die Geschichte ausgeht, weil das Ende des Heldenepos im Laufe der Jahrhunderte verloren gegangen ist. Allerdings glaubt man aus anderen mythologischen Quellen zu wissen, dass Hildebrand seinen Sohn tötet.
Das Werk ist von unschätzbarem literaturhistorischem Wert, weil es das einzige überlieferte Beispiel **altdeutschen Heldengesangs** ist.

**Hilgen, Bertram (->Oberbürgermeister)**

**Himmelsstürmer**
Der amerikanische Künstler **Jonathan Borofsky** (*02.03.1942) nannte seine Skulptur „**Man walking to the sky**“, die Kasseler machten daraus kurz und bündig den „Himmelsstürmer“.
Ein mit einem violetten Hemd und gelber Hose bekleideter, lebensgroßer Fiberglasmann geht zügigen Schrittes auf einer 25 m langen Stahlröhre, die mit einer Neigung von 60° direkt aus der Erde zu kommen scheint, gen Himmel: So stand das Kunstwerk 1992 während der **->documenta IX** auf dem **->Friedrichsplatz** und so steht es seit einigen Jahren auf dem Platz vor dem **->Kulturbahnhof**.
Man sagt, Borofsky sei mit dem Standort nicht unbedingt zufrieden, die Kasseler sind's aber; und sehenswert ist die Skulptur auch hier.
Die „Himmelsstürmerin“, die „Woman walking to the sky“, steht übrigens in Straßburg. Vielleicht treffen sich die beiden ja irgendwo da oben.

**Hochwasser**
Im Allgemeinen lieben die Menschen in Kassel ihre **->Fulda**, nicht aber, wenn sie sich von ihrer zerstörerischen Seite zeigte und ihnen Not und Verzweiflung brachte, wenn sie über die Ufer trat und die Stadtviertel in ihrer Nähe überschwemmte und zerstörte.
Nachgewiesen sind über die Jahrhunderte viele schlimme Hochwasser, das erste am 22.07.1343. Das bedeutet aber nicht, dass es nicht auch schon viel früher katastrophale **Überschwemmungen** gab, sie wurden nur noch nicht aufgezeichnet.
Zum bisher letzten Mal trat der Fluss am 25.01.1995 über die Ufer, auch diesmal wieder unerwartet und spektakulär.

### Hohenzollernviertel

Es waren die „feinen Leute“, die seit den sechziger Jahren des 19. Jahrhunderts im Hohenzollernviertel, dem heutigen **Vorderen Westen**, wohnten. Einige waren der Enge der Altstadt entflohen, andere investierten hier Teile ihres Vermögens, um in repräsentativen, im Stil der **Gründerzeit** errichteten Gebäuden in angenehmer Umgebung unter ihresgleichen zu leben. Hier gab es kein Gewerbe, schon gar keine Industrie – man wohnte ungestört in großen, hellen Wohnungen.
Möglich gemacht hatte das der Kasseler Unternehmer **Sigmund ->Aschrott**, der landwirtschaftlich genutzte Flächen im Westen der Stadt erworben hatte, um sie für die Bebauung zu erschließen.
Obwohl auch dieses Stadtviertel vom Zweiten Weltkrieg nicht verschont blieb, hat es sich seinen Charme erhalten. Es ist noch immer geprägt von jener großzügigen Architektur, die von jeher schon die Menschen anzog. Noch heute gilt der Vordere Westen als bevorzugte Wohngegend.

### Hohes Gras

Mit 615 m ist das Hohe Gras die höchste Erhebung im **Naturpark ->Habichtswald**. Am Rande des Stadtgebiets gelegen, versteckt sich die waldreiche Bergkuppe unter ihren Bäumen. Auf ihrem Gipfel steht seit 1890 ein vom damaligen Niederhessischen Touristenverein aus Basalttuff und Sandstein errichteter **Aussichtsturm**. Er hatte ursprünglich eine Höhe von 25 m und gestattete einen fantastischen Rundblick ins Hessenland.
1969 wurde der Turm aufgestockt, architektonisch diskutabel, aber notwendig, da die ihn umgebenden Bäume die bei gutem Wetter freie Sicht auf Harz, Rhön oder Sauerland behinderten.
Attraktiv ist ein Ausflug zum Hohen Gras im Sommer wie im Winter, lädt doch eine **Gaststätte mit Biergarten** (Letzterer natürlich eher im Sommer) zum Verweilen ein. Hier kann man sich gut von seinem Spaziergang oder seiner Wanderung ausruhen.
Und so es in Kassel einen richtigen Winter gibt, kann man hier oben sogar **Ski fahren**; ein **Schlepplift** steht jedenfalls bereit. Für die, die sich auf zwei Kufen unter einem Schlitten besser fühlen als mit zwei Brettern unter den Füßen, gibt es neben der Skipiste eine hübsche **Rodelbahn**.

### Holzbibliothek

Zwischen 1771 und 1799 legte **Carl Schildbach** eine Bibliothek an, wie man sie nicht allzu häufig findet. Eigentlich ist sie eine Xylothek, eine **Hölzersammlung**. Aus einheimischen Holzarten fertigte Schildbach 530 Kästchen, jedes in Form eines Buches und ein handwerkliches Meisterwerk.
In das Innere dieser Kästchen platzierte er Blätter, Blüten und Früchte (aus Wachs nachgebildet) des Baumes oder Strauches, aus dessen Holz der kleine Kasten hergestellt ist. Von hinten sehen die Behälter Büchern täuschend ähnlich, auf dem „Rücken“ sind sie mit der passenden Gehölzrinde beklebt.
Die **Schildbach'sche Holzbibliothek** ist im **->Naturkundemuseum** zu bestaunen.

### Höllenteich

Wer den Höllenteich sucht, wird im **->Bergpark Wilhelmshöhe** fündig. Dort liegt er unterhalb der **->Plutogrotte** und sieht bei Weitem nicht so abschreckend aus, wie sein Name vermuten lassen könnte. Gespeist wird er von Wassern, die sich unter der **->Teufelsbrücke** ihren Weg suchen. Aber keine Angst, die Brücke hat mit dem Teufel so viel zu tun wie der Teich mit der Hölle. Die Bezeichnungen sollen den Park nur noch spannender machen als er sowieso schon ist.

### Hugenotten

Die Hugenotten waren **französische Protestanten**, die der Lehre Martin Luthers anhingen. Sie wurden als Ketzer beschimpft, verfolgt und in den Untergrund gezwungen. Gleichwohl konnten **katholische Kirche** und **absolutistischer Staat** nicht verhindern, dass sich der Widerstand gegen die Amtskirche organisierte. Die Protestanten blieben zwar in der Minderheit, die Reformation war aber nicht mehr aufzuhalten.

Zwischen 1562 und 1598 kämpften Franzosen gegen Franzosen um den rechten Glauben. In grausamen Bürgerkriegen brachten sie einander um, bis König Henri IV. das Toleranz-Edikt von Nantes unterschrieb. Diese Verordnung sicherte den Hugenotten, wie sich die überwiegend der Lehre Johannes Calvins anhängenden Protestanten ungefähr seit 1560 nannten, Glaubensfreiheit und Einbindung in das Staatswesen zu.

In den Folgejahren jedoch fand das Edikt immer weniger Beachtung. Staat und Kirche ließen keine Gelegenheit aus, die Hugenotten zu bekämpfen. Louis XIV. war es schließlich vorbehalten, das Edikt von Nantes 1685 aufzuheben, was zahlreiche Protestanten nach Holland und in die Schweiz ins Exil trieb. Die wiederum sahen sich bald nicht mehr in der Lage, weiteren Flüchtlingen Asyl zu gewähren. Deshalb waren sie froh, deutsche Landesherren zu finden, die ihnen (gegen Bezahlung!) einen Teil der Religionsflüchtlinge abnahmen. Einer von ihnen war **Landgraf ->Karl** von **Hessen-Kassel**.

Über die Herkunft der Bezeichnung „Hugenotten" gibt es mindestens zwei Versionen. Die eine besagt, sie hätten sich nach Hugo Capet, einem ihrer kämpferischen Mitglieder, benannt. Andere sagen, der Name habe sich durch Verballhornung aus dem schweizerischen „Eidgenossen" entwickelt.

**Industriepark Waldau**

Nicht mit dem Spaten, sondern der Größe des Areals angemessen mit dem Bagger wurde am 19.10.1978 mit der Erschließung des Industrieparks in Waldau begonnen. In günstiger Lage dicht an der Autobahn sollten Firmen angesiedelt werden, Industrie- und Gewerbebetriebe, Dienstleistungsunternehmen, auch Großbetriebe, für die Platz genug vorhanden war. Und schon bald hieß es: Im Industriepark läuft was. Nach und nach ließen sich dort über 400 Firmen nieder, die sich heute in einem Netzwerk zusammengefunden und tausende von Arbeitsplätzen geschaffen haben.

Dieses Netzwerk weiter zu stärken, auszubauen, die Vielseitigkeit und Attraktivität der im Industriepark ansässigen Unternehmen nach außen angemessen darzustellen, den Standort interessant für neue Unternehmen zu machen, ist eine dauernde Aufgabe, die trotz der großen Erfolge in der Vergangenheit noch nicht abgeschlossen ist. Weiter an dieser Aufgabe zu arbeiten, liegt im Interesse der Firmen, aber auch der Menschen in Kassel und seiner Region.



**Jérôme**

Der jüngste Bruder Napoleons III., Jérôme, residierte von 1806 bis 1813 in Kassel. Von hier aus regierte er als **Präfekt seines Bruders** das **Königreich Westfalen**, welches aus **Kurhessen**, dem **Herzogtum Braunschweig** und früheren **hannoverschen und preußischen Gebietsteilen** bestand. Er bewohnte zunächst das **Stadtschloss** der hessischen Landgrafen und Kurfürsten. Nachdem dieses abgebrannt war, zog er ins **Schloss Bellevue** um, Teile seines Hofstaates nutzten **Schloss** und **Bergpark Wilhelmshöhe**.

„**König Lustik**“ nannten die Kasseler den westfälischen König ob seiner häufig an seine Untertanen gerichteten Aufforderung, doch gefälligst allen Umständen zum Trotz auch „**morgen wieder lustik, lustik**“ zu sein.

Seine ausschweifende Lebensweise verstellte den Menschen möglicherweise den Blick auf die weit reichenden **Reformen des Staatswesens**, die mit Jérômes Regentschaft verbunden waren. Nie zuvor waren den Bürgern so umfangreiche Mitsprache- und Freiheitsrechte eingeräumt worden wie unter der Herrschaft des Franzosen.

Nach der Völkerschlacht bei Leipzig 1813 und der Eroberung Kassels durch russische Truppen war der „Spuk“ vorbei: Jérôme und sein Gefolge mussten die Stadt fluchtartig verlassen, das Königreich Westfalen löste sich auf.

**Jonas, Heinrich**

Eigentlich war Heinrich Jonas (*21.03.1840, †31.12.1905) ein begnadeter Lithograf, der es in seinem Beruf zu großer Kunstfertigkeit und hohem Ansehen brachte. In seiner Freizeit, vielleicht als Ausgleich für die beruflichen Anforderungen, griff er zur Feder. Er schrieb **Erzählungen und Gedichte in Kasseler Mundart**, die in Reinheit zu erhalten ihm ein Anliegen war. Was er schrieb, hatte nach Auffassung der Fachleute ein beachtliches literarisches Niveau, seine Schilderungen des alten Kassel sind noch heute in vielerlei

Hinsicht interessant und aufschlussreich. Als Beispiel seien hier seine „**Fimf Geschichderchen**“ aus dem Jahr 1899 genannt. Die Kasseläner sollten sie gelesen haben, alle anderen mögen es einmal versuchen.

**Jüdische Gemeinde**

Das jüdische Leben hat auch in Kassel eine Tradition, die historisch weit zurückreicht. Von der ersten **Synagoge** wird berichtet, sie hätte 1398 in der **Kasseler Altstadt**, in der **Judengasse**, gestanden.

Die Jüdische Gemeinde hielt ihren Gottesdienst über die Jahrhunderte, wenn sie konnte, in ihrer Synagoge ab. Aber sie wich auch in Gebetsräume und sogar in Privatwohnungen aus, wenn es erforderlich war. Ende des 19. Jahrhunderts hatte sie 3 500 Mitglieder, die sich zum Gottesdienst in der 1839 fertig gestellten Synagoge trafen.

In der **Reichspogromnacht** am 07.11.1938 (die die Nationalsozialisten zynisch „Reichskristallnacht“ nannten – wegen des vielen gesplitterten Schaufenster- und sonstigen Glases) zerstörte der braune Mob die **Synagoge in der Bremer Straße** und vernichtete die meisten sakralen Gegenstände. Und wo immer er konnte, vergriff er sich am Privateigentum der jüdischen Familien, die sich kaum dagegen wehren konnten.

Ab 1941 wurden die Menschen aus Kassel und Umgebung, die jüdischen Glaubens waren, dann deportiert. Die meisten kamen in **Konzentrationslagern** um.

Nach dem Zweiten Weltkrieg brauchte die Jüdische Gemeinde lange, um sich nach den Nazi-Greueln wieder zusammenzufinden. Etwa 250 Menschen waren es in den fünfziger Jahren, dreißig Jahre später nur noch achtzig, die sich zum jüdischen Glauben bekannten.

Heute ist die Gemeinde wieder 1 200 Mitglieder stark. Die Zuwanderung aus Osteuropa hat hier geholfen, den Kreis der Gläubigen zu vergrößern. Im Jahr 2000 wurde die **neue Synagoge** (wieder in der Bremer Straße) feierlich eingeweiht. Sie bietet 180 Menschen Platz.

**Jungfernkopf (->Stadtteile)**

**Jussow, Heinrich Christoph**

Der Kurfürstlich Hessische Oberbaudirektor Heinrich Christoph Jussow (*09.12.1754, †26.07.1825) sollte nach dem Wunsch seiner Eltern eigentlich Jurist werden. Nach einigen Studienjahren in Marburg und Göttingen kehrte er nach Kassel zurück, um sich endlich dem zuzuwenden, was seine Bestimmung war: der Mathematik, dem Zeichnen und der Architektur. Aufgrund seines großen Talents erhielt Jussow schon bald eine Stellung im Bauamt, 1781 wurde er Lehrer für Architektur an der **Kasseler Kunstakademie**.

Mit finanzieller Unterstützung des **Landgrafen ->Friedrich II.** (1760–1785) besuchte er für drei Jahre Frankreich, Italien und Österreich um sich weiterzubilden.

Von seiner Studienreise zurückgekehrt, sandte ihn der Nachfolger des inzwischen verstorbenen Friedrich II., **Landgraf ->Wilhelm IX.** (1785–1821), nach England, um die dortige Architektur kennen zu lernen.

Wieder in Kassel zurück, konnte Jussow seine hervorragenden Kenntnisse bald umsetzen. Als **Gartenarchitekt des Landgrafen** gestaltete er ab 1785 den **->Bergpark Wilhelmshöhe** um und baute Teile des **->Schlosses Wilhelmshöhe**. Er erweiterte die **->Wasserspiele**, schuf den **Schlossteich**, den **->Lac** (1785–1791), legte den **Fontänenteich** (1789–1790) an, baute das beeindruckende **-> Aquädukt** (1788–1792) und die **->Teufelsbrücke** mit **->Höllenteich** (1792–1793).
In der Stadt gehen die **->Drahtbrücke** über die **->Fulda** und die **Wachgebäude an der ->Wilhelmshöher Allee** auf seine Entwürfe zurück.
Heinrich Christoph Jussow starb in Kassel als ein hoch geachteter Mann. Eine Straße trägt seinen Namen.

**Justiz**
In Kassel sind verschiedene Einrichtungen der Rechtsprechung zuhause. Es sind:
- *Bundessozialgericht,*
- *Hessischer Verwaltungsgerichtshof,*
- *Hessisches Finanzgericht,*
- *Landgericht,*
- *Sozialgericht,*
- *Verwaltungsgericht,*
- *Amtsgericht.*

Als Einrichtungen des Strafvollzugs gibt es:

- *Justizvollzugsanstalt Kassel I* (JVA höchster Sicherheitsstufe mit Zentralkrankenhaus)
- *Justizvollzugsanstalt Kassel II* (Sozialtherapeutische Anstalt)
- *Justizvollzugsanstalt Kassel III* (geschlossener Vollzug Männer und männliche Jugendliche, Untersuchungshaft Elwe, geschlossener Vollzug Frauen, Kaufungen und offener Vollzug Männer und Frauen, Baunatal und Vollmarshausen).

„**Elwe**" heißt die JVA Kassel III, weil sie sich in der **Leipziger Straße 11** befindet. Und auf Kasselänisch heißt „Elf" eben „Elwe".

**Kaffee**
Es wird berichtet, dass in deutschen Landen erstmals 1673 (in Bremen) Kaffee ausgeschenkt worden sei. Das Getränk kam bei den Leuten an, denn der Kaffeekonsum breitete sich mehr und mehr aus. Für die Einfuhr von Kaffee floss jedes Jahr viel Geld ins Ausland. Deshalb versuchten die Landesherren, den **Kaffeegenuss** einzuschränken. 1766 ordnete **Landgraf ->Friedrich II.** (1760–1785) für Hessen-Kassel an, dass die unteren Schichten der Bevölkerung keinen Kaffee mehr trinken und **Kaffeegeschirr** nicht mehr besitzen durften. Nur dem gehobene Bürgertum (dem Adel und dem Klerus sowieso) war es erlaubt, sich den **Luxus des Kaffeetrinkens** zu gönnen.
Vier Jahre später hob der Landesherr diese Regelung wieder auf, weil sie nichts gebracht hatte: der Kaffeekonsum nahm kaum ab. Also belegte man den Kaffeeimport mit höherem Zoll, machte ihn also teurer. Das wirkte sich zwar auf den Verbrauch aus, brachte aber die Kaufleute auf den Plan, die mit Kaffee handelten. Der Zoll wurde wieder gesenkt.
So ging es über einige Jahre hin und her: neue, wenig erfolgreiche Restriktionen und Verbote fürs gemeine Volk, „Kaffeeriecher", die den Menschen im wahrsten Sinne des Wortes nachschnüffelten, um Verbotsübertretungen festzustellen, schließlich blühender Schmuggel mit hohen Verlusten an Steuereinnahmen für den Staat.
Als der Kaffeekonsum trotz allem nicht aufzuhalten war, wies man auf die angeblich von ihm ausgehenden gesundheitlichen Gefahren hin, aber nichts half. Alle Bevölkerungsschichten schlürften weiter dieses göttliche Getränk aus dem türkisch-arabischen Raum und so ist es noch heute.

**Kaiser Wilhelm II.**
Als **Prinz Wilhelm von Preußen** ging der spätere Kaiser Wilhelm II. (*27.01.1859, †04.06.1941) ab dem 12.10.1874 bis zu seinem Abitur am 20.01.1877 auf dass Lyceum Fridericianum (das heutige **Friedrichsgymnasium**) in Kassel. Sein Erzieher Dr. Georg Hinzpeter hatte seinen Eltern, Erbprinz Friedrich und Prinzessin Viktoria, empfohlen, den Prinzen auf einem bürgerlichen Gymnasium außerhalb Berlins ausbilden und das Abitur ablegen zu lassen.
Nachdem er die Schulzeit beendet hatte, betrat Kaiser Wilhelm II. seine Schule nie wieder. Manche sagen, er habe sich später nicht gerade freundlich über die Anstalt geäußert.
Er hätte oft Gelegenheit gehabt, diese Stätte seiner Jugend mit seiner Anwesenheit zu beehren, denn ab 1891 war **->Schloss Wilhelmshöhe** „offiziell" **Sommerresidenz** der kaiserlichen Familie. Kaisers waren gern gesehen in Kassel. Sie versteckten sich nicht im Park und schotteten sich nicht ab, sondern waren häufig wandernd, reitend oder spielend um das Schloss herum anzutreffen.
Der Kaiser besuchte auch die Stadt. Er weihte 1909 das **Rathaus** ein und eröffnete das Opernhaus, er besuchte Kunstausstellungen und Museen.
1918, nach dem Zweiten Weltkrieg, war es dann vorbei mit kaiserlichem Glanz und preußischem Gloria. Wilhelm II. ging ins Exil nach Holland und dankte ab.

**Kakao**
Weil sie nach dem Willen ihres Landgrafen **->Friedrich II.** (1760–1785) keinen Kaffee trinken durften, stiegen viele von denen, die es sich leisten konnten, auf Kakao oder, wie es damals hieß, auf Chocolade um. Das passte dem Landesvater aber auch nicht, weil der Kakao wie der **->Kaffee** im Ausland beschafft und teuer bezahlt werden musste. Also wurden der Einkauf und Gebrauch ausländischen Kakaos ebenfalls verboten und zwar mit dem Hinweis, in Kassel würde genauso gute „Chocolade" hergestellt wie außerhalb.
Über **Kasseler Kakao** wurde dann Ende des 19. Jahrhunderts weit über die Stadtgrenzen hinaus gesprochen. Der Kaufmann Alexander Hausen gründete 1892 im späteren **Stadtteil ->Bettenhausen** eine Fabrik, die **Haferkakao** in Würfeln („ärztlich empfohlen") produzierte und tatsächlich Weltruhm erlangte. Später übernahm die Kasseler **Nahrungsmittelwerke Schüle-Hohenlohe AG** das Werk, das 1954 geschlossen wurde.

**Karl, Landgraf (->Herrscher in Kassel)**

**Karlsaue**
Für den, der Spaziergänge im **->Habichtswald** zu anstrengend findet, ist die Karlsaue (oder einfach „Aue", wie man in Kassel sagt) eine echte Alternative. Flache, gut ausgebaute Wege laden inmitten der Natur ein, sich „die Beine zu vertreten", zu laufen, Fahrrad zu fahren (obwohl es nach der Parkordnung verboten ist!) oder sich einfach im Grünen auszuruhen.
Ursprünglich war die Aue eine von der **->Fulda** umflossene, sumpfige Insel, die **Landgraf ->Wilhelm IV.** (1568–1592) im Jahr 1568 inspirierte, ungefähr dort, wo heute die **->Hessenkampfbahn** liegt, einen hübschen Garten anlegen zu lassen.
**Landgraf ->Karl** (1677–1730) blieb es vorbehalten, sich ab 1680 des gesamten Terrains anzunehmen. Er ließ das Gelände gestalten, barock-geometrisch mit Wassergräben und künstlichen Teichen; die **->Orangerie** wurde gebaut (1703–1710), später dann auch das **->Marmorbad** (1722–1728).
Zwischen 1822 und 1864 gestaltete dann Hofgartendirektor **Wilhelm ->Hentze** den Park dem Zeitgeist entsprechend um. Englische Landschaftsgärten waren modern, allerdings ließ Hentze das barocke Achsensystem, das den Park so nachhaltig prägte, unangetastet. Auch **Küchengraben** und **Hirschgraben** blieben erhalten, ebenso die **Blumeninsel ->Siebenbergen**, die aber neu angelegt wurde.
In der zweiten Hälfte des 20. Jahrhunderts war die Karlsaue zweimal Schauplatz der **Bundesgartenschau** (1955, 1981) und wurde von Beginn an (seit 1955) als Ausstellungsfläche in die documenten einbezogen.
Vom Stadtzentrum aus ist die Karlsaue in wenigen Gehminuten zu erreichen.

**Karlsberg**
Karlsberg heißt die Anhöhe im **->Habichtswald**, auf der der **->Herkules** steht. Sein Namensgeber ist **Landgraf ->Karl** (1677–1730), der den Berg mit dem **->Oktogon** und der **Herkules-Statue** bebauen ließ.

Ursprünglich hieß der Berg „**Winterkasten**“, aber das ist in Kassel eher weniger bekannt.
**Landgraf ->Wilhelm IX.**, der spätere **Kurfürst Wilhelm I.** (1785–1821), befahl schließlich, den Berg in „**Wilhelmshöhe**“ umzubenennen.
Wer in Kassel den **->Herkules** besucht, fährt (oder wandert) „nach Wilhelmshöhe“ oder einfach „auf den Herkules“.

**Karlshospital**
Das nahe der **->Fulda** an der heutigen Weserstraße gelegene Karlshospital ist nur noch als Ruine erhalten. Anders als man vermuten könnte, war das in den Jahren 1720 und 1721 zur Zeit des **Langgrafen ->Karl** (1677–1730) errichtete Gebäude kein Krankenhaus, sondern eine **Besserungsanstalt** oder noch deutlicher: ein **Gefängnis**.
In den zwanziger Jahren des vorigen Jahrhunderts baute man den Komplex zu einem **Fürsorgeheim** aus, in dem die Ärmsten der Armen versorgt wurden, die Nationalsozialisten nutzten ihn dann wieder als Hafteinrichtung („**Schutzhaftstelle**“).
Das Karlshospital fiel dem Zweiten Weltkrieg zum Opfer. Heute denkt man über eine Sanierung nach, deren Konzept aber sehr kontrovers diskutiert wird.

**Karlskirche**
Für die in der **->Oberneustadt** angesiedelten französischen Glaubensflüchtlinge, die **->Hugenotten**, ließ **Landgraf ->Karl** (1677–1730) von seinem Hofbaumeister **Paul ->du Ry** eine Kirche errichten, die seinen Namen tragen sollte. Im Jahr 1698 begonnen, wurde das Gotteshaus 1710 eingeweiht. Von der achteckigen, schlichten Kirche mit ihrem recht bescheidenen Glockenturm standen nach dem Zweiten Weltkrieg nur noch die Außenmauern. Sie wurde wieder aufgebaut, allerdings anders als ursprünglich ausgerichtet. Was einige befürchtet haben, nämlich dass der sakrale Bau von dem benachbarten **Kino-Komplex**, der hier in den 90er Jahren des 20. Jahrhunderts gebaut wurde, erdrückt würde, ist nach Meinung vieler Kasseler erfreulicherweise nicht eingetreten (manche sehen das anders). Die einfache Eleganz und bescheidene Schönheit der Kirche beeindrucken den Betrachter trotz oder gerade wegen des großen Nachbarn.

**Kartoffeln**
Es ist überliefert, dass Landgraf **->Wilhelm IV.** (1568–1592) schon 1591 in seinem **botanischen Garten** auf dem Gelände der späteren **->Karlsaue** Kartoffeln anbauen ließ. Er tat dies zunächst mit großer Wahrscheinlichkeit nicht wegen der wohlschmeckenden Knollen, sondern eher wegen der schönen Blüten und des üppigen Grüns der Pflanzen. Es wird aber auch berichtet, dass der Landgraf dem sächsischen Kurfürsten nicht nur Kartoffeln geschickt, sondern auch Informationen über ihre Zubereitung habe zukommen lassen. Er muss sie also gekostet haben.
Als Nahrungsmittel durchgesetzt haben sich die aus Südamerika stammenden Kartoffeln in Europa allerdings erst wesentlich später, nämlich En-

de des 17. bzw. Anfang des 18. Jahrhunderts. Danach traten sie einen Siegeszug um die ganze Welt an.

**Kaskade-Kino**

In der relativ langen Kasseler Kinogeschichte war das Kaskade-Kino (oder einfach „die Kaskade") zweifellos ein Highlight. Es wurde 1952 am **->Königsplatz** gebaut. Etwas Besonderes war nicht unbedingt sein Programm – da unterschied es sich kaum von den übrigen Filmhäusern. Sensationell waren die vor jeder Vorstellung präsentierten **Wasserspiele**, deren Choreografie jeden Besucher in ihren Bann schlug.
Wechselnd bunt beleuchtete Fontänen im Takt einer melodiösen Musik – das war einzigartig in Deutschland.
Im Jahr 2000 kam, für manche leider, für andere endlich, das Aus. Was blieb, ist eine Glasscheibe in einem benachbarten Café, durch die man noch in den Kinosaal blicken kann, jetzt allerdings ohne Wasserspiele.

**Kaskaden**

Wichtiger Bestandteil der **->Wasserspiele,** unterhalb des **->Herkules** im **->Bergpark Wilhelmshöhe,** sind die Kaskaden, die eine Gesamtlänge von 250 m erreichen. Ursprünglich sollten sie nach den Plänen ihres Erbauers **Giovanni Francesco ->Guerniero** bis zum Schloss führen. Wahrscheinlich aus Geldmangel hat **Landgraf ->Karl** (1677–1730) von diesen Plänen Abstand genommen.
Jede der Riesenstufen ist neun Meter breit, aufgeteilt in die 5,50 m breiten Hauptkaskaden und an deren Seiten 1,75 m breite Nebenkaskaden. Während der Wasserspiele ergießen sich 350 000 Liter des feuchten Nasses über die gigantischen Treppen.

**Kassel Huskies**

In den Jahren vor 1977 wurde in Kassel Eishockey ausschließlich auf zugefrorenen Teichen gespielt, von regulären Spielflächen konnte man damals nur träumen. Erst mit der Eröffnung der Eishalle entwickelte sich so etwas wie ein geregelter Trainings- und Spielbetrieb – die Kasseler Sportstätten KG machte es möglich. Sie vermietete Eiszeiten an Interessierte, unter anderen eben auch an die neu gegründete **Eissportgemeinschaft Kassel** (ESG), die bald mit einer Mannschaft in der Regionalliga spielte. Professioneller wurde das Spiel mit der schwarzen Scheibe, als sich die Mannschaft mit guten und erfahrenen Spielern von außerhalb verstärkte. Eishockey war auf einmal „in" in der Fulda-Metropole. Immer mehr Zuschauer kamen zu den Spielen.
Nach einigem Auf und Ab, wirtschaftlichen Problemen und zwei Konkursen wurden Anfang der neunziger Jahre die Weichen neu gestellt. Die „Kassel Huskies" wurden geboren und in einer gleichnamigen Sportmanagement GmbH als gute Adresse im deutschen Eishockeysport aufgebaut. Die **Profi-Mannschaft** qualifizierte sich 1994 für die **Deutsche Eishockeyliga**, das Oberhaus des Eishockeysports in Deutschland. 1997 wurden die Huskies, wie sie längst überall genannt wurden, **Deutscher Vizemeister** – sie hatten

sich unter den Besten etabliert. Bis zum Ende der Saison 2005/2006 blieben die Huskies erstklassig, dann aber ereilte sie das Schicksal des Abstiegs in die 2. Bundesliga. Ab 2008 spielen sie wieder erstklassig. Die Kasseler **Eishockeyfans**, nach eigener Überzeugung die besten der Liga, unterstützen ihre Huskies (egal, in welcher Liga) wo sie können, nur: die entscheidenden Tore müssen die Spieler schon selber schießen.

**Kasseläner Mundart (->Dialekt)**

**Kasseler Apoll**
In der **Antikensammlung** des **->Schlosses Wilhelmshöhe** ist er zu finden: ein nackter Jüngling aus weißem Marmor, wahrscheinlich ungefähr 1800 Jahre alt, von Kleinigkeiten einmal abgesehen aber gut erhalten. Es handelt sich um ein Bildnis des griechischen Gottes Apoll, das **Landgraf ->Friedrich II.** (1760–1785) auf einer Italienreise in den sechziger Jahren des 18. Jahrhunderts erwarb.
Die Fachleute vermuten, dass der in Kassel heimische Apoll die römische Nachbildung einer Statue des griechischen Bildhauers Phidias ist. Das Bronze-Original soll etwa 450 v. Chr. entstanden sein.
Der „Vater“ des römischen Kunstwerks ist unbekannt.

**Kasseler Becken**
Zwischen dem **->Habichtswald** im Westen, der **Söhre** und dem **Kaufunger Wald** im Osten und den Ausläufern des **Reinhardswaldes** im Norden windet sich die **->Fulda** durch ein weites, fruchtbares Tal, das Kasseler Becken, in dem seit bald zweitausend Jahren Kassel liegt.
Wer diese **Mittelgebirgslandschaft** an klaren Tagen vom **->Herkules** aus betrachtet vor sich liegen sieht, bleibt selten unberührt von ihrer Schönheit. Und manche Kritik an der im Zweiten Weltkrieg so geschundenen und bestimmt nicht immer sehr glücklich wieder aufgebauten Stadt relativiert sich angesichts ihrer attraktiven Umgebung.

**Kasseler Brocken**
Kegelförmig ist er und gehaltvoll, der Kasseler Brocken. Böse Zungen behaupten, zu seiner Herstellung würde die **Backstube** gekehrt. Tatsächlich aber sind seine Zutaten unbedingt seriös: Aus Rosinen, Nüssen, Bisquitkrümeln und einem Schuss Rum, alles zu einer festen Masse zusammengerührt, geformt und mit Schokolade überzogen, wird ein leckeres Gebäck. Der Brocken schmeckt zu einer Tasse Kaffee. Und wer zwei Stück schafft, wird längere Zeit kaum über Hungergefühle klagen.

**Kasseler Elle**
Die Kriegs- und Domänenkammer **->Landgraf Friedrichs II.** (1760–1785) ließ im Jahr 1775 „**Musterellen**“ anfertigen und an die Ämter der Landgrafschaft ausgeben, um insbesondere für die Textilherstellung und den Textilhandel ein einheitliches Maß zur Verfügung zu haben.
Die Kasseler Elle, knapp 57 cm lang, wurde aus Metall hergestellt. Sie be-

sitzt einen Ring zum Aufhängen und auf ihrer Vorderseite eine Maßeinteilung. Außerdem ist sie auf das Jahr 1776 datiert. Es wird vermutet, dass es sich bei diesem Stück um eine der **Musterellen** handelt, nach deren Vorbild Schreiner dann hölzerne **Gebrauchsellen** anfertigten. Die Elle befindet sich in privatem Besitz.

**Kasseler Musiktage**
Über 75 Jahre reicht die Geschichte der Kasseler Musiktage zurück. Vom Kasseler **->Bärenreiterverlag** und dem damaligen Arbeitskreis für Hausmusik 1933 ins Leben gerufen, ist das Kasseler Musikfest eine der ältesten Musikveranstaltungen dieser Art in Europa.
Die Musiktage bieten ihrem Publikum die Möglichkeit, Konzerte von und mit Spitzenmusikern zu erleben. Der Nachwuchs wird dabei nicht vergessen: Talentierten jungen Interpreten wird Raum gegeben, sich der interessierten Öffentlichkeit vorzustellen. Die Musikveranstaltungen begleitend finden Ausstellungen, Symposien und Vorträge statt, die das jeweilige Thema, unter dem die Tage stehen, vertiefen.
Seit 1977 ist der Hessische Rundfunk Partner der Musiktage. Diese Partnerschaft hat sich außerordentlich bewährt.
Dem 1982 gegründeten Verein „**Kasseler Musiktage e.V.**" gehören renommierte Musikverlage (z.B. der Kasseler **->Bärenreiter-Verlag**), der **Hessische Rundfunk**, die **Stadt Kassel**, die **Universität Kassel**, der **Internationale Arbeitskreis für Musik** und andere für Kassel und seine Region wichtige Einrichtungen an.

**Kasseler Prominententreffen**
Seit 1999 lädt der **Oberbürgermeister** der Stadt prominente Kasseler in ihre Heimatstadt (oder auch mal woandershin, z.B. nach Berlin) ein: Persönlichkeiten, die in der Fuldastadt geboren wurden oder aufgewachsen sind und die später dann „in der großen weiten Welt" Karriere gemacht haben. Da finden sich dann Prominente aus Politik, Film, Fernsehen, Printmedien, Wissenschaft und Forschung ein, die ihre Heimatstadt nicht vergessen haben und gerne helfen, ihr über regionale Grenzen hinaus Gewicht zu verleihen. Viele Kasseler meinen, dass da jemand eine richtig gute Idee hatte.

**Kasseler Prunkhumpen**
Der Schweizer Glas- und Emailmaler Hans Jakob Sprüngli (*um 1559, †07.05.1637) schuf dieses **Prachtgefäß**, das ursprünglich der Herzogin Elisabeth von Mecklenburg gehörte, nach deren Tod aber dem **Landgrafen ->Moritz** (1592–1627), ihrem Vater, als Erbe zufiel.
Der Kasseler Prunkhumpen ist ein Meisterwerk Schweizer Hinterglasmalerei. Er wird im **->Hessischen Landesmuseum** aufbewahrt.

**Kasseler Wörtchen**
Trifft ein Kasseler in der Fremde einen Menschen, der behauptet, ebenfalls aus Kassel zu sein, überprüft er die Wahrhaftigkeit dieser Angabe mit der Aufforderung: „**Schbreche moh d's Kassler Wärtchen**!" (Auf Hoch-

deutsch: „Sag mal das Kasseler Wörtchen!“) Darauf antwortet der Angesprochene, wenn er echt ist, nicht etwa mit einem einzigen Wort, was man aus Gründen der Logik eigentlich erwarten könnte, sondern mit folgendem Satz: „**Ich will däh was schissen un Schäss schbrechen**!“ (Auf Hochdeutsch: „Ich werde dir etwas scheißen und Scheiße sagen!“)
Obwohl sich also der Aufgeforderte weigert, der Aufforderung nachzukommen, hat er seine Angabe, aus Kassel zu sein, damit bewiesen.
Alles klar? Oder hodd noch einer ne Frooche? (Auf Hochdeutsch: Oder möchte noch jemand irgendetwas wissen?)

**Kassler Rippchen**
Eines scheint ziemlich sicher zu sein: Mit der Stadt Kassel haben die gleichnamigen Rippchen nichts zu tun, außer dass man sie auch hier gerne isst.
Die einen sagen, die Rippchen seien von einem **Berliner Metzger namens Kassel** (oder Cassel) vor langer Zeit (vielleicht vor hundert Jahren oder so) erfunden worden, die anderen behaupten zu wissen, dass ein **Fleischer aus Düsseldorf-Oberkassel** der geistige Vater dieser Köstlichkeit sei.
Keiner weiß es offenbar genau. Den Kasselern ist es egal: Sie lassen sich die Rippchen einfach schmecken, wer immer sie auch „entdeckt“ haben mag.

**Kaupert, Gustav**
Der Bildhauer Gustav Kaupert (*04.04.1819, †05.12.1897) ist ein weit gereister Sohn seiner Heimatstadt Kassel. Zunächst lernte er bei seinem Vater das Gravieren und nahm Zeichenunterricht an der **Kasseler Kunstakademie**. Ein Reisestipendium brachte ihn 1844 nach Rom, wo er bis 1867 lebte und arbeitete. Er war so erfolgreich, dass er von Thomas Crawford, einem amerikanischen Bildhauer, in die USA eingeladen wurde, das **Denkmal George Washingtons** und die **Amerika-Statue des Kapitols** mitzugestalten.
Danach kehrte er nach Rom zurück, arbeitete vorübergehend in Kassel und übersiedelte 1867 nach Frankfurt, um dort die Stelle eines Lehrers für Bildhauerei anzutreten.
Seine Heimatstadt Kassel, in die er nach seinem Eintritt in den Ruhestand auf Dauer zurückkehrte, verdankt ihm das „**Hessendenkmal**“, den „schlafenden Löwen“ in der **->Karlsaue**, den er 1874 „zum Andenken der als Opfer der französischen Fremdherrschaft gefallenen hessischen Patrioten“ schuf.

**Kirchditmold (->Stadtteile)**

**Kirchen**
Im Kasseler Stadtgebiet stehen den Menschen **protestantischen Glaubens** dreiunddreißig Gotteshäuser, denen **katholischen Glaubens** sechs Gotteshäuser zur Ausübung ihrer Religion zur Verfügung.
Außerdem gibt es eine **Synagoge** für die **Jüdische Gemeinde** in Kassel. Über den Bau einer **Moschee** für die **Muslime** in der Fuldastadt wird seit längerem diskutiert.

**Klebepalast**
„Klebepalast“ nannten die Kasseler ziemlich respektlos das im Jahr 1904 fertig gestellte, neobarock-pompöse Dienstgebäude der **Landesversicherungsanstalt** in der Friedrich-Ebert-Straße. In jener archaischen Zeit, in der es noch keine Computer gab, mussten die arbeitenden Menschen zum Nachweis ihres Anspruchs auf Rente Wertmarken, sogenannte Rentenmarken, in die dafür vorgesehenen Felder eines entsprechenden Büchleins kleben.
Heute klebt niemand mehr (jedenfalls keine Rentenmarken), aber so ganz verschwunden ist der „Klebepalast“ aus dem Sprachgebrauch noch nicht. Das aber ist, wie so vieles, sicher nur eine Frage der Zeit.

**Kleinbahn Kassel-Naumburg**
Seit dem 31.03.1904 fuhr die Kleinbahn vom Bahnhof Kassel-Wilhelmshöhe nach Naumburg und zurück im Personen- und Güterverkehr, seit Mai 1970 war der Kasseler Hauptbahnhof Ausgangs- und Endpunkt für den Transport von Menschen und Material.
Bis 1977 wurden Passagiere befördert, der Güterverkehr über Baunatal hinaus endete 1991. Seit 1972 wird die Strecke von einer sehr hübschen **Museumseisenbahn**, dem **->Hessencourrier** befahren, jetzt aber wieder ab **->Bad Wilhelmshöhe**.

**Klinikum Kassel**
Mit 24 Fachkliniken und Instituten ist das Klinikum Kassel das größte kommunale Krankenhaus der Maximalversorgung in Hessen. Etwa 2 800 Menschen arbeiten hier. Sie behandeln jährlich rund 45 000 Patienten stationär und über 145 000 ambulant. Hochspezialisierte Fachleute garantieren ein Höchstmaß an Kompetenz und Qualität.
Das Klinikum Kassel ist regional einer der großen Arbeitgeber und gefragter Ausbildungsbetrieb. Es ist akademisches Lehrkrankenhaus der Philipps-Universität in Marburg und bildet in seiner **Krankenpflegeschule** im Durchschnitt 200 junge Leute aus. Außer dem Klinikum gibt es in Kassel eine Reihe weiterer **->Krankenhäuser** und **Kliniken**, die die medizinische Versorgung der Menschen in der Region sicherstellen.

**Kloster Ahnaberg**
Auch wenn man sich anstrengt: den **Ahnaberg**, der seinen Namen von dem kleinen Fluss **->Ahna** erhalten hatte, vermag man heute nicht mehr so richtig zu erkennen. Er schloss an den **->Möncheberg** an und an seinem Fuß lag jene Siedlung, die später Kassel genannt wurde.
Auf dem Ahnaberg stand ein **Chorfrauen-Stift der Augustinerinnen**, gegründet vor 1148, der genaue Zeitpunkt steht nicht fest. Dieses Kloster hatte über viele Jahrhunderte Bestand und hat mit Sicherheit die Entwicklung der Siedlung in seiner Nähe beeinflusst.
Mit der Reformation in Hessen wurde es von Landgraf **->Philipp I.** (1518–1567) aufgelöst, die Gebäude gingen in das Eigentum des Landgrafen über und wurden Teil der **Stadtbefestigung**.
In den folgenden 250 Jahren als Pferdestall, Magazin und Kaserne genutzt

und inzwischen natürlich weit innerhalb der Stadt gelegen, wurden die letzten Klosterreste erst 1878 beseitigt.

**Kloster Weißenstein**
Dort wo heute das **->Schloss Wilhelmshöhe** steht, wurde um die Mitte des 12. Jahrhunderts das Kloster Weißenstein („Witzenstein“) errichtet. Seinen Namen verdankte es wahrscheinlich dem hellen Kalksandsteinfelsen, auf dem es stand.
Das **Augustinerkloster** wird urkundlich im Jahr 1143 erstmals erwähnt. Ab 1193 soll es als **Frauenkloster** geführt worden sein.
Stifter des Klosters waren **Kirchditmolder Bauern**.

**Klosterkirche Nordshausen**
Die Klosterkirche im **Stadtteil Nordshausen** ist der älteste und vielleicht schönste Kirchenbau in Kassel. Als 1257 Graf Adalbert von Wallenstein in der Nähe des **Brasselsberges** ein **Zisterzienserinnen-Kloster** gründete, gab es dort bereits eine Kirche, die man in den Klosterbau integrierte, ausbaute und erweiterte.
1527 wurde das Kloster nach Einführung der Reformation in Hessen durch **Landgraf ->Philipp den Großmütigen** aufgehoben.
Heute sind noch die Kirche selbst, ein Teil des Westflügels der Klausur, **Reste der Klostermauer** und die **Zehntscheune** erhalten. Und dem Besucher kann immer noch insbesondere in der Vorweihnachtszeit nahe der Kirche eine kopflose Nonne begegnen, so jedenfalls geht die Sage.
Die **Kulturstiftung Klosterkirche Nordshausen** kümmert sich heute um den Erhalt des Sakralbaus. Durch Konzerte und kulturelle Veranstaltungen ist sie bemüht, die für die Unterhaltung notwendigen Finanzmittel aufzubringen.

**Kneippbad**
Seit Anfang des vorigen Jahrhunderts weiß man sicher, dass es in **->Bad Wilhelmshöhe** tief in felsiger Erde **Thermalsole-Vorkommen** gibt – 1908 entdeckte man eine solche Quelle in 1 240 m unter der Erdoberfläche; Bohrungen in den Jahren 1914 und 1915 bestätigten den Fund. In den dreißiger Jahren wurde noch einmal erfolgreich nachgebohrt – verständlich, dass sofort der Ruf nach einem Kneippbad Wilhelmshöhe lauter wurde.
Dann aber geriet das Ganze irgendwie in Vergessenheit. Erst als der verheerende Zweite Weltkrieg vorbei war, kochte das Thema im wahrsten Sinne des Wortes wieder hoch. 1951 erhielt **Wilhelmshöhe** die Anerkennung als **Kneippheilbad**.
Eine neue Dynamik kam in die Angelegenheit, als ein privater Investor Ende der siebziger Jahre die Mittel für dringend notwendige weitere Bohrungen bereitstellte. 1978/1979 stellte sich, diesmal schon in etwa 670 m Tiefe, der erhoffte Erfolg ein, vier Jahre später wurde die fantastische **->Kurhessen-Therme** eröffnet.
Im Jahr 2000 wurde der Kasseler Stadtteil Wilhelmshöhe als **Thermalsoleheilbad** anerkannt und durfte von da an die Bezeichnung „Bad“ vor seinem Namen führen, eine Ehre, die bisher nicht allzu vielen städtischen Vororten in Deutschland zuteil wurde.

**Knigge, Adolf Freiherr**
Nicht einig ist sich die Welt nach Knigge in der Frage, ob der Freiherr ein „von“ in seinem Namen führte oder nicht. Nennen wir ihn also einfach Knigge – so wie sein Werk „**Über den Umgang mit Menschen**“ (1788), das, als Benimmbuch missverstanden, unter dieser Bezeichnung berühmt wurde.
Adolf Freiherr Knigge (*16.12.1752, †06.05.1796) hatte nur einen relativ kurzen Auftritt in **Hessen-Kassel**. **Landgraf ->Friedrich II.** (1760–1785) hatte ihn 1771 zum Hofjunker und Assessor bei der Kriegs- und Domänenverwaltung berufen. Knigge heiratete 1773 eine Hofdame und verließ drei Jahre später den Dienst des hessischen Landgrafen.
Bekannt wurde **Knigge** als sehr rühriger **Freimaurer** (in Kassel gehörte er der Loge „Zum gekrönten Löwen“ an) und als Schriftsteller, der es aber nur zu begrenzten literarischen Ehren brachte, vom „Knigge“ einmal abgesehen.

**Knipping, Elisabeth**
Die aus gutbürgerlichen Kreisen stammende Elisabeth Knipping (*26.09.1869, †19.10.1951) war wie **Marie ->Calm** und **Auguste ->Förster** eine wichtige Protagonistin der **Rechte der Frauen** und der **Frauenbildung** in Kassel.
Im Jahr 1900 übernahm sie in Kassel die Stelle einer Sekretärin an der Hauswirtschafts- und Handelsschule mit angeschlossener Lehrerinnenbildungsanstalt, die vom **Frauenbildungsverein** betrieben und von Auguste Förster geleitet wurden. Diese unterstützte Elisabeth Knipping in ihrem Bemühen sich weiterzubilden. Bald schon konnte sie ihr die Stelle einer Gewerbelehrerin übertragen, die diese engagiert und kompetent ausfüllte. 1904 wurde Elisabeth Knipping **Leiterin der Handelsschule**, acht Jahre später übernahm sie auch die Verantwortung für die anderen Schulen.
Elisabeth Knipping war über ihre engagierte berufliche Tätigkeit hinaus in den zwanziger Jahren und Anfang des dritten Jahrzehnts des vorigen Jahrhunderts in der Demokratischen Partei politisch aktiv. 1933 schied sie, gesundheitlich stark beeinträchtigt, aus dem Schuldienst aus und stellte auch ihr politisches Engagement ein.
1956, fünf Jahre nach ihrem Tod, wurde die Schule, die unter ihrem Dach nun die verschiedenen Bildungseinrichtungen aus Elisabeth Knippings Zeit vereinigte, nach ihr benannt.

**Koch, Erich Friedrich Ludwig, (->Oberbürgermeister)**

**Koch, Dr. Ernst**
„**Prinz Rosa Stramin**“ nannte Ernst Koch (*03.06.1808, †24.11.1858) sein dichterisches Hauptwerk, nach einem in Stramin-Gewebe eingebundenem und mit einem orientalischen Prinzen bestickten Notizbüchlein, das ihm einst seine Verlobte geschenkt hatte. In seiner Dichtung besingt er liebevoll Kassel und das Hessenland – von vielen begeistert aufgenommen, von anderen als Torso oder Fragment entschieden abgelehnt.
Koch, von Hause aus promovierter Jurist, hatte ein abenteuerliches Le-

ben, das ihn aus dem hessischen Staatsdienst in Kassel 1834 in die französische Fremdenlegion nach Nordafrika, blutige Auseinandersetzungen u. a. in Spanien, dann 1837 wieder zurück nach Kassel führte. Weil er nicht wieder in den Staatsdienst eintreten durfte, ging er als Regierungssekretär nach Luxemburg. 1850 wurde er zum Professor für deutsche Sprache und Literatur am Athenäum in Luxemburg berufen. Als er 1856 einer Einladung nach Kassel folgte, wurde er respektvoll und mit großen Ehren empfangen.
Das literarische Werk Ernst Kochs ist ein wenig in Vergessenheit geraten, auch „Prinz Rosa Stramin", dessen schönste Ausgabe die von Otto Ubbelohde illustrierte aus dem Jahr 1922 ist.

**Kochwurst**
Wenn man es genau nimmt, ist die in Kassel angebotene Kochwurst gar keine solche, sie ist eine Brühwurst. Sie enthält nicht, wie manche meinen, „alles Mögliche", sondern richtig gutes rohes Schweinefleisch, häufig auch etwas Rindfleisch, nach individuellen Rezepten der **Kasseler Metzger** gewürzt.
Es gibt allerlei Arten von Koch- und Brühwurst in Deutschland, aber so wie die **Kasseler Kochwurst** schmeckt kaum eine, so kräftig, so würzig – einfach so klasse.
Übrigens: mit einem Brötchen und einer ausreichenden Portion Senf schmeckt sie am besten, ganz ehrlich!

**Kohlebergbau**
Im ->**Habichtswald** wurde seit der Zeit **Landgraf ->Wilhelm IV.** (1568–1592) **Braunkohle** abgebaut, anfangs als Brennmaterial für die häuslichen Öfen im Winter, später, im 19. Jahrhundert, auch zu industriellen Zwecken. Mit Pferdegespannen kam die Kohle zunächst nach Kassel, seit 1917 mit der ->**Herkulesbahn**. Es wird berichtet, dass mindestens zeitweise über 200 Bergleute in den **Zechen** des Habichtswaldes arbeiteten, so ergiebig waren die Braunkohlefelder. Erst 1940 wurden die letzten Stollen stillgelegt.
Seit 1820 wurde auch am ->**Möncheberg** Braunkohle abgebaut, über 140 Jahre lang. Die Flöze lagen schwerpunktmäßig in Richtung Ihringshausen und wurden auch von dort aus „verwaltet". Erst 1963 war hier mit der **Kohleförderung** Schluss, 15 Millionen Tonnen des braunen Goldes waren bis dahin aus dem Berg geholt worden.

**Kohlenstraße**
Eigentlich liegt es ja nahe: über die Kohlenstraße wurde die im ->**Habichtswald** geförderte **Braunkohle** nach Kassel gebracht – durch Fuhrleute mit Pferdegespannen, später dann mit der ->**Herkulesbahn**.
Sie war eine Landstraße, die aus der Stadt hinaus in den Wald führte; aus heutiger Sicht würde man sie vielleicht sogar beschaulich nennen, mit ihren Wiesen rechts und links bis zur Baumgrenze.
Von Beschaulichkeit ist heute keine Spur mehr. Eine viel befahrene Aus- und Einfallstraße ist aus ihr geworden. Zwar rattern jetzt keine voll beladenen Kohlezüge mehr neben ihr ins Tal, der Geräuschpegel von heute ist aber auch nicht „ohne".

**Kolitz, Louis**
Am 01.04.1879 übernahm der Maler Louis Kolitz (*05.04.1845, †24.07.1914) die Leitung der **Kasseler Kunstakademie**. Einen Namen hatte sich der neue Akademiedirektor, der an zwei Kriegen 1866 und 1870 teilgenommen hatte, als Porträt- und als **Historien- und Schlachtenmaler** gemacht.
Kolitz, kaum im Amt, reorganisierte den akademischen Ausbildungsbetrieb und strukturierte ihn neu. Er leitete in den folgenden Jahren die Akademie nicht nur sehr erfolgreich, sondern war seinen Studierenden ein fähiger und geachteter Lehrer. Trotz seiner beruflichen Auslastung fand er noch Zeit für eigenes künstlerisches Schaffen.
Als Akademiedirektor lag ihm die Zeichenlehrerausbildung sehr am Herzen. 1905 endlich erhielt er die Genehmigung, entsprechende Prüfungen abnehmen zu dürfen.
Als Louis Kolitz 1910 pensioniert wurde, hatte er 31 Jahre erfolgreich in Kassel gewirkt. Der größte Teil seiner Werke wird heute in der **->Neuen Galerie** aufbewahrt.

**Kongresspalais (->Stadthalle)**

**Königinhofstraße**
Weil ihr Mann, König Kasimir von Polen, sie mit einer Mätresse betrog, verließ ihn seine Frau, Königin Adelheid, die Tochter des **Landgrafen ->Heinrich II.** (1328–1376). Damit seine Tochter einen Platz fand, an dem sie wohnen konnte, überließ ihr der Vater einen Landsitz im heutigen **Stadtteil ->Bettenhausen**, den man bald „**Ringhof**" nannte. Mit einem Ring hatte der Hofname mit großer Sicherheit aber nichts zu tun. Vielmehr ist er wohl eine Ableitung aus dem lateinisch-deutschen Wort „Reginahof". „Regina" bedeutet „Königin", der Landsitz war also der „Hof der Königin" oder der „**Königinhof**". Adelheid lebte hier bis zu ihrem Tode im Jahr 1371.
In dem Straßennamen wird an sie und ihre Geschichte bis heute erinnert.

**Königsgalerie**
Im Jahr 1995 eröffnet, hat sich die Königsgalerie zu einem beliebten Treffpunkt mitten in der Stadt entwickelt. 60 Geschäfte, Gastronomiebetriebe und sonstige Dienstleister zeigen auf 24 000 Quadratmetern Gesamtnutzfläche, was sie zu bieten haben. Weitere 2 500 Quadratmeter sind als Mietfläche für Büros und Praxisräume ausgewiesen.
Täglich, so wird geschätzt, besuchen etwa 20 000 Menschen die Galerie, denen 1 000 Parkplätze in direkter Anbindung zur Verfügung stehen. Unter einer 22 Meter hohen elliptischen Glaskuppel finden die Kunden vieles von dem, was das Herz begehrt. Im Jahr 1997 wurde die Königsgalerie als eine der schönsten Einkaufsgalerien Europas ausgezeichnet. Seitdem hat sie nichts von ihrer Attraktivität eingebüßt, ganz im Gegenteil.

**Königsplatz**
Da hatte **Landgraf ->Friedrich II.** (1760–1785) seinem Hofbaumeister **Simon Louis ->du Ry** keine leichte Aufgabe gestellt: die **->Altstadt** mit der

->**Oberneustadt** durch einen Platz zu verbinden, kleine, enge Gassen mit großen, breiten Straßen zusammenzuführen. Aber du Ry lieferte eine geniale Arbeit ab: einen kreisrunden Platz (131 m im Durchmesser), der das Vorhandene harmonisch verband. 1767 wurde die Anlage fertig gestellt, bis heute aber immer wieder verändert, manchmal aus Not, manchmal aber auch einfach nur so.
Seinen Namen hat der Königsplatz in Erinnerung an **Landgraf ->Friedrich I.** erhalten, der die **schwedische Kronprinzessin** heiratete und 1720 **König von Schweden** wurde. Da er nach dem Tod seines Vaters **->Karl** 1730 nicht auf seine Landgrafschaft verzichtete, wurde er zwar Landgraf, setzte aber seinen Bruder **->Wilhelm VIII.** ab 1731 als seinen Statthalter in Kassel ein. Dieser konnte erst nach dem Tod seines Bruders 1751 selbst Landgraf werden.

**Königsstraße**
Wie der **->Königsplatz** erinnert die Königsstraße an **Landgraf ->Friedrich I.**, der 1720 **Schwedenkönig** wurde.
Die Königsstraße ist zweigeteilt in die **Obere** und die **Untere Königsstraße**. Der obere Teil verbindet den **Brüder-Grimm-Platz** mit dem Königsplatz, der untere den Königsplatz mit dem **Holländischen Platz**.
Die Königsstraße ist fast komplett verkehrsberuhigt. Nur die **->Straßenbahn** und die **->RegioTram** dürfen hier verkehren, damit die Menschen aus Kassel und dem Umland im Stadtzentrum möglichst ungestört bummeln und einkaufen können.

**Krankenhäuser und Kliniken**
Um die medizinische Versorgung der Menschen in Kassel und seiner Region ist es sehr gut bestellt: neben dem **->Klinikum Kassel** als kommunalem Maximalversorger, der **->Elena-Klinik** und der **->Ayurveda-Klinik** (ein Teilbereich der Habichtswald-Klinik) als Krankenhäuser mit speziellem Aufgabenschwerpunkt stehen der Bevölkerung
- das Burgfeld-Krankenhaus
- das Diakonissen-Krankenhaus
- das Elisabeth-Krankenhaus
- die Habichtswald-Klinik
- das Kinderkrankenhaus Park Schönfeld
- die Klinik Dr. Koch
- die Klinik für Psychatrie und Psychotherapie
- das Marienkrankenhaus
- die Orthopädische Klinik und
- das Rote-Kreuz-Krankenhaus

zur Verfügung.
Außerdem gibt es eine Reihe kleinerer, hochkompetenter medizinischer Zentren und Kliniken, die mit ihrem Angebot häufig auch ambulanter Hilfen die größeren Häuser entlasten.

**KSV Hessen Kassel**

Der **KSV**, wie er von den Sportbegeisterten Nordhessens schlicht und ergreifend genannt wird, war über viele Jahre das fußballerische Aushängeschild Kassels und seiner Region. Inzwischen hat er es geschafft, das auch zu bleiben.

Im Jahr 1947 aus einer Fusion des VfL Hessen mit dem Kasseler Sportverein hervorgegangen, bestimmte der KSV Hessen Kassel über Jahrzehnte das **Fußballgeschehen** in der Fulda-Metropole. Er spielte in der 1. und 2. Liga und war 1964 nahe daran, in die **Bundesliga** aufzusteigen, scheiterte aber in der Qualifikation an Hannover 96.

Im Mai 1974 dann eine dunkle Stunde für alle seine Anhänger: Der KSV stieg in die Amateurliga ab, in der er dann bis Mai 1980 bleiben sollte.

Mit der Rückkehr in den bezahlten Fußball und dem Erreichen der **2. Bundesliga** folgten ein paar sportlich interessantere und auch bessere Jahre, wobei der KSV 1983, 1984 und 1985 gleich dreimal ans Tor der **1. Bundesliga** klopfte. 1987 ging es dann wieder ab ins Amateurlager, zwei Jahre später zurück in den Profi-Fußball, dann wieder nach unten in die Amateuroberliga.

Im Sommer 1993 dann das Aus für den Traditionsverein: Der KSV Hessen Kassel musste Konkurs anmelden. Der FC Hessen Kassel wurde gegründet, seine Fußballer durften weiter in der Amateuroberliga spielen und schafften den Aufstieg in die Regionalliga.

Im November 1997 war dann zum zweiten Mal Schluss. Der FC Hessen hatte sich finanziell völlig verhoben, es blieb nur die Möglichkeit eines erneuten Konkurses. Im Januar 1998 beschloss eine Mitgliederversammlung die Vereinsauflösung.

Aber dann die Überraschung: Schon einen Monat später wurde der KSV Hessen Kassel gegründet, der zwar mit dem Ursprungsverein nur den Namen gemeinsam hat, dem es aber gelingt, sich der Öffentlichkeit und insbesondere den Fans als Nachfolger des einstmals „großen" KSV zu präsentieren. Er musste sich in den Folgejahren von ganz unten durch die Amateurligen kämpfen, bis er 2006 dann wieder in die Regionalliga aufstieg und damit drittklassig wurde. 2007/2008 schaffte der KSV die Qualifikation für die eingleisige 3. Liga nicht. Die nordhessischen Fußballfans hoffen nun weiter auf eine erfolgreiche Zukunft, wie es sich für ein Aushängeschild gehört.

**Kulturbahnhof**

In den Jahren 1852 bis 1856 gebaut, war der **Kasseler Hauptbahnhof** (den manche auch einen Sack- oder Kopfbahnhof nannten) damals einer der größten Bahnhöfe Deutschlands. Nach wechselhafter Geschichte und im Zweiten Weltkrieg durch Bomben stark zerstört, wurde der Bahnhof in den fünfziger Jahren wieder aufgebaut.

Als 1991 der neue Fernbahnhof in Wilhelmshöhe eingeweiht wurde, hatte der alte Bahnhof an Bedeutung verloren und schien dem Verfall preisgegeben. Dann aber hatte irgendjemand die Idee, den ehemaligen Hauptbahnhof kulturell zu nutzen. 1995 war es dann so weit: der Kulturbahnhof war entstanden. Heute sendet von dort das Bürgerfernsehen, der **Offene Kanal**, und die **->Caricatura** zeigt wechselnde Ausstellungen. Das Restaurant „**Gleis 1**",

gleichzeitig Konzertbühne und Diskothek, hat sich hier einen Namen gemacht, im **Bali-Kino** („Bahnhofslichtspiele") werden ausgesuchte Filme gezeigt. Neben einer Reihe von Ladengeschäften gibt es Tagungs- und Ausstellungsräume, eine Kreativwerkstatt, ein Architektenzentrum und den Sitz des Nordhessischen Verkehrsverbunds.
Im Kulturbahnhof arbeiten mittlerweile einige hundert Menschen.

**Kulturfabrik Salzmann**
Was tun mit einer leer stehenden Fabrik, die über 70 Jahre einer **Schwerweberei** als Produktionsstätte diente?
Nachdem der Betrieb 1971 eingestellt und die **Firma Salzmann und Companie** (daher der Name) für immer geschlossen wurde, stand die Fabrik als **Kulturdenkmal** 16 lange Jahre leer. Im April 1987 gründeten mehrere junge Schauspieler, Musiker und Maler einen gemeinnützigen Verein, den sie **Kulturfabrik Salzmann e.V.** nannten. Sie wollten die denkmalgeschützte Fabrik nutzen, indem sie hier ein Forum für Kunst und Kultur schufen.
Heute kann man feststellen, dass es den Vereinsgründern gelungen ist, ihrem Anspruch gerecht zu werden. Die „**Factory**", wie sich die Kulturfabrik auch nennt, hat sich zu einem Veranstaltungsort für regionale und internationale Künstler entwickelt, an dem jährlich 80 bis 100 ganz unterschiedliche Kulturereignisse stattfinden. Rund 15 000 Besucher zählen die Veranstalter in jedem Jahr, die zwischen Theater, Ausstellungen und Musikveranstaltungen von Klassik bis Rock wählen können.

**Kulturzelt**
Als Begleitprogramm zur **->documenta VIII** im Jahr 1987 startete das Kasseler Kulturzelt seine Sommerveranstaltungen, inzwischen hat es sich aber erfreulicherweise als eigenständiges, jährliches Kulturereignis quasi verselbstständigt.
Seit über 20 Jahren kommen internationale Top-Stars nach Kassel, um an (wie man immer hofft und häufig genug auch erlebt) schönen Sommerabenden in dem an der **->Drahtbrücke** aufgestellten Zelt Musik auf Weltniveau zu machen.
Weil der kommunale Beitrag zur Finanzierung des Programms im Laufe der Zeit eher geringer wurde, hat sich seit Mitte der neunziger Jahre der gemeinnützige „**Verein zur Förderung von Kultur- und Kommunikationsprojekten**" der Veranstaltung angenommen. Der jährliche Etat wird heute ungefähr zu Dreivierteln aus dem Verkauf von Eintrittskarten gedeckt, die Restfinanzierung übernehmen Sponsoren.

**Kulturzentrum Schlachthof**
Als das Kulturzentrum 1978 in der **Kasseler Nordstadt** in den leer stehenden ehemaligen städtischen Schlachthof einzog, ahnte noch niemand, dass hier eine Institution Raum fand, die das kulturelle Leben eines Stadtteils, in dem so viele Menschen unterschiedlicher sozialer und ethnischer Herkunft leben, nachhaltig beeinflussen und prägen würde. Als eines der ersten soziokulturellen Zentren in Deutschland war die Einrichtung von Beginn an Ju-

gendzentrum und Beratungsstelle, Bildungseinrichtung und Musikzentrum. Heute ist das als gemeinnütziger Verein geführte Kulturzentrum Schlachthof aus der Nordstadt nicht mehr wegzudenken. Hier erhalten viele jüngere und ältere Menschen mit und ohne „**Migrationshintergrund**" die Möglichkeit sich zu treffen, miteinander zu kommunizieren und zu lernen. Kultureller Höhepunkt ist in jedem Jahr das **Internationale Frühlingsfest**.

**Kunstausstellungen**
Auch schon vor der „Erfindung" der **->documenta** durch **Arnold ->Bode** gab es in Kassel erinnernswerte Kunstausstellungen, nicht international, aber dennoch interessant.
Im Jahr 1913 fand beispielsweise im Vorfeld der **1000-Jahr-Feier** der Stadt eine **Ausstellung des Deutschen Künstlerbundes** statt, die jedes Jahr in einer anderen Kommune zu Gast war.
1922, 1925, 1927 und 1929 organisierten die **Kunstakademie** und der **Kunstverein** vier Ausstellungen, die neben regionaler Kunst aktuelle deutsche Kunst vorstellten. Auf allen vier Ausstellungen war unter anderen bedeutenden deutschen Malern **Arnold ->Bode** vertreten, in der Ausstellung 1929 interessanterweise gemeinsam mit dem Maler Heinrich Dersch auch als Mitglied der „Auswahlkommission für die Abteilung Neue Kunst". Etwas respektlos formuliert: Man könnte annehmen, er habe hier schon für die documenta geübt.

**Kupille**
Seinen Spitznamen Kupille verdankt der 1865 in Kassel geborene **Heinrich Adam Ernst** seiner Begegnung mit dem Militär. Die einen erzählen, er sei um den Militärdienst wegen eines Augenleidens herumgekommen. Gefragt danach, welcher Art seine Erkrankung denn sei, habe er im schönsten Kasselänerisch geantwortet: „**Ich honn was an der Kupille**", was übersetzt bedeutet, dass er ein Problem mit der Pupille habe und deshalb nicht Militärdienst tauglich sei.
Andere meinen, Kupille sei bereits beim Militär gewesen und habe sich vom Militärarzt einen Splitter aus dem Auge entfernen lassen müssen. Als Folge der Behandlung konnte er am Exerzieren nicht teilnehmen, was er dann den Kameraden entsprechend erklärte.
Kupille war der Sohn eines Drehorgelspielers aus der **Unterneustadt**. Wie sein Freund **Ephesus** war er Gelegenheitsarbeiter und stets für einen Spruch gut. Das bürgerliche Kassel hielt die beiden für Herumtreiber und Trinker und hatte wenig Sinn für ihren Humor, ihre oft derbe Sprache und die Geschichten, die man über sie erzählte.
Aber wie dem auch sei: **Ephesus und Kupille** haben als Straßenphilosophen und Lebenskünstler Spuren hinterlassen, ob uns das nun gefällt oder nicht.

**Kurbad Jungborn**
**Flussbadeanstalten** waren vor und nach dem Ersten Weltkrieg nichts Ungewöhnliches an der Fulda. Sie wurden überwiegend privat betrieben, manche auch von Sportvereinen. Das Kurbad Jungborn ist das letzte dieser Bäder.
Es war ein **Fluss- und Warmbad**, d. h. in einem der Badegebäude waren

**Wannen-** und **Brausebäder** eingerichtet, die die Bewohner aus der Umgebung nutzen konnten, die in ihren Wohnungen kein Badezimmer hatten.
Der Name der Einrichtung stammt aus der Zeit um 1925 herum, als der damalige **Naturheilverein** das Badegelände gepachtet hatte und dort auch medizinische Badekuren anbot.
Die Anlage wurde im Krieg teilweise zerstört. Ein Förderverein bemüht sich in Verbindung mit einem Wassersportverein um die Sanierung und eine sinnvolle Nutzung der Anlage.

**Kurfürsten-Galerie**
Die Kurfürsten-Galerie wurde im Jahr 1991 als **erste „Shopping mall**“ in Kassel eröffnet. Unter ihrem markanten Glaskuppeldach bieten zahlreiche Fachgeschäfte vielfältige Einkaufsmöglichkeiten, national und international ausgerichtete Gastronomiebetriebe sorgen für das leibliche Wohl der Besucher und Wellness- und Freizeiteinrichtungen sorgen für Spaß und Entspannung. Besondere Glanzlichter im Angebot der Galerie sind zweifellos das **Variété Starclub** mit seinem internationalen Programm und die Dependance der **Kasseler Spielbank**.
Im Erdgeschoss betreiben die Städtischen Werke Kassel, die Kasseler Verkehrsbetriebe und die NetCom Kassel **Kundenzentren**.
16 000 Menschen besuchen die Kurfürsten-Galerie, eine der größten privaten Immobilien im Stadtzentrum, täglich. Sie zu besuchen ist ja auch einfach: Der Bus hält direkt vor dem Eingang und für PKW-Nutzer stehen 650 Stellplätze in der Tiefgarage unter dem Gebäude zur Verfügung.

**Kurhessen-Therme**
Dass es am Fuße der **Wilhelmshöhe** Thermalquellen gab, wusste man in Kassel seit Anfang des zwanzigsten Jahrhunderts, seit 1951 war der Stadtteil **->Kneippbad** (oder ganz genau: Kneippheilbad). Was man aber nicht genau wusste, war, wie ergiebig die Vorkommen waren und wie lange sie noch sprudelten. Da war es ein Glück, dass in der zweiten Hälfte der siebziger Jahre öffentliches und privates Interesse aufeinander trafen: Der Unternehmer Werner Wicker war bereit, mit Unterstützung der Stadt Kassel und des Landes Hessen ein Thermalbad zu bauen, wenn die notwendigen geologischen Untersuchungen ausreichende **Thermalsolevorkommen** bestätigen würden.
Das Ergebnis ist bekannt: Die Thermalsolequelle „Unter den Eichen“ erfüllte in vollem Umfang die Voraussetzungen, und nach relativ kurzer Bauzeit konnte am 10.10.1978 die Kurhessen-Therme feierlich eröffnet werden. Werner Wicker hatte ein Badeparadies geschaffen, wie man es sich schöner kaum vorstellen konnte: 1 200 m² Wasserlandschaft mit Innen- und Außenbereich, Whirlpools, Wasserfälle, Saunawelt, Solegrotte, Dampfbad, Duftgarten, Solarien, Sportmöglichkeiten und eine ansprechende Gastronomie – das ist eine Welt, in der man sich wohl fühlen und viel für seine Gesundheit tun kann.
Wer immer die Möglichkeit hat, diese Zauberwelt zu besuchen, sollte es auf jeden Fall tun; er oder sie wird nicht enttäuscht sein!

**Lac**
Im Sommer wie im Winter ist der Lac ein beliebtes Ausflugsziel der Bergpark-Besucher jedes Alters. Der idyllische See mit dem französischen Namen (le lac = der See) liegt am Fuße des **Wilhelmshöher Schlossberges**. Allerlei Vogelgetier trifft man hier in der wärmeren Jahreszeit an und wenn man Glück hat, entdeckt man eine der kleinen **Wasserschildkröten**, die sich auf den ins Wasser ragenden Ästen der Bäume eine kleine Schwimmpause gönnen. Und wenn es langsam dunkel wird, schwärmen die Fledermäuse aus, sich mit Nahrung zu versorgen.
Im Winter kann man hier hervorragend **Schlittschuhe laufen** – wenn es denn mal richtig gefroren ist und das Eis tragfähig genug ist. Dann ist einiges los am See, ganze Familien und Freundeskreise finden sich ein, um bei Glühwein und Snacks ihre Fertigkeiten auf dem Eis zu zeigen.
Der Lac ist, wie die anderen Teiche des **->Bergparks Wilhelmshöhe**, künstlich angelegt worden. **Heinrich Christoph ->Jussow** hat mit seinem Bau 1785 begonnen, sechs Jahre später waren der See und seine Umgebung fertig gestellt.
Gespeist wird der Lac aus dem **Fontänenteich**, das Wasser verlässt den Park als kleiner Bach und verschwindet dann unter der Stadt.

**La Mara**
Als **Gertrude Elisabeth Schmeling** (*23.02.1749, †20.01.1833) kam die Tochter eines armen Musiklehrers in Kassel auf die Welt, die später voller Bewunderung als „La Mara“ von ihr sprechen sollte. Sie spielte früh **Geige** und reiste schon als Kind (wahrscheinlich mit ihrem Vater) musizierend durch Europa. In Holland sprach sie bei der dort verheirateten Tochter von **Landgraf ->Karl** (1677–1730), Marie Luise, vor, der Stimme und Talent des Mädchens nicht verborgen blieben und die für die weitere Ausbildung der jungen Künstlerin sorgte. Gertrude Elisabeth Schmeling studierte zunächst in London bei einem italienischen Gesanglehrer, bildete sich dann aber vorwiegend selbst weiter: Denkbar ist, dass ihr die Mittel für weitere Studien unter fachmännischer Anleitung fehlten.
Wegen des Todes der Mutter nach Kassel zurückgekehrt, versuchte sie, am Hof **Landgraf ->Friedrichs II.** (1760–1785) ein Engagement zu bekommen. Aber man mochte hier ihre Art zu singen nicht; sie ging deshalb 1766 nach Leipzig, wo sie sofort fest engagiert wurde.
Was dann folgte, war eine europäische Karriere, die sie in alle großen Opernhäuser des Kontinents führte. Sie heiratete 1773 den Cellisten Mara, mit dem sie zwar nicht glücklich wurde, unter dessen Namen sie aber als La Mara große Erfolge feierte.
Sie lebte einige Zeit in London, ging dann aber, von ihrem Mann geschieden und inzwischen an den Opernbühnen nicht mehr sehr gefragt, zu Beginn des 19. Jahrhunderts nach Moskau. Bei einem großen Brand verlor sie das Vermögen, was nach den Jahren mit ihrem Mann übrig geblieben war. Noch einmal kam sie nach Kassel zurück, um eine Anstellung bei Hofe zu finden. Da man abermals ablehnte, zog sie weiter nach Reval, wo sie als Musiklehrerin arbeitete und schließlich in ärmlichen Verhältnissen starb.

**Lahmeyer, Gustav (->Oberbürgermeister)**

**Laserskulptur**
Zur **->documenta VI** im Jahr 1977 installierte der Düsseldorfer Künstler Horst H. Baumann (*19.06.1934) in der Stadt eine **Laser-Licht-Skulptur** als erstes Kunstwerk dieser Art weltweit. Die Skulptur kam bei den Menschen in Kassel so gut an, dass sie mit tatkräftiger finanzieller Unterstützung des einheimischen Verlegers **Rainer ->Dierichs** im Januar 1979 auf Dauer in Betrieb genommen werden konnte. Inzwischen kümmert sich das **documenta-Forum**, ein Verein, der sich der Förderung zeitgenössischer Kunst annimmt, erfolgreich um den Erhalt des Kunstwerks für die Stadt.
Die Idee Horst H. Baumanns war genial: ausgehend vom **->Zwehrenturm** am **->Friedrichsplatz** vernetzte er markante Punkte der Stadt mit einem roten und einem grünen Laserstrahl. Diese Vernetzung zeichnet bei Dunkelheit ein beeindruckendes Bild über die Stadt.

**Laugs, Robert**
Robert Laugs (*21.02.1875, †09.01.1942) kam im Jahr 1914 als Kapellmeister **des ->Staatstheaters** nach Kassel. Sein Wirken prägte das Musikleben der Fuldastadt nachhaltig. Ihm gelang es nicht nur, große **Musikfeste** und **-veranstaltungen** nach Kassel zu bringen, sondern auch international gefragte Künstlerinnen und Künstler für **Sinfoniekonzerte** mit dem **->Orchester des Staatstheaters** zu gewinnen. Er verhalf dem Kasseler Konzertwesen zu seinem bis dahin größten Aufschwung.
Robert Laugs arbeitete bis 1941 am Kasseler Theater. Sein besonderes Interesse neben dem Beruf galt dem Chorwesen. Der Lehrergesangverein (der heute **Konzertchor** heißt) beispielsweise hatte unter der Leitung von Robert Laugs nach der Meinung von Fachleuten seine vielleicht beste Zeit.

**Lauritzen, Dr. Lauritz (->Oberbürgermeister)**

**Längster Tisch**
Kassels **erstes Stadtfest** im Juli 1979 bescherte der Stadt einen **Weltrekord**: 7 000 Menschen fanden sich in der **->Königsstraße** zusammen, am mit 1 768 Metern längsten Tisch der Welt gemeinsam zu essen und zu trinken. Der Eintrag ins **Guiness-Buch der Rekorde** wurde beantragt. Ob der Rekord heute noch Bestand hat, ist nicht bekannt.

**Lebensqualität**
Sicher, eine schöne Stadt ist Kassel vielleicht nicht, dafür hat sie im Zweiten Weltkrieg zu sehr gelitten. Und in der Zeit des **Wiederaufbaus** sind aus heutiger Sicht bestimmt auch Fehler gemacht worden. Aber wer sich auf die Stadt einlässt, wird bald feststellen, dass sie durchaus so etwas wie einen eigenen Charme hat, der viel mit dem zu tun hat, was diese Stadt einmal war,

und mit der Umgebung, in die sie eingebettet ist. Die Menschen, die hier leben, wissen die Lage Kassels am **Fluss**, umgeben von ausgedehnten **Mittelgebirgen**, zu schätzen. Zwar schimpfen sie manchmal über das wechselhafte Wetter, aber kaum einer würde sagen, dass es sich hier nicht zu leben lohne.
Natürlich gibt es in Kassel auch Probleme, aber die braucht der Ur-Kasseler auch, um etwas zu meckern zu haben. Mag er auf seine Stadt auch hier und da schimpfen – wenn es ernst wird, steht er zu ihr, weil er sie liebt: wegen des vielen Grüns, des Flusses und vielleicht gerade wegen ihrer **verlorenen Schönheit**. Und weil man Probleme eben auch lösen kann mit Klugheit, Selbstbewusstsein und der den Nordhessen eigenen Beharrlichkeit, die manche manchmal fälschlicherweise für **Sturheit** halten.

**Lewalter, Johann**
In Kassel kannte man ihn, wie so manchen, der eigentlich Johannes oder Johann hieß, nur als **Schang** (nach dem französischen „Jean") Lewalter (*24.01.1862, †30.09.1935). Was war er eigentlich alles: Musiklehrer, Komponist, Liedersammler, Schriftsteller, Herausgeber und Bewahrer von Überliefertem. Er liebte das **Puppentheater**, für das er selbst manches Stück schrieb. Und er liebte die Geselligkeit, seine Stammtisch-Freunde, mit denen er gern plauderte, mit denen er Geschichten austauschte und fröhlich war.
Johann Lewalter war **Wissenschaftler**, **Volkskundler** – auch wenn er es selbst gar nicht so genannt hätte. Die ihn kannten, nannten ihn einen bescheidenen Mann, der – wie man heute weiß – ein Stück **Musikkultur** bewahrt hat, das ohne ihn sehr wahrscheinlich längst verloren gegangen wäre.

**Lewandowski, Georg (->Oberbürgermeister)**

**Losse**
Die Losse ist ein Flüsschen, das im Werra-Meißner-Kreis nahe Hessisch Lichtenau entspringt, nach einigem Weg den Kasseler **Stadtteil ->Bettenhausen** erreicht, diesen durchfließt und bei Sandershausen in die **->Fulda** mündet.
Für Bettenhausen war das Gewässer nicht ohne Bedeutung, wurden doch an seinem Ufer oder aber ganz in seiner Nähe (am eigens dafür gebauten **Lossekanal**) schon früh Wirtschaftsbetriebe angesiedelt, die die **Wasserkraft** nutzten und dadurch Arbeitsplätze schufen. Als Beispiele für solche Betriebe seien die **Faustmühle**, **->der Messinghof** und der **->Agathof** genannt. 1912 wurde sogar unmittelbar an der Losse ein Braunkohlekraftwerk, das **->Lossewerk**, errichtet, welches das Flusswasser zur Kühlung nutzte.

**Lossewerk**
Im Jahr 1912 wurde an der **->Losse** ein **Braunkohlekraftwerk** (das „Lossewerk", wie man es in Kassel nannte) fertig gestellt, das die Stadt Kassel mit Strom versorgen sollte. Die benötigte Energie wurde aus heimischer Braunkohle gewonnen. Das Lossewerk wurde zwischen 1914 und 1938 erweitert,

erst 1966 stellte es seinen Betrieb ein. Zwei Jahre später entstand an gleicher Stelle eine ->**Müllverbrennungsanlage**.

**Löwenburg**
Obwohl die Löwenburg im **->Bergpark Wilhelmshöhe** von **Heinrich Christoph ->Jussow** auf Wunsch des **Landgrafen ->Wilhelm IX.** (1785–1821) zwischen 1793 und 1801 als „romantisch historisierende" Ruine geplant und errichtet wurde, war sie von Anfang an bewohnt. Der Landesvater hatte hier seine Mätresse Karoline von Schlotheim untergebracht – die Wohn- und Aufenthaltsräume waren dementsprechend gestaltet.
Das neugotische Bauwerk orientierte sich an den englischen Ritterburgen des Mittelalters. **Wilhelm IX.** war, anders als sein Vorgänger **Landgraf ->Friedrich II.** (1760–1785), kein Freund der französischen Lebensart; dies schloss natürlich die Architektur ein. Um die Illusion einer **Burgruine** perfekt zu machen, ließ Jussow über dem nördlichen Burgtor die Jahreszahl 1495 einmeißeln – **er machte die Burg einfach 300 Jahre älter als sie tatsächlich ist**.
**Landgraf Wilhelm IX.**, der sich ab 1803 **Kurfürst Wilhelm I.** nennen durfte, wurde 1821 in der **Burgkapelle** beigesetzt.
Heute ist die Löwenburg ein **Museum**. Ihre Räume können im Rahmen von Führungen besichtigt werden. Besonders sehenswert ist die **Rüstkammer** mit **Waffen** und **Rüstungen** aus dem 16. und 17. Jahrhundert.

**Ludwig I., der Friedsame, Landgraf (->Herrscher in Kassel)**

**Ludwig II., der Freimütige, Landgraf (->Herrscher in Kassel)**

**Luftbad Waldwiese**
Im **->Habichtswald**, nicht weit entfernt vom **Blauen See** und der **->Nekropole** liegt das Luftbad Waldwiese. Der **Naturheilverein 1891** pachtete im Jahr 1928 von der Forstverwaltung ein Wiesengrundstück mitten im Wald, um hier wenigstens zeitweise ein einfaches und gesundes Leben in der Natur zu führen und den beengten Verhältnissen der **Altstadt** zu entfliehen. Zwischen 15 und 19 Hütten (die Angaben differieren hier), ein **Schwimmbad** wurden gebaut und Menschen aus allen Kreisen der Bevölkerung zogen in die Gebäude ein.
Die Anlage besteht bis heute. Sie ist einzigartig in Deutschland und soll als zeitgeschichtliches Dokument von kulturhistorischem Wert erhalten bleiben. Die Hüttenbewohner verbringen hier einen großen Teil ihrer Freizeit und manchmal auch ihrer Ferien – ohne Strom und mit Wasser aus der Quelle. Sie stören und belästigen niemanden und kümmern sich um ihr kleines Dorf.
Von Zeit zu Zeit allerdings war und ist diese Idylle gefährdet, droht der Abriss, weil die zuständigen Behörden Probleme mit einer solchen Anlage im **Naturpark Habichtswald** haben. Gegenwärtig ist Ruhe, man kann nur hoffen, dass das auf Dauer so bleibt.

**Lutherkirche**
Wie ein Mahnmal steht der **Turm der Lutherkirche** auf dem **ehemaligen Altstädter Friedhof**, der beeindruckende Rest eines Sakralbaus, der in großen Teilen den Bomben des Zweiten Weltkriegs zum Opfer fiel. 1894 wurde der Grundstein für dieses nach den Plänen von Professor Hugo Schneider errichtete Gotteshaus **der Kasseler Lutheraner** gelegt, drei Jahre später war es fertig.
Nach der Zerstörung der Kirche errichtete man um den erhalten gebliebenen Turm ein neues **Gemeindezentrum** mit einem einfachen Flachbau für die Gottesdienste. Seine Schmucklosigkeit steht in beeindruckendem Gegensatz zu dem immer noch prächtigen, wenn auch von Staub und Ruß geschwärzten Turm.



**Mahler, Gustav**
Kurz nur war die Zeit, die der österreichische Komponist und Dirigent Gustav Mahler (*07.07.1860, †18.05.1911) in Kassel verbrachte. Von 1883 bis 1885 war er hier als **Hofkapellmeister** engagiert und es hätte durchaus ein längerer Aufenthalt werden können, wenn nicht Auseinandersetzungen mit der Theaterintendanz seine Tätigkeit an der Fulda vorzeitig beendet hätten. So blieb Kassel eine Episode auf Gustav Mahlers Karriereweg, der ihn als Dirigent durch die großen europäischen Opernhäuser schließlich bis nach New York führte.
Trotz seines nur kurzen Aufenthaltes in Kassel; er hat hier seine Spuren hinterlassen.

**Marbachshöhe**
„Konversion" hieß das Stichwort, Umwandlung, als die Bundeswehr 1994 in attraktiver Lage das Areal von zwei großen Kasernen aufgab. Die **Wohnstadt GmbH** nahm sich der Aufgabe an, für die Stadt Kassel eine Masterplanung zu erstellen, wie das frei werdende Gebiet zukünftig genutzt werden könnte. Was dabei herauskam, war das zukunftsorientierte Modell eines Stückes gemischt genutzter Stadt.
Heute ist die Marbachshöhe **Wohnquartier** für 2000 Menschen und ein **Unternehmensstandort** mit rund 1000 Arbeitsplätzen. Konversion, wie sie sein sollte: die ehemalige **Mannschaftsunterkunft** wird zum **Technologiezentrum**, der **Schießstand** zur **Spiellandschaft**, das **Unteroffizierskasino** wird zum **Kinder- und Schulhaus** und in einer früheren **Wartungshalle** findet der **Kinderzirkus Rambazotti** ein Zuhause.
Es lohnt sich, sich die Marbachshöhe einmal selbst anzuschauen, denn es ist durchaus interessant zu sehen, was wie „konvertiert", neu gebaut und möglicherweise sogar weiter genutzt wird.

**Märchenfrau**
Wer in Kassel von der Märchenfrau spricht, meint **Dorothea Viehmann** (*08.11.1755, †17.11.1815), die als Tochter einer hugenottischen Familie in

einem Gasthaus nahe Kassel zu Welt kam. Sie war es, die (leider erst) in ihren späten Jahren die **->Brüder Grimm** traf und ihnen eine Vielzahl von Geschichten (man spricht von etwa 40) erzählte – Märchen, die sie gehört hatte und die die Grimms aufschrieben und mit anderen Geschichten als **„Kinder- und Hausmärchen“** 1815 veröffentlichten.
Das Gasthaus, in dem Dorothea Viehmann geboren wurde, gibt es als **Brauhaus „Knallhütte“** heute noch. Seine Eigentümer ehrten die Märchenfrau mit einer Skulptur im Biergarten. Im Hofgeismarer Stadtteil Schöneberg wurde ihr ein Denkmal errichtet, weil ihre französischstämmige Familie hier zunächst lebte und ihr Urgroßvater **Isaac Pierson** das Amt des Dorfvorstehers innehatte. Und im Kasseler **Stadtteil ->Niederzwehren**, wo sie lange Jahre zuhause war, hat man eine Schule und einen kleinen Park nach ihr benannt – Ehrungen, die sich Dorothea Viehmann unbedingt verdient hat.

**Marmorbad**

Es ist prachtvoll ausgestattet und – wie manche meinen – das Meisterwerk des französischen Bildhauers Pierre Etienne Monnot (*09.08.1657, †14.08.1733), das am Rande der **->Karlsaue** neben der **->Orangerie** gelegene Marmorbad. Das spätbarocke Bauwerk, dessen Architekt unbekannt ist, war nie ein Bad im herkömmlichen Sinne. Es hat weder Zu- noch Abfluss, auch eine Heizmöglichkeit sucht man vergeblich. Aber es bildet den fantastischen Rahmen für die **Skulpturen Monnots**, der 1722 mit dem Bau des Marmorbades begonnen und es 1728 bis auf einige Restarbeiten fertig gestellt hatte.
Um ein **achteckiges Badebecken** werden an den Wänden Szenen und Figuren aus der griechischen Mythologie, überwiegend aus einem der Hauptwerke des römischen Dichters Ovid, den „Verwandlungen“ („Metamorphosen“), dargestellt. Statuen und Reliefs aus weißem und farbigem carrarischem Marmor, korinthische Säulen und ein prächtiges Deckengemälde geben dem Raum seine besondere Ausstrahlung.
Es lohnt sich, einen, besser zwei Blicke in dieses ebenso „überflüssige“ wie prunkvolle Bauwerk zu werfen.

**Marstall**

Ursprünglich war auch der Kasseler Marstall, von **Landgraf ->Wilhelm IV.** (1568–1592) errichtet, ein ganz gewöhnlicher **Pferdestall** (ein Stall für die „Mähren“). Er ließ dafür ein an gleicher Stelle vorhandenes Gebäude zwischen 1591 und 1593 umbauen und erweitern. Im Untergeschoss befanden sich die Stallungen, im Obergeschoss eine **Kunst- und Raritätensammlung** des Landgrafen. Die Fertigstellung hat **Wilhelm IV.** nicht mehr erlebt. Im Laufe der Jahrhunderte wurde dieses so ansehnliche Bauwerk auf unterschiedlichste Weise genutzt: zum Beispiel als Buchdruckerei, als Requisitenkammer, sogar als Kaserne.
Nach seiner Zerstörung im Zweiten Weltkrieg baute man in den sechziger Jahren den Marstall wieder auf. Seitdem dient das äußerlich immer noch sehr attraktive Gebäude als **Markthalle**. In seinem Dachgeschoss ist das **->Stadtarchiv** untergebracht.

### Martinskirche

Weil Kassel wuchs, brauchte es eine weitere Kirche. Als **Landgraf ->Heinrich II.**, (1328–1376) der Eiserne, 1330 den Stadtteil **Freyheit** errichten ließ, wurde bald der Wunsch nach einer weiteren Kirche laut. Als die Finanzierung schließlich einigermaßen gesichert war, wurde wahrscheinlich um 1343 herum, möglicherweise aber auch erst einige Jahre später, mit dem Bau begonnen, 1367 wurde jedenfalls der bis dahin fertig gestellte Teil der Kirche geweiht.
Die eigentliche, „endgültige“ Weihe ist im Jahr 1462 erst beurkundet, fast 100 Jahre später.
Mit dem Übertritt **Landgraf ->Philipps I.**, des Großmütigen, (1518–1567) zum protestantischen Glauben wurde die Kirche 1524 evangelisch.
Zunächst hatte die Kirche nur einen Turm, erst zwischen 1889 und 1892 kam ein zweiter dazu. Im Oktober 1943 wurde der Bau durch Bomben stark beschädigt, Teile des Gebäudes und der Türme stürzten ein. Erst 1958 war die Kirche so weit rekonstruiert, dass sie wieder genutzt werden konnte. Die Türme, 66 m hoch, wurden 1961 fertig gestellt.
In der Martinskirche wurden zwischen 1535 und 1782 alle **Landgrafen** und ihre Angehörigen bestattet. Besonders eindrucksvoll ist das Epitaph Landgraf Philipps des Großmütigen.

### Mattenberg

Im Jahr 1074 wird in einer Urkunde erstmals von einem **Dorf Mattenberg** gesprochen, das am Rande des heutigen Kasseler **Stadtteils ->Oberzwehren** gelegen haben mag, von Bestand gewesen ist es jedenfalls nicht. Erst 1936 erlangte der Mattenberg, nunmehr zu **->Oberzwehren** gehörig, an Bedeutung. Denn dort wurde eine Wohnsiedlung für die **Arbeiter der Henschel Flugmotoren GmbH** errichtet, die im nahe gelegenen Altenbauna, ungefähr dort, wo heute das VW-Werk steht, ihre Produktionsstätten hatte.
Zwischen 1940 und 1945 entstand am Mattenberg Kassels zweitgrößtes Ausländerlager. 6 000 Menschen aus vielen Ländern (u. a. aus der Sowjetunion, aus Polen, Frankreich, Italien und der Tschechoslowakei), die als **Fremdarbeiter** im Flugmotorenwerk (man kann davon ausgehen, nicht unbedingt freiwillig) arbeiteten, waren dort unter schwierigsten Bedingungen untergebracht.
Nach dem Krieg zogen Obdachlose, Flüchtlinge und Vertriebene in die **Baracken** ein. Im oberen Teil des Mattenbergs ließen sich später Landfahrer in ihren Wagen nieder, „Zigeuner“, wie sie die Menschen damals nannten. Erst Ende der sechziger Jahre wurden die Baracken abgerissen, die Lager aufgelöst. Den Bewohnern wurden **Sozialwohnungen** angeboten.
Inzwischen ist aus einer ehemaligen Problemgegend ein modernes Wohngebiet geworden. Der Mattenberg ist auf dem Weg, eine Gartenstadt mit gehobener Nutzungsqualität zu werden.

### Menagerie

Einige der Landgrafen von Hessen-Kassel hatten ein ausgeprägtes Interesse an exotischen Tieren. Schon **Landgraf ->Wilhelm IV.**, der Weise (1568–1592), hielt in Schlossnähe **Löwen** und **Bären**, in der **Aue** unterhielt

er einen **Fasanen- und Tiergarten**, den seine Nachfolger ausbauen und erweitern ließen.
Auch **Landgraf ->Karl** (1677–1730) liebte wilde Tiere. Das Prachtstück seiner Sammlung war ein **Elefant**. Zu besonderer Blüte kam die landesherrliche Menagerie unter **Landgraf ->Friedrich II.** (1760–1785), Karls Enkel, der sie nicht nur gründlich instand setzte, sondern auch erheblich vergrößerte. Von ihm ist überliefert, dass er außer Papageien und Fasanen Löwen, Leoparden, Affen, Kamele, Seehunde und einen jungen Elefanten sein Eigen nannte. Letzterer wurde später als **->Goethe-Elefant** bekannt und ist heute noch im **->Naturkundemuseum** zu betrachten.

**Messinghof**
Im Jahr 1679 ließ **Landgraf ->Karl** (1677–1730) den Messinghof, ein Hammerwerk mit Gießerei, an der **->Losse** in der Nähe des damaligen Dorfes und heutigen Kasseler **Stadtteils ->Bettenhausen** erbauen. Mit Wasserkraft betriebene Hämmer stellten Metallprodukte her, deren Rohstoffe aus nordhessischen Bergwerken kamen.
Im Messinghof schuf der Augsburger Goldschmied **Johann Heinrich ->Antoni** von 1714 bis 1717 die Statue des **->Herkules**, indem er Kupferplatten auf ein stählernes Tragegerüst aufbrachte.
Nach seiner Privatisierung durch den preußischen Staat 1869 wurde der Messinghof von verschiedenen Firmen bis 1975 betrieben, dann war nach fast 300 Jahren endgültig Schluss mit der Metallverarbeitung an der **->Losse**.
Heute steht der Messinghof unter **Denkmalschutz**. Ein Kasseler Unternehmer ist zurzeit dabei, die Anlage zu restaurieren.

**Meysenbug, Malwida von**
Die Schriftstellerin Malwida von Meysenbug (*28.10.1816, †26.04.1903) wurde als Tochter eines kurfürstlichen Staatsministers in Kassel geboren. Trotz ihrer bürgerlich-reaktionären Herkunft und Erziehung sympathisierte sie mit den Idealen der **Revolution von 1848**. Sie trat für die Emanzipation der Frau ein und verkehrte in den Kreisen der Sozialisten, was ihrer Familie nicht unbedingt gefiel.
1852 musste Malwida von Meysenbug, um nicht verhaftet zu werden, nach London emigrieren. Hier traf sie viele bedeutende politische Persönlichkeiten, denen sie freundschaftlich verbunden blieb. Ihren Lebensunterhalt verdiente sie sich als Schriftstellerin, mit Übersetzungen und dadurch, dass sie „Stunden" gab. Sie wohnte im Haus des verwitweten russischen Philosophen, Schriftstellers und Publizisten Alexander Herzen, dessen beide Töchter sie erzog.
Später lebte sie in Paris, Bayreuth und Rom. 1869 erschien ihr schriftstellerisches Hauptwerk „**Memoiren einer Idealistin**" zunächst in Frankreich, erst sieben Jahre später gab es eine deutsche Auflage. Malwida von Meysenbugs Werk beeinflusste Generationen von Frauen bis in die Neuzeit, indem sie ihnen unter anderem klar machte, dass Voraussetzung für Emanzipation eine qualifizierte Ausbildung und ein eigener Beruf, also die wirtschaftliche Unabhängigkeit, sind.

**Mitte (->Stadtteile)**

**Möncheberg**
Der 218 m hohe Möncheberg, im Norden Kassels gelegen, ist heute so etwas wie der Hausberg der Einwohner des **Stadtteils ->Fasanenhof**.
Ursprünglich gehörte der Berg, so wird berichtet, den **Karmeliter-Mönchen**, die an der **->Fulda**, dort, wo heute noch die **->Alte Brüderkirche** steht, ein Kloster errichtet hatten.
Der Berg selbst hat eine bewegte Geschichte. Da war der **->Kohlebergbau**, der Abbau von Braunkohle, der ihn für Kassel und Umgebung so wichtig machte. Dann baute die **Firma Henschel** hier ein großes Werk, ebenfalls wichtig für die Stadt und die Menschen, die hier in Arbeit und Brot waren. Heute steht das **->Klinikum** auf dem Möncheberg, in mehrfacher Hinsicht ein Segen für die Stadt. Und an seinem Fuße, da, wo früher **Henschel-Lokomotiven** gebaut wurden, sind heute Lehre und Forschung zuhause, liegt die **->Universität**, aus der Stadt ebenfalls nicht mehr fortzudenken.
Zu den ganz dunklen Kapiteln seiner Geschichte gehört, dass sich zwischen 1942 und 1945 hier fünf große **Ausländerlager** befanden – für Menschen, die als Fremdarbeiter unfreiwillig bei Henschel arbeiteten und ein **Straflager** der Geheimen Staatspolizei (Gestapo), in dem Menschen ihrer politischen Überzeugung wegen gequält wurden – beides heute fast vergessen. Aber wenn man über den Möncheberg spricht, sollte man auch das aus Respekt vor denen, die hier leiden mussten, nicht unterschlagen.

**Mond, Ludwig**
Seine Kindheit verbrachte Ludwig Mond (*07.03.1839, †11.12.1909) in Kassel. Er war hier als Sohn eines Kaufmannes geboren und besuchte das **Polytechnikum**, eine Höhere Gewerbeschule. Nach einem Studium der Chemie in Marburg und Heidelberg ging Ludwig Mond 1862 nach England, wo er mit der Herstellung von Soda als Wissenschaftler und Industrieller zu Ansehen und Vermögen kam. Er war ein großer Kunstfreund, dessen Gemäldesammlung heute im British Museum in London zu bewundern ist.
Seine **Geburtsstadt Kassel** hat der erfolgreiche Chemiker nie vergessen. Schon zu seinen Lebzeiten stiftete er ihr nicht unerhebliche Beträge für soziale Zwecke, und er bedachte sie in seinem Testament.
Die Stadt ehrte sein Andenken, indem sie eine wichtige Straße nach ihm benannte.

**Moritz, der Gelehrte, Landgraf (->Herrscher in Kassel)**

**Mosenthal, Dr. Salomon Hermann**
Viele kennen Otto Nicolais komische Oper „**Die lustigen Weiber von Windsor**", aber kaum jemand weiß, dass ein Sohn der Stadt Kassel, Dr. Salomon Hermann Mosenthal (*14.01.1821, †17.02.1877), das Libretto dazu geschrieben hat.
Seit seiner Schulzeit in Kassel war er literarisch tätig. Salomon Hermann Mosenthal schrieb zunächst Gedichte, später auch mit Erfolg Novellen und

Balladen. In Marburg promovierte er und siedelte 1842 nach Wien über. Hier trat er in den Staatsdienst ein, war aber gleichzeitig weiter als Dichter und Dramatiker tätig. Er arbeitete mit vielen Komponisten seiner Zeit zusammen, denen er die zu ihrer Musik passenden Texte lieferte.
In Kassel gibt es nahe der **->Universität** eine kleine Straße, die den Namen Salomon Hermann Mosenthals trägt.

**Mulang**
Woher der Name eigentlich stammt, ist nicht unumstritten. Manche sagen, er sei aus der Verballhornung des französischen Wortes „moulin", auf Deutsch „Mühle", entstanden, andere meinen, er sei tatsächlich chinesischer Herkunft. Wie dem auch sei: zwischen 1781 und 1785 baute **Simon Louis ->du Ry** im Auftrag **Landgraf ->Friedrichs II.** unweit des **Schlosses Weißenstein** ein **chinesisches Dorf**. Dabei ging es nicht nur um die Errichtung entsprechender Gebäude. Auch die Umgebung sollte chinesisch-exotisch wirken, Bäume und Sträucher, Wasser und Gestein. Es war modern in Europa, ein Stück China zu kopieren – die ostasiatische Baukunst faszinierte die Landesherrn.
**Landgraf Friedrich II.** nutzte das Dorf zu seinen Vergnügungen. Er hatte drei schwarze Frauen angestellt, wahrscheinlich, um die Exotik des Dorfes zu unterstreichen. Die Frauen lebten und arbeiteten dort, hatten aber unter den klimatischen Bedingungen und unter ihrem Leben als „Ausstellungsstücke" sehr zu leiden. Denn das Dorf wurde nicht ausschließlich unter spielerisch-ästhetischen Aspekten betrachtet, sondern auch unter handfesten wirtschaftlichen. Im Dorf gab es einen landwirtschaftlichen Betrieb, der den landesherrlichen Hof mit Milch und Milchprodukten belieferte. Neben den drei schwarzen Frauen arbeiteten hier weitere landwirtschaftliche Hilfskräfte.
**Landgraf ->Wilhelm IX.** (der spätere Kurfürst Wilhelm I.), der Sohn Friedrichs II., veränderte einiges im Park. Er ließ das alte Schloss abreißen und von Simon Louis du Ry den ersten Flügel des heutigen **Schlosses Wilhelmshöhe** errichten. Er gestaltete den Park um, das chinesische Dorf aber blieb erhalten, wurde sogar ausgebaut. Es hatte zwar nicht mehr die frühere Bedeutung, wurde aber den Gästen des Hofes immer noch gern als exotische Sehenswürdigkeit vorgeführt.
Obwohl sich inzwischen viel im Dorf verändert hat, lohnt es sich, das, was erhalten blieb, zu betrachten.

**Müller, August (->Oberbürgermeister)**

**Müllverbrennungsanlage**
Schon um die Wende vom 18. zum 19. Jahrhundert trugen sich die Kasseler Stadtväter mit dem Gedanken, den **Abfall der Stadt** verbrennen zulassen. Wahrscheinlich waren es die hohen Kosten, die das Vorhaben scheitern ließen, oder die Angst vor schlechter Luft. Jedenfalls dauerte es mehr als sechs

Jahrzehnte, bis Kassel seine Müllverbrennungsanlage bekam. 1968 war es so weit: Da wo bis 1966 das **->Lossewerk**, ein Braunkohlekraftwerk, Strom lieferte, entstand eine moderne Müllverbrennungsanlage. Seit 1995 wird die Anlage zusammen mit dem **Heizkraftwerk Losse** als **Müllheizkraftwerk** betrieben, in dem ca. 150 000 Tonnen Abfall im Jahr verbrannt und verwertet werden. Die Anlage wurde über die Jahre stets kontinuierlich weiterentwickelt und verbessert. Sie ist heute aus der **Strom- und Fernwärmeversorgung** der Stadt nicht mehr wegzudenken.

**Munitionsdepot**
Allmählich wird das ehemalige Munitionsdepot am **Essigberg** im **->Habichtswald** unter Erdaushub und Bauschutt verschwinden – so ist es jedenfalls geplant.
Von 1975 bis 1993 nutzten die **belgischen Streitkräfte** das Gelände als Munitionslager, streng bewacht und für den „Normalbürger" unzugänglich. Dann übernahm die **Bundeswehr** das Areal, bis es nach der Beendigung der deutschen Teilung nicht länger benötigt wurde. Der Bund gab es an das Land Hessen zurück, die Bundeswehr riss Wachgebäude und andere Teile der Anlage 2003 ab. Die Munitionsbunker, 64 an der Zahl und oberirdisch errichtet, blieben erhalten. Sie werden nach und nach zugeschüttet, die Natur wird sie sich genauso wie die Straßen, Wege und Gebäudereste langsam, aber stetig zurückholen.

**Murhard, Dr. Friedrich Wilhelm August**
Er war zeitweise umstritten, dieser Dr. Friedrich Wilhelm August Murhard (*07.12.1778, †29.12.1853), der nach seiner Schulzeit am **Kasseler Lyceum Fridericianum**, dem heutigen **Friedrichsgymnasium**, ab 1775 in Göttingen Mathematik und Physik studierte und dort promovierte. Nach dem Studium war er an „seiner" Universität als Privatdozent tätig und bald als begeisterter Verfechter liberaler Ideen bekannt.
Im Herbst 1798 gab er seine Stelle auf und ging auf eine längere Reise, die ihn bis nach Konstantinopel geführt haben soll (belegt ist nur, dass er Wien und Bukarest besucht hat). Manche vermuten, Friedrich Murhard habe sich als publizierender Wissenschaftler für einige Zeit Plagiatsvorwürfen entziehen wollen.
Im Frühjahr 1801 kehrte er nach Deutschland zurück und schrieb über das, was er unterwegs (tatsächlich oder gut erfunden) erlebt hatte.
Nicht umstritten sind seine **liberalen Überzeugungen**, über die er ebenso schrieb wie über seine **Reiseerlebnisse**. Mehrfach brachten ihn seine Publikationen in Konflikt mit der kurhessischen Staatsgewalt. 1806 reiste er, von den Behörden argwöhnisch beobachtet, nach Frankreich. Von Napoleon und der Gründung des **Königreichs Westfalen** versprach er sich die Durchsetzung der liberalen Freiheitsrechte und ein Ende des Absolutismus. Er wurde Bibliothekar am Hofe **König ->Jérômes**.
Nach dem Ende der französischen Herrschaft in Kassel und der Rückkehr **Kurfürst ->Wilhelms I.** zu den alten Verhältnissen verlor er seine Arbeit, wurde aus dem Staatsdienst entlassen und durfte sich nicht mehr publizis-

tisch betätigen. Friedrich Murhard ging 1816 nach Frankfurt. Er schrieb wieder, wurde weiter verfolgt, 1824 verhaftet, für einige Monate ins **Gefängnis nach Kassel** überführt und wieder mit Schreibverbot belegt. Drei Jahre später freigesprochen, durfte er aber weiterhin nicht publizieren und bis 1830 die Stadt nicht verlassen.
Erst die Verfassung von 1831 erlaubte ihm, sich wieder öffentlich zu äußern. Gleichwohl wurde er immer wieder polizeilich vorgeladen und musste sich vor Gericht verantworten. Friedrich Murhard starb als gebrochener Mann.
Trotz der Schwierigkeiten, denen er in seiner Heimat ausgesetzt war, hinterließen sein Bruder und er der Stadt Kassel ihr gesamtes Vermögen zur Errichtung einer Bibliothek.

**Murhard, Dr. Johann Karl Adam**
Nach Beendigung seiner Schulzeit auf dem Lyceum Fridericianum, dem heutigen **Friedrichsgymnasium**, studierte Dr. Johann Karl Adam Murhard (*23.02.1781, †08.02.1863) mit 16 Jahren bereits Rechts- und Staatswissenschaften in Göttingen. Er setzte sich während seines Studiums schon mit wirtschaftswissenschaftlichen Fragen auseinander, die ihn später weiter beschäftigen und sein publizistisches Tun prägen sollten. Nach Examen und Promotion in Marburg trat er in den Staatsdienst ein und veröffentlichte mehrere kritische Artikel zu volkswirtschaftlichen Fragen.
Wie sein Bruder Friedrich stand Karl Murhard dem **napoleonischen Königreich Westfalen** sehr positiv gegenüber, schienen sich doch hier ihre liberalen Grundüberzeugungen umsetzen zu lassen. Karl Murhard wurde Beamter im Finanzministerium, ab 1810 leitete er die Abteilung für das Münz- und Bankwesen.
Nach Rückkehr **Kurfürst Wilhelms I.** und der damit verbundenen Restauration verließ Karl Murhard den Staatsdienst und folgte seinem Bruder, der nach Frankfurt gegangen war. In dieser Zeit arbeitete er als Privatgelehrter. 1824 kehrte er nach Kassel zurück und lebte, weiterhin über Nationalökonomie publizierend, eher zurückgezogen zusammen mit seinem Bruder in ihrem gemeinsamen Haus in der **->Wilhelmshöher Allee**.
Sein Bruder und er hinterließen ihrer **Heimatstadt Kassel** ihr gesamtes Vermögen mit der Auflage, eine Bibliothek zu errichten.

**Murhard'sche Bibliothek**
Die Brüder **Dr. Friedrich Wilhelm August** und **Dr. Johann Karl Adam ->Murhard**, beide unverheiratet und ohne Nachkommen, hinterließen in einem gemeinsamen Testament ihr gesamtes Vermögen ihrer **Vater- und Geburtsstadt Kassel** mit der Maßgabe, eine öffentliche wissenschaftliche Bibliothek zu eröffnen.
Nach dem Tode **Karl Murhards** 1863 (sein Bruder war bereits zehn Jahre früher verstorben) dauerte es immerhin zwölf Jahre, bis die Bibliothek – zunächst provisorisch – für das Publikum zur Verfügung stand. Dieses Provisorium hatte bis 1905 Bestand. Dann endlich konnte der im Jahr 1901 nach den Plänen des Architekten Emil Hagberg begonnene Bibliothek-Neubau bezogen werden.
Nach dem Zweiten Weltkrieg wurden die **Hessische Landesbibliothek** und

die Murhard'sche Bibliothek zusammengeführt. Beide wurden 1976 der **Bibliothek der ->Universität Kassel** angegliedert.
Heute lagern in der Murhard'schen Bibliothek rund 450 000 Bücher. Sie verfügt darüber hinaus über eine hervorragende **Handschriftensammlung**, deren wertvollste Stücke das **->Hildebrandlied** und der **->Willehalm-Codex** sind.

**Murnau, Friedrich Wilhelm**
Als Friedrich Wilhelm Plumpe wuchs der **Stummfilmregisseur** Friedrich Wilhelm Murnau (*28.12.1888, †11.03.1931) in einer gutbürgerlichen Familie auf. Von 1898 bis 1902 lebte er mit seiner Familie in Kassel und besuchte die Oberrealschule, die heutige **Albert-Schweitzer-Schule**.
Während seines Studiums der Philologie und Kunstgeschichte begegnete er dem berühmten Regisseur Max Reinhardt – ein Zusammentreffen, das sein Leben völlig veränderte. Er arbeitete bald als Schauspieler sowie Regieassistent, und änderte seinen Namen.
Der Erste Weltkrieg unterbrach seine künstlerische Tätigkeit. Erst 1919 kehrte er nach Berlin zurück und arbeitete nun als Filmregisseur.
Seine Stummfilme wurden große Erfolge. 1926 ging Murnau nach Amerika, gewann bei der allerersten **Oscar-Verleihung** gleich drei der begehrten Statuetten. Als er bald danach Probleme mit seiner Filmfirma bekam, kehrte er 1929 nach Berlin zurück.
Weil er keinen Geldgeber fand, verschuldete er sich hoch und drehte auf Tahiti und Bora Bora einen Film, der so gut wurde, dass ihn eine amerikanische Firma übernahm und vertrieb. Murnau bot sie einen langfristigen Vertrag als Regisseur an.
Noch vor der Uraufführung seines Films im August 1931 verunglückte Friedrich Wilhelm Murnau tödlich mit dem Auto.
An dem Haus in der **Elfbuchenstraße** im **Kasseler ->Westen**, in dem der Regisseur als Junge lebte, erinnert eine Gedenktafel an den großen Künstler.

**Museum für Astronomie und Technikgeschichte**
Es ist ein „Eldorado" für mathematisch-naturwissenschaftlich und technisch Interessierte, dieses im Jahr 1992 in der **->Orangerie** eröffnete Museum. Demonstrationsmodelle und Vorführungen machen Naturwissenschaften und Technik erlebbar, holen Physik und Mathematik aus ihrem Nebel von Formeln und Gleichungen.
Raum und Zeit, Materie und Energie werden dem Besucher (und natürlich auch der Besucherin) auf anschauliche Weise näher gebracht, Exponate von der Antike bis in die Neuzeit faszinieren Erwachsene und ältere Kinder gleichermaßen. Fernrohre und Uhren aus mehreren Jahrhunderten geben Auskunft über frühe Möglichkeiten der Messung von Raum und Zeit.
Seine Entstehung verdankt das Museum dem **Landgrafen ->Wilhelm IV.** (1568– 1592), dem Weisen, der 1560, als Kronprinz bereits leidenschaftlicher Astronom, die **erste fest eingerichtete Sternwarte Europas** im landgräflichen Schloss errichtete. Die „späteren" **Landgrafen ->Moritz** der Gelehrte (1592–1627), **->Karl** (1677–1730) und **->Friedrich II.** (1760–1785)

setzten sein naturwissenschaftliches Werk fort. Weitere Schwerpunkte des heutigen Museums sind die Entwicklung der **Energietechnik** und der **Datenverarbeitung**. Regelmäßige höchst interessante Vorführungen im **Planetarium** runden das Bild ab.

**Museum für Sepulkralkultur**
Ein Museum der etwas anderen Art ist das Museum für Sepulkralkultur, weil es sich mit dem Teil des Menschseins befasst, den die meisten gern verdrängen. „Sepulcrum" ist lateinisch und bedeutet „Grab" – hier wird also vieles von dem aufgegriffen, was mit der Totenbestattung und **dem Verhältnis der Lebenden zu den Toten** zu tun hat. Eine Dauerausstellung von kulturellen Zeugnissen aus den deutschsprachigen Ländern zu diesem Thema bildet den zentralen Punkt des musealen Wirkens. Es werden Leichenwagen und Särge, Toten- und Trauerkleidung, Schmuck, Grabsteine und andere Exponate gezeigt.
Ergänzende Veranstaltungen (Konzerte, Vorträge und Lesungen) vertiefen die Inhalte. Das Museum verfügt über eine exzellente Sammlung von 16 500 Grafiken aus über fünf Jahrhunderten. Außerdem stehen den Besucherinnen und Besuchern zahlreiche Bücher und sonstige Schriftstücke zur Ansicht zur Verfügung.
Das Museum wurde 1992 eröffnet. Träger ist die **Arbeitsgemeinschaft Friedhof und Denkmal e.V.**

**Museumspark**
Wer weiß eigentlich, dass Kassel der **drittgrößte Museumsstandort in Deutschland** ist? Die Stadt verfügt über zwei kulturelle Schwerpunkte: die **Parks** und **Museen** in der Innenstadt und das **->Schloss** und den **->Bergpark Wilhelmshöhe**. Das deutlicher als bisher herauszustellen und Zusammenhänge aufzuzeigen, ist die Vorstellung der Museumspark-Planer.
Der Museumspark ist (noch) eine Vision, mit deren Realisierung aber bereits begonnen wurde. Man rechnet mit Kosten von etwa 200 Millionen Euro, wenn alle Pläne realisiert, alle Sanierungsmaßnahmen durchgeführt, alle Um-, Aus- und Neubauten abgeschlossen wurden – ein stolzer Betrag, aber sinnvoll investiertes Geld in eine Stadt, die sich in der Vergangenheit zu oft „unter Wert" verkauft sah.

**Muusdenwegge (->Gehacktesbrötchen)**

**Nahl, Johann August**

Johann August Nahl, der Ältere (*22.08.1710, †22.10.1781), kam 1755 auf Wunsch von **Landgraf ->Wilhelm VIII.** (1751–1760) nach Kassel, wo er eine Stelle als Professor am **->Collegium Carolinum** antrat. Er war ein weit gereister und erfahrener **Bildhauer**, hatte sich aber auch als Innenarchitekt und Stukkateur einen Namen gemacht.
Nahl war maßgeblich am Innenausbau des **Schlosses Wilhelmsthal** beteiligt und schuf das noch heute auf dem **->Friedrichsplatz** zu bewundernde Standbild Landgraf **->Friedrichs II.** Es war ihm allerdings nicht vergönnt, sein Werk selbst fertig zu stellen, da er vor Beendigung der Arbeiten starb. Sein Sohn Johann Samuel vollendete das Denkmal zwei Jahre nach seinem Tod.

**Name der Stadt**

Wo kommt der Name „**Kassel**" eigentlich her? Eine einfache Frage, oder? Als „**Chassella**" oder „**Chassalla**" taucht der Ort 913, urkundlich **durch König Konrad I.** belegt, aus dem Dunkel der Geschichte auf. Später schrieb man von „**Cassala**" oder „**Cassela**" – Aufschluss über die Herkunft des Namens gibt das aber nicht.
Manche Fachleute neigten dazu, den Ortsnamen vom lateinischen Begriff für eine Burg oder Befestigung „**castellum**" abzuleiten, eine Theorie, der andere nachdrücklich widersprachen. Wo immer der Name auch herkam: irgendwann, wahrscheinlich im 13. Jahrhundert, wurde **Cassela zu Kassela**, möglicherweise auch schon zu Kassel. Das blieb aber nicht so, denn irgendwann begann man, über die richtige Schreibweise nachzudenken. Zweihundert Jahre später war es dann so weit: man machte aus Kassel Cassel; man latinisierte den Namen.
Wenn es denn damit mal sein Bewenden gehabt hätte! 1873 wird behördlich angeordnet, den Namen der Stadt nicht länger mit **C**, sondern mit **K** zu schreiben. Das gefiel einigen, aber nicht allen, und so bestanden beide Schreibweisen fort, Anordnung hin oder her. Selbst die Feststellung des preußischen Innenministeriums, das C sei richtig, trug nicht zur Befriedung der widerstreitenden Parteien bei.
Erst 1926 hatte die Diskussion ein Ende. Das Stadtparlament wandte sich an das Staatsministerium in Berlin mit der Bitte, den Stadtnamen zukünftig mit K zu schreiben. Das Ministerium ordnete an, so zu verfahren. **Cassel** wurde zu **Kassel**, die Kasseler gaben Ruhe, und dabei blieb es erfreulicherweise bis heute.

**Naturkundemuseum**

**Landgraf ->Moritz** der Gelehrte (1592–1627) ließ zwischen 1604 und 1606 durch den Baumeister Wilhelm Verlukken das Gebäude errichten, in dem heute das Naturkundemuseum untergebracht ist. Es war als **Schauspielhaus** gebaut worden, der **erste feste Theaterbau Europas** und wurde nach dem Lieblingssohn des Landgrafen „**Ottoneum**" genannt.
Als der Dreißigjährige Krieg begann (1618), hatte es mit der Theaterspiele-

rei ein Ende. Das Gebäude wurde als Kunstsammlung, Lehranstalt, **Militärkirche** und sogar als **Kanonengießerei** genutzt.
In den folgenden Jahrhunderten wechselte der Nutzungszweck dann häufiger, bis 1888 dann aus dem ehemaligen Theater das „**Preußische Naturalienmuseum**" wurde. 1929 übernahm es die Stadt Kassel und nannte es „Naturkundemuseum".
Im Zweiten Weltkrieg fiel das historische Gebäude den Bomben zum Opfer und verlor einen großen Teil seiner Sammlungsstücke. Es wurde 1949 wieder aufgebaut, Mitte der neunziger Jahre grundsaniert und funktional umgestaltet.
Heute ist das Museum ein attraktiver Ort für Groß und Klein. Seine Dauerausstellungen informieren über die nordhessische Erdgeschichte, die Landschaft, Tier– und Pflanzenwelt und das Naturland rund um Kassel; das alles spannend und (auch für Kinder) einfach gut gemacht. Wechselnde Ausstellungen zu interessanten naturwissenschaftlichen Themen ergänzen das Programm.
Also: das Naturkundemuseum sollte man auf jeden Fall einmal besuchen, es lohnt sich.

**Nebelthau, Friedrich August Wilhelm (->Oberbürgermeister)**

**Nekropole**
Nach einer Idee des deutschen documenta-Künstlers und Kasseler Hochschullehrers **Harry Kramer** entstand seit 1992 im **->Habichtswald** nahe dem **Stadtteil ->Harleshausen** am Blauen See eine Nekropole (griechisch Nekropolis, „Totenstadt") für documenta-Teilnehmer, nicht als Friedhof, sondern als ein Projekt von Kunst im öffentlichen Raum.
Bisher haben sieben Künstler ihre Grabmonumente aufgestellt:
- Rune Mields „La vita corre como rivo fluente", 1992
- Timm Ulrichs „Auf der Unterseite der Erdoberfläche", 1992
- Werner Ruhnau „Spielraum", 1995
- Heinrich Brummack „Vogeltränke", 1997
- Fritz Schwegler „EN 6355", 1993
- Karl Oskar Blase „momentum", 2001 und
- Ugo Dossi „Denkort", 2003.

Von Balla W. Hartmann wurde das Gemälde „Abendtreffen an der Lichtung" auf dem Gelände der Nekropole aufgehängt, da er vor Fertigstellung seines Monuments 1997 verstarb. Nur ein Künstler ist gegenwärtig am **Blauen See** bestattet: **Harry Kramer**, der „Erfinder" der **Künstler-Totenstadt**. Seine Urne wurde 1997 auf eigenen Wunsch anonym beigesetzt. Geplant sind 40 Grabmale. Finanziert wird das Projekt durch eine Stiftung aus dem Privatvermögen Harry Kramers.
Die Nekropole ist auf einem schönen 1,5 km langen Wanderweg zum Blauen See gut zu erreichen.

**Neue Galerie**
Die **Malerei** und **Plastik** ab 1750 bis in die Gegenwart bilden den Schwerpunkt der Kunstsammlung in der Neuen Galerie. Es sind Werke von Künstlern aus Deutschland, Europa, den USA und Südamerika zu sehen. Seit 1955,

dem Jahr der ersten **documenta**, wird der Moderne ein breiterer Raum gegeben. Neben Richter, Polke, Merz und Lüpertz stellt hier **Joseph -> Beuys** aus.
Das Museumsgebäude an der **Schönen Aussicht** am Rande der **->Karlsaue** wurde von 1871 bis 1879 durch den Baumeister Heinrich von Dehn-Rotfels errichtet. Vorbild war die Alte Pinakothek in München.

**Neue Mühle**
Erstmals urkundlich erwähnt wurde die Neue Mühle am linken **Fuldaufer** 1443. Nach einer an Pächtern reichen und wechselvollen Geschichte brannte das Gebäude 1877 völlig aus und wurde wieder aufgebaut. 1890 erwarb die Stadt Kassel die Neue Mühle und schuf damit die Voraussetzungen für eine zeitgemäße **Strom- und Wasserversorgung** der Bevölkerung. Das erste Kasseler Elektrizitäts- und Wasserwerk wurde 1891 fertig gestellt. Es ist heute eines der ältesten Wasserkraftwerke Deutschlands. Betreiber ist die **Städtische Werke Kassel AG**. Das Werk liefert gegenwärtig Strom für rund 1 000 Haushalte der Fuldastadt.
Genauso wichtig wie das **Laufwasserkraftwerk** ist das **Wasserwerk**, das ungefähr ein Fünftel des Trinkwasserbedarfs der Einwohner Kassels deckt. Die über hundertjährige Geschichte des Industriedenkmals wird in einem in der Neuen Mühle eingerichteten **Technikmuseum** dokumentiert. Das Museum ist insofern außergewöhnlich, weil es eine ansonsten verborgene Welt sichtbar macht und spannend erklärt.

**Niederzwehren (->Stadtteile)**

**Nordholland (->Stadtteile)**

**Nordshausen (->Stadtteile)**

**Nussbaum, Sara**
Die aus der jüdischen Kasseler **Familie Rothschild** stammende Sara Nussbaum (*29.11.1868, †13.12.1956) war schon lange Jahre in der Jüdischen Gemeinde ihrer Heimatstadt tätig, als die Nationalsozialisten an die Macht kamen. Sie musste erleben, wie ihr Mann bei dem Versuch, sie zu schützen, von SA-Schergen schwer misshandelt wurde; er starb an seinen Verletzungen. Sara Nussbaum selbst deportierten die Nazis im Alter von 74 Jahren in das KZ Theresienstadt, wo sie unter unmenschlichen Bedingungen im Krankenrevier an Typhus erkrankte Mithäftlinge betreute. Es gelang ihr, zahlreiche Gefangene vor dem Transport nach Auschwitz zu bewahren, indem sie sie für typhuskrank erklärte.
Sie überlebte das Lager und kam auf eine an ein Wunder grenzende Weise im Frühjahr 1945 in die Schweiz. Hier blieb sie aber nicht, obwohl es möglich gewesen wäre. Sie wollte zurück zu ihrer **Familie in Kassel**, die sie ebenfalls, soweit sie es konnte, zu schützen versucht hatte. Nicht verhindern konnte sie den Tod ihres Schwiegersohns, der in Treblinka ermordet wurde.
Sara Nussbaum erhielt, solange sie lebte, keinerlei finanzielle „Wiedergut-

machung". Ihre Heimatstadt ernannte sie am 19.06.1956 zur ersten **Ehrenbürgerin**, ein halbes Jahr vor ihrem Tod. Am **Holländischen Platz** trägt eine der größten Kasseler Kindertagesstätten ihren Namen: das **Sara-Nussbaum-Haus**.



**Oberbürgermeister (chronologisch):**

**Carl Schomburg (1822 –1841)**
Carl Schomburg (*11.10.1791, †04.07.1841) wurde mit knapp dreißig Jahren zum **Bürgermeister** gewählt. Zum ersten Oberbürgermeister wurde er 1834 aufgrund einer entsprechenden Regelung der damals neuen **Kurhessischen Gemeindeordnung**.
Schomburg wirkte in einer Zeit, in der sich das Bürgertum politisch von seinem immer noch absolutistisch denkenden Landesherrn abwandte und zu emanzipieren versuchte.
Die Menschen forderten **„Grundrechte"** ein, die ihnen der Staat immer noch vorenthielt. Sie kämpften für eine **liberale Verfassung** und kommunale Selbstverwaltung. Carl Schomburg hat hier als **liberaler Politiker** auch über die Stadtgrenzen hinaus Vorbildliches geleistet.
Aber auch die Stadt Kassel verdankte ihm viel. Er ordnete das städtische Finanzwesen neu, verbesserte die Infrastruktur seiner Stadt, kümmerte sich um das Schulwesen und begründete das kommunale Sparkassenwesen.
Carl Schomburg starb mit noch nicht einmal fünfzig Jahren. Es gab nicht wenige, die damals sagten, er habe seine Gesundheit dem Einsatz für die Residenzstadt Kassel und seine kurhessische Heimat geopfert.

**Nicolaus Ludwig Arnold (1842–1848)**
Der Nachfolger Carl Schomburgs, Ludwig Arnold (†04.12.1886), war **ein Stadtoberhaupt auf Abruf**. Der Kurfürst, der dem geltenden Recht entsprechend seiner Wahl zum Oberbürgermeister zustimmen musste, hatte dies nur mit der Maßgabe getan, Arnold – wenn es der Landesherr für richtig hielt – wieder in den Staatsdienst (aus dem Arnold kam) zurückberufen zu können. Von dieser Möglichkeit machte er 1848 Gebrauch und versetzte Arnold gegen seinen Willen in die Eisenbahnverwaltung. Drei Jahre später wechselte er ins Direktorium der Landeskreditkasse, dem er dann mehr als zweieinhalb Jahrzehnte angehörte.
Warum Ludwig Arnold den Stuhl des Oberbürgermeisters verlassen musste, ist nicht überliefert. Die Vermutung liegt jedoch nahe, dass es politische Gründe waren, die zu seiner Ablösung führten.

**Heinrich Wilhelm Hartwig (1848–1863)**
In politisch schwierigen Zeiten der Auseinandersetzung mit dem Kurfürsten übernahm Heinrich Hartung (*24.12.1792, †05.03.1863) das Amt des Oberbürgermeisters. Seine Haltung der reaktionären Politik des Landesherrn und

seiner Regierung gegenüber brachte ihm sogar drei Monate **Haft in der Festung Spangenberg** ein, die er bis zum letzten Tag verbüßte. Die Gnade des Kurfürsten zu erbitten, kam für ihn nicht infrage.
Oberbürgermeister Hartwig versah sein Amt dann bis zu seinem Tod. In dieser Zeit kämpfte er unerschrocken für seine freiheitlichen Überzeugungen und **demokratischen Ideale**.

**Friedrich August Wilhelm Nebelthau (1864–1875)**
Ohne die nach der Gemeindeordnung vorgeschriebene Zustimmung des Kurfürsten Friedrich Wilhelm übernahm Friedrich Nebelthau (*22.01.1806, †31.07.1875) sein Amt als Stadtoberhaupt. Er hatte schon ausgeprägte kommunalpolitische Erfahrungen gesammelt, bevor er Oberbürgermeister wurde und er kämpfte einen ausdauernden Kampf um die Durchsetzung der **Verfassung von 1831**.
Nebelthau war Abgeordneter und Präsident der Ständeversammlung gewesen, er war ein Mann mit erheblichem politischem Einfluss. Er trat schon früh für einen Anschluss Kurhessens an Preußen ein – verständlich, dass er dem Kurfürsten ein Dorn im Auge war.
Noch bevor Kurhessen offiziell in das preußische Staatswesen eintrat, reiste Nebelthau nach Berlin, um den preußischen König aufzusuchen und für die ehemalige Residenzstadt Kassel um eine angemessene Stellung und Gewichtung im preußischen Staatswesen zu erbitten. Es ist sicher nicht zuletzt seiner Initiative zuzuschreiben, dass Kassel 1867 Sitz des preußischen Regierungspräsidenten, des Oberpräsidenten der Provinz Hessen–Nassau und einer Reihe anderer Landesbehörden wurde.
Kassel entwickelte sich nun verstärkt hin zu einer **Beamtenstadt**. Damit hatte es für Friedrich Nebelthau aber nicht sein Bewenden. Er förderte die wirtschaftliche Entwicklung der Stadt und bereitete sie auf die **Industrialisierung** vor.

**Julius Emil Weise (1875–1892)**
Als Emil Weise (*13.03.1832, †13.04.1899) zum Oberbürgermeister gewählt wurde, hatte der erfahrene Verwaltungsmann seine Qualifikation bereits zwei Jahre als Stellvertreter von Oberbürgermeister Nebelthau unter Beweis stellen können. Jetzt war es an ihm, an der Spitze der Verwaltung insbesondere die Wirtschaftspolitik seines Vorgängers fortzusetzen: Die Konjunktur boomte, Kassel wurde, mit der Lokomotivenfabrik Henschel an der Spitze, zum **Industriestandort**.
Die Bevölkerung wuchs, weil die Nachfrage nach Arbeitskräften stieg. Wohnraum musste geschaffen werden. Es war die Zeit, in der Geschäftsleute wie **Sigmund ->Aschrott** mit Grundstücksspekulationen viel Geld verdienten, welches sie zum Teil dann in Neubauten und neue Straßen investierten. Behördliche Prachtbauten schossen empor, die **Provinzhauptstadt Kassel** wurde auch insoweit ihrem Ruf als Beamtenstadt gerecht.
Oberbürgermeister Weise musste 1892 wegen seiner angegriffenen Gesundheit vorzeitig aus dem Amt ausscheiden.

**Albert Westerburg (1893–1899)**
Bevor Albert Westerburg (*27.03.1846, †04.07.1903) nach Kassel kam, um Oberbürgermeister zu werden, hatte er kommunalpolitische Erfahrung als Stadtrat in Frankfurt/Main und als Oberbürgermeister der Stadt Hanau gesammelt. Westerburg war also ein erfahrener Kommunalbeamter.
In seiner Amtszeit wuchs Kassel wirtschaftlich weiter. Weitere Industrieunternehmen siedelten sich an, die bauliche Expansion setzte sich fort. Oberbürgermeister Westerburg unterstützte diese Entwicklung, brachte sie doch Geld in die städtischen Kassen, das zur Modernisierung Kassels und zur Verbesserung der Lebensverhältnisse seiner Menschen benötigt wurde. In der Amtszeit Westerburgs wurde die Stadt beispielsweise „elektrifiziert", erhielt mit Strom betriebene **Straßenlaternen** und erstmals **elektrische Straßenbahnen**.
Wie sein Vorgänger schied Albert Westerburg vor Ablauf der Amtszeit aus dem Dienst aus.

**August Müller (1900–1912)**
August Müller (*12.02.1856, †10.04.1926) war Stadtoberhaupt in Eisenach gewesen, bevor er Oberbürgermeister der Stadt Kassel wurde. Der neue Verwaltungschef trat sein Amt in einer Zeit an, in der die Stadtentwicklung im Vordergrund des politischen Handelns stand. Müller war als geschickter Verhandlungsführer der richtige Mann, die Vertragsgespräche über die **Eingemeindung** von sechs Dörfern, die inzwischen zu Kasseler Vororten geworden waren, erfolgreich zum Abschluss zu bringen.
Kassel wuchs also weiter – auch, was die Bautätigkeit betraf. In der Amtszeit von August Müller erhielten die **Landesversicherungsanstalt** (1904), die **Postverwaltung** (1907) und die **Polizei** (1907) repräsentative **Verwaltungsgebäude**, die Stadt bekam ein neues **Theater** (1909) und die Stadtverwaltung ein prachtvolles **Rathaus** (1909).
Auch Oberbürgermeister Müller war gesundheitlich angeschlagen. Er verzichtete 1912 auf seine Wiederwahl.

**Dr. Ernst Scholz (1912–1913)**
Kurz nur war die Amtszeit von Dr. Ernst Scholz (*03.05.1874, †26.06.1932). Er war gerade mal ein knappes Jahr im Amt, als er Kassel in Richtung der damals noch selbstständigen Stadt Charlottenburg (bei Berlin) verließ, um dort Oberbürgermeister mit einer besseren Besoldung als in Kassel zu werden.
In der Kürze der Zeit, die er in Kassel an verantwortlicher Stelle verbrachte, war es ihm kaum möglich, politische Meriten zu erwerben. Allerdings: Dr. Scholz war der Oberbürgermeister, in dessen Amtszeit die **Tausendjahrfeier** der Stadt an der Fulda im Jahr 1913 fiel.

**Erich Friedrich Ludwig Koch-Weser (1913–1919)**
Erich Koch (den auf seine regionale Herkunft hinweisenden Namensteil „Weser" legte er sich erst 1927 zu, als er im Reichstag auf einen Abgeordneten gleichen Namens traf) war, ehe er nach Kassel kam, Stadtdirektor in Bremerhaven und galt als ein hervorragender Kenner der Kommunalverwal-

tung. Seine Amtszeit war naturgemäß geprägt von den Ereignissen des Ersten Weltkriegs. Schwerpunkt seiner Aufgaben war, das Überleben der Bevölkerung zu sichern. Koch musste die kriegsbedingten alltäglichen **Versorgungsprobleme** lösen - und das tat er auf eine Art und Weise, die ihm große Anerkennung einbrachte.
Zu Beginn seiner Amtszeit konnte er sich noch mit kommunalen Fragen auseinandersetzen. Er verbesserte die städtische **Elektrizitätsversorgung** und 1914 konnte er noch die neue **->Stadthalle** einweihen. Mit Kriegsbeginn verlagerten sich dann bald die Probleme. Er wurde auf eine Weise gefordert, wie er es sich vor Amtsantritt sicher nicht hatte vorstellen können.
Kochs Weg führte ab 1919 in die Reichspolitik; er gab sein Amt in Kassel noch vor Ablauf der Wahlperiode auf.

**Philipp Scheidemann (1920–1925)**
Als Philipp Scheidemann (*26.07.1865, †29.11.1939) Oberbürgermeister seiner Heimatstadt wurde, hatte er sich als **sozialdemokratischer Reichstagsabgeordneter** über Kassel hinaus bereits einen Namen gemacht. Allerdings war ihm in den unruhigen Zeiten nach dem Ersten Weltkrieg nicht immer nur Zustimmung zuteil geworden. Politische Auseinandersetzungen musste er mehr als genug führen, nicht zuletzt auch mit seinen Parteifreunden. Deshalb vermuteten manche, er sei des Kämpfens in Berlin überdrüssig und folge gern dem Ruf auf den Stuhl des Kasseler Stadtoberhaupts.
In Kassel war Philipp Scheidemann vor seinem Eintritt in die „große" Politik Journalist und Chefredakteur des sozialdemokratischen „**Volksblatts**" gewesen. Nebenbei schrieb er unter dem Pseudonym „**Henner ->Piffendeckel**" Mundartgeschichten, die gern gelesen wurden.
Als er dann schließlich zum Oberbürgermeister gewählt worden war, blies ihm der Wind gleich wieder heftig ins Gesicht. Seine politischen Gegner wurden nicht müde, ihm die Kompetenz für eine so schwierige Aufgabe wie die des Kasseler Oberbürgermeisters abzusprechen.
Tatsächlich war Scheidemann, der immer noch sein Reichstagsmandat ausübte, häufig von Kassel abwesend. Ein hohes Maß an Verantwortung für die Belange der Stadt trug sein Stellvertreter, **Bürgermeister Karl Brunner**. Ohne dessen hohe Qualifikation als Verwaltungsfachmann hätte es um die kommunalen Angelegenheiten in Kassel nicht immer so gut ausgesehen.
Nach wiederholten Bemühungen gelang es den burgerlichen Parteien schließlich, Scheidemann zur Aufgabe seines Amtes zu veranlassen.
Philipp Scheidemann starb 1939 als Emigrant in Kopenhagen.

**Dr. Hans Herbert Stadler (1925–1933)**
Die **bürgerlichen Parteien** waren es, die Dr. Herbert Stadler (*30.04.1880, †17.02.1943) zum Oberbürgermeister wählten. Bald schon stellte sich heraus, dass Dr. Stadler ein Glücksfall für die Stadt war. Er hatte kommunalpolitische Erfahrungen in verschiedenen Ämtern sammeln können und seine hohe Kompetenz, verbunden mit der ausgleichenden Art, mit der er sein Amt führte, ermöglichte es ihm, trotz heftiger parteipolitischer Auseinandersetzungen innerhalb und außerhalb des Parlaments die Weiterentwicklung

der Stadt zu forcieren. So wurden z.B. in seiner Amtszeit die **Jugendherberge** am **->Tannenwäldchen** (1928), das **Hallenbad** in Bettenhausen (1929), die **Siedlung am Rothenberg** (1929–1931) und die **Heinrich-Schütz-Schule** (1930) gebaut.
Natürlich gab es nach dem Zusammenbruch der Weltwirtschaft kaum mehr Erfolge zu vermelden. Steigende Arbeitslosenzahlen nach Firmenschließungen, Not und Armut unter der Bevölkerung prägten das Bild.
Die **Machtübernahme der Nationalsozialisten** bedeutete für Dr. Stadler das Ende seiner Tätigkeit. Vier Jahre vor Ablauf seiner Amtszeit wurde er zum Rücktritt gezwungen.

**Dr. Gustav Lahmeyer (1933–1945)**
Seit 1926 gehörte Gustav Lahmeyer (*07.07.1889, †20.04.1968) dem Kasseler Magistrat zunächst als Stadtrat, später dann als Bürgermeister bereits an, als ihn die **Nationalsozialisten** zum Oberbürgermeister machten. Während Dr. Stadler aus dem Amt gejagt wurde, beförderte man seinen Vertreter zum Stadtoberhaupt. Manche sagen, er habe erhebliche Probleme mit dem NS-Gauleiter gehabt. Deshalb habe Lahmeyer sich schließlich 1939 **freiwillig zum Kriegsdienst** gemeldet. Nach drei Jahren und der Teilnahme an verschiedenen Feldzügen sei er krank nach Kassel zurückgekehrt und habe nach seiner Gesundung die Amtsgeschäfte des Oberbürgermeisters wieder übernommen. Das fiel ihm umso leichter, da sein Kontrahent inzwischen abgelöst worden war.
Nach dem **Einmarsch der Amerikaner** 1945 wurde Lahmeyer verhaftet. Seine Amtszeit war damit zu Ende.

**Willi Seidel (1945–1954)**
Als 1903 der Beamtenanwärter Willi Seidel in den Dienst der Stadt Kassel eintrat, ahnte er wohl kaum, dass er eines Tages einmal Oberbürgermeister seiner Heimatstadt sein würde.
Seidel hatte eine glänzende Karriere in der Stadtverwaltung schon vor der Machtübernahme durch die Nationalsozialisten gemacht. Er verstand es, die Nazi-Zeit zu überstehen, ohne Parteimitglied zu werden und sich mit den Machthabern gemein zu machen. Er war ein hervorragender Kenner der Verwaltung, auf dessen Fachkenntnisse die Machthabenden dann doch nicht so ohne weiteres verzichten wollten. Sie nahmen ihm zwar sein Amt als Personalverantwortlicher der Stadt, übertrugen ihm dann aber u. a. die Aufgabe, die **Eingemeindung** einiger Nachbarorte zu organisieren, die dann auch 1936 vollzogen werden konnte.
Andere nicht einfache Aufgaben folgten, die der Verwaltungsfachmann auf die ihm eigene Art löste.
Als die **US-Truppen** 1945 in Kassel einmarschiert waren und den NS-Bürgermeister des Amtes enthoben hatten, suchten sie nach jemandem, dem sie die Verantwortung für die Stadt übertragen konnten. Sie trugen Willi Seidel an, das Amt des Oberbürgermeisters zu übernehmen. Nach kurzer Bedenkzeit erklärte sich Seidel bereit, sich der Herausforderung zu stellen. Er wurde 1946 erstmals und 1948 erneut zum Oberbürgermeister gewählt.

Unter seiner Verantwortung und mit seiner tatkräftigen Unterstützung begann man, eine Stadt nach und nach wieder aufzubauen, die in **Schutt und Asche** lag. Schritt für Schritt führte Willi Seidel die Stadt aus dem Chaos. In seiner zweiten Amtszeit konnte er bereits das **->Auestadion** und die **->Treppenstraße** einweihen. Seine Idee, in Kassel eine große **Gartenschau** zu veranstalten, wurde 1955, ein Jahr nach seinem Eintritt in den Ruhestand, verwirklicht.

**Dr. Lauritz Lauritzen (1954–1963)**
Mit reichlich Verwaltungserfahrung, aber ohne kommunalpolitische „Vergangenheit" kam Dr. Lauritz Lauritzen (*20.01.1910, † 05.06.1980) nach Kassel, um hier Stadtoberhaupt zu werden. Als Schwerpunkte seiner Arbeit sah er von Beginn an den **Wohnungsbau** und die **Wirtschaftsförderung**: Kassel sollte wachsen. In Dr. Lauritzens Amtszeit wurden das **Auefeld** und **Helleböhn** bebaut sowie in der Innenstadt neue Verkehrslösungen gefunden. **Bundesgartenschau**, die **documenta 1 und 2** machten auf die Stadt aufmerksam und weckten das Interesse an ihr. Dr. Lauritzen erkannte, welches wirtschaftliche Potential die Stadt im Hinblick auf den **Tourismus** und aufgrund ihrer günstigen geographischen Lage als Ort von **Tagungen** und **Kongressen** besaß.
Oberbürgermeister Dr. Lauritzen galt im Rathaus als autoritär. Man mochte ihn vielleicht nicht immer, aber man brachte ihm großen Respekt entgegen. Dr. Lauritzen verließ Kassel noch während seiner zweiten Amtszeit, um dem Ruf des hessischen **Ministerpräsidenten Dr. Georg August Zinn** ins **Kabinett** nach Wiesbaden zu folgen. Schon wenige Jahre später verlangte die ganz große Politik nach ihm: Bundeskanzler Dr. Kurt Georg Kiesinger holte den Sozialdemokraten Dr. Lauritzen als **Bundesminister der Großen Koalition** nach Bonn.

**Dr. Karl Branner (1963-1975)**
Einer der **populärsten Oberbürgermeister** war zweifelsohne Dr. Karl Branner (*11.09.1910, †17.10.1997). In Kassel geboren und aufgewachsen, kannte er die Menschen seiner Stadt und sprach ihre Sprache. „D'r Karle" sagten sie, wenn sie von ihm sprachen, und sie meinten das überhaupt nicht despektierlich, im Gegenteil. Dr. Branner war in der Kommunalpolitik erfahren; er hatte als **Stadtverordneter der SPD** begonnen, für seine Heimatstadt zu arbeiten. Während der Amtszeit Dr. Lauritzens war er **Stadtrat für Wirtschaft und Verkehr**, dann wurde er **Bürgermeister**. Als Dr. Lauritzen Kassel verließ, folgte ihm Dr. Branner als **Stadtoberhaupt** nach.
Er hatte wie sein Vorgänger das Glück, die Geschicke der Stadt in einer Zeit wirtschaftlichen Aufschwungs lenken zu dürfen. Viele Projekte hat Dr. Branner verwirklicht, für andere hat er den Weg bereitet. Ob Städtebau, Wirtschaft, Kultur, Sozial- und Gesundheitswesen, Sport: Dr. Branners Name ist mit so vielem verbunden, was die Stadt nach ihrer Zerstörung wieder lebens- und liebenswert machte. Nicht alles, aber vieles, vielleicht sogar das meiste ist ihm gelungen.
Er selbst hielt die Gründung der **Gesamthochschule Kassel**, der Universität,

für den „langfristig bedeutendsten Erfolg" seiner Amtszeit und mit dieser Einschätzung lag Dr. Karl Branner sicher richtig.

**Hans Eichel (1975–1991)**
Mit 33 Jahren bereits wurde Hans Eichel (*24.12.1941) Oberbürgermeister seiner Heimatstadt. Nicht wenige fragten sich, ob der junge Studienrat dieser Aufgabe gewachsen sein würde. Aber der neue Mann bewies bald, dass er ein würdiger Nachfolger Dr. Branners war. Seine langjährige Tätigkeit als **sozialdemokratischer Stadtverordneter**, aus der er ein hohes Maß an kommunalpolitischer Erfahrung schöpfte, half ihm, sich in seiner Aufgabe schnell zurechtzufinden.
Er meisterte das Geschäft des Stadtoberhaupts so gut, dass er in sein Amt zweimal wiedergewählt wurde.
Vielleicht war Hans Eichels Kommunalpolitik **ökologischer** geprägt als die seiner Vorgänger. Aus seiner ablehnenden Haltung der Nutzung der Atomkraft gegenüber machte er nie ein Geheimnis. Aber auch in der praktischen Politik zeigte sich das: Eichel beendete in der Innenstadt die Parkuhren-Idylle und führte **Parkgebühren** ein. Außerdem setzte er im innerstädtischen Verkehr verstärkt auf Beruhigung durch **Tempo-30-Zonen**.
Als Vorsitzender des documenta-Aufsichtsrates half er mit, der inzwischen etablierten **Kunstausstellung** in Kassel weiterhin den Rahmen zugeben, der ihr als Ereignis weltweiten Kunstinteresses zustand.
Schon früh stellte er die Weichen für eine zweite **Bundesgartenschau** in Kassel, die er dann 1981 eröffnen konnte. Obwohl es der Stadt finanziell alles andere als gut ging, wurde die Schau an der **->Fulda** ein großartiges Ereignis.
1991 zog es Hans Eichel dann in die Landespolitik, er wurde **hessischer Ministerpräsident**. Nachdem er das Amt 1999 verloren hatte, bot ihm Bundeskanzler Gerhard Schröder an, in seiner Regierung **Bundesfinanzminister** zu werden. Diese Funktion hatte er bis zu den vorgezogenen Neuwahlen 2005 inne. Danach blieb Hans Eichel „einfacher" **Bundestagsabgeordneter**.

**Wolfram Bremeier (1991–1993)**
Als **sozialdemokratischer Wirtschaftsdezernent** und **Stadtkämmerer** hatte Wolfram Bremeier (*15.12.1939) über ein Jahrzehnt engagiert und nicht ohne Erfolg für die Stadt Kassel gearbeitet; als Oberbürgermeister war ihm gleichwohl kein Erfolg beschieden: als Nachfolger Hans Eichels 1991 vom Parlament zum Stadtoberhaupt berufen, musste er nach der ersten Direktwahl eines Oberbürgermeisters die Segel streichen. Er hatte die wahlberechtigte Bevölkerung zur Überraschung vieler nicht auf seine Seite bringen können. Dabei waren es wohl eher politische Randthemen, die ihn scheitern ließen. Die **->Treppe** auf dem **->Königsplatz**, ein ungeliebtes „Kunstwerk", die „**Kasseler Lollies**", rot-weiße Tonnen, die den Verkehr beruhigen sollten, und die Beibehaltung der **Getränkesteuer** brachten die Wahlgemeinde gegen ihn auf. Seine Tätigkeit an der Spitze der Stadt endete, bevor sie richtig begonnen hatte.

**Georg Lewandowski (1993–2005)**
Der erste von den Wahlberechtigten direkt gewählte Oberbürgermeister Kassels war der **Christdemokrat** Georg Lewandowski (*19.08.1944). Seine Wahl kam für viele überraschend: Zum ersten Mal seit vielen Jahrzehnten stellten nicht die Sozialdemokraten das Stadtoberhaupt.
Georg Lewandowski, ein langjährig erfahrener Kommunalpolitiker, hatte insofern keinen leichten Einstand, als er als direkt („vom Volk") gewählter konservativer Oberbürgermeister gegen eine deutliche **rot-grüne Mehrheit** im Stadtparlament und mit sozialdemokratischen Stadträten im Magistrat regieren musste.
In der Bürgerschaft war Georg Lewandowski beliebt. Er galt als **volksnah**, mit einem „offenen Ohr" für die Probleme der Menschen in seiner Stadt. Während der zwölf Jahre seiner Amtszeit suchte er immer wieder über Parteigrenzen hinweg den Dialog, um die Stadt insbesondere wirtschaftlich voranzubringen. Der Bau des **Güterverteilzentrums** und der Ausbau des **Flughafens Kassel-Calden** waren politische Ziele, die ihm neben anderen besonders am Herzen lagen.
Bundesweite Aufmerksamkeit erlangte Georg Lewandowski, als er in einer **Nacht-und-Nebel-Aktion** Professor Gustav Langes **Holztreppe**, ein unter den Kasseler Bürgerinnen und Bürgern heftig umstrittenes Kunstwerk, auf dem Königsplatz abbauen ließ. Nach jahrelangen Auseinandersetzungen mit dem „geistigen Vater" der Treppe traf er mit seinem Vertreter, dem Bürgermeister und dem zuständigen Dezernenten die Entscheidung, das Bauwerk abzureißen. Das wiederum brachte die drei Politiker auf die **Anklagebank**. Sie mussten, da sie rechtswidrig gehandelt hatten, deutliche Geldbußen zahlen. Die Treppe jedenfalls war weg.
Die Stichwahl-Niederlage gegen Bertram Hilgen Anfang 2005 kam für Georg Lewandowski und seine Parteifreunde ziemlich überraschend. Manche vermuteten, er habe seinen Bonus als Amtsinhaber etwas überschätzt.

**Bertram Hilgen (ab 2005)**
Als **Referent des Oberbürgermeisters** Hans Eichel hatte Bertram Hilgen (*09.02.1954) seine Tätigkeit für die Stadt 1980 begonnen. 1986 übernahm er die Leitung des städtischen Rechtsamtes. Als Hans Eichel 1991 hessischer Ministerpräsident wurde, folgte ihm Bertram Hilgen nach Wiesbaden.
Im Jahr 1996 kehrte er nach Kassel zurück – als **Regierungspräsident**. Von 1999 bis 2005 oblag ihm die Leitung des **Kommunalen Gebietsrechenzentrums**. Im Februar 2005 löste der Sozialdemokrat Bertram Hilgen den Amtsinhaber Georg Lewandowski als Oberbürgermeister der Stadt Kassel ab.

## Oberneustadt
Für die protestantischen Glaubensflüchtlinge aus Frankreich, die **->Hugenotten**, ließ **Landgraf ->Karl** 1688 einen eigenen Stadtteil, die Oberneustadt, errichten. Fast quadratisch war das Viertel, in dem die **französischen Neubürger** leben und arbeiten sollten, entworfen und anfänglich gebaut von Paul **->du Ry**, einem Baumeister, der selbst aus einer Flüchtlingsfamilie

stammte. Später kümmerte sich sein Sohn Charles um die Weiterentwicklung der Oberneustadt. Er errichtete zahlreiche Wohnhäuser für den Adel und das wohlhabende Bürgertum. Außerdem plante und baute er Verwaltungsgebäude für verschiedene Behörden.
Der neue Stadtbezirk unterschied sich in seiner Regelmäßigkeit und durch seinen barocken Baustil deutlich von der Kernstadt. Die französisch geprägte vornehme Schlichtheit gab der Stadt einen neuen Charme.
Nicht viel ist heute noch aus jener Zeit vorhanden. Da wo einst die Oberneustadt stand, finden wir heute das **Rathaus**, einen großen **Kinokomplex**, den **Kaufhof** und andere Wohn– und Geschäftshäuser aus weit späteren Jahren.

**Oberzwehren (->Stadtteile)**

**Offener Kanal**
„Medienprojektzentrum Offener Kanal Kassel (MOK)" ist der offizielle Name dieser Einrichtung des **Bürgerfernsehens**, deren Träger die Hessische Landesanstalt für den privaten Rundfunk und Medien (LPR) ist.
Am 01.06.1992 nahm der Offene Kanal, wie er in der Bevölkerung erfreulich kurz genannt wird, in Kassel seinen Sendebetrieb im **->Kulturbahnhof** auf, zunächst als Pilotprojekt, ab Herbst 1994 dann auf Dauer. Seine Aufgabe ist es, möglichst vielen gesellschaftlichen Gruppen, Institutionen und Organisationen, aber auch Einzelpersonen Gelegenheit und Unterstützung bei der Produktion und Verbreitung eigener **Fernsehbeiträge** zu geben. Ein wichtiger Projektschwerpunkt ist die medienpädagogische Arbeit mit **Kindern** und **Jugendlichen**.
Außer in Kassel gibt es noch Medienprojektzentren Offener Kanal in Gießen, Fulda und Offenbach/Frankfurt.

**Oktober 1943**
In der Nacht vom 22. auf den 23.10.1943 griffen einige hundert britische Bomber Kassel an und legten die Stadt in **Schutt und Asche**. Rund 10 000 Menschen kamen ums Leben.
Wie aus einschlägigen Dokumenten hervorgeht, gehörte Kassel zu den Städten, die auf der Liste alliierter Angriffsziele ganz weit oben standen. In der Stadt produzierten bedeutsame Rüstungsunternehmen **Panzer** (**Henschel**) und **Flugzeuge** (**Fieseler**) und sie war ein **Eisenbahnknotenpunkt**, über den Menschen und kriegswichtiges Material überall hin verteilt werden konnten.
30 000 Zentner Bomben machten eine Stadt mit über tausendjähriger Geschichte dem Erdboden gleich, Familien wurden ausgelöscht, verbrannten, erstickten oder wurden unter Trümmern begraben.
Und das alles, weil spätestens seit 1933 der Irrsinn in Deutschland Methode hatte und irgendwann der von Deutschland ausgehende europaweite Terror auf das Land zurückschlug – mit fürchterlichsten Konsequenzen.

**Oktogon**
Ein Oktogon ist ein Achteck, in der Architektur ein **achteckiges Bauwerk**.

„**Schloss der Riesen**" wird das Oktogon auf dem **->Karlsberg** im **->Bergpark Wilhelmshöhe** genannt, es trägt die Pyramide und die Statue des **->Herkules**. Aus dem Berg wächst eine offene Säulenhalle aus Tuffstein empor, fast 30 m hoch und 90 m im Durchmesser.
Das Oktogon wurde 1701 bis 1713 von Francesco **->Guerniero**, einem italienischen Baumeister, im Auftrag des Landgrafen **->Karl** (1677–1730) erbaut. Hat der Besucher (oder natürlich auch die Besucherin) die obere Plattform des Riesenschlosses erklommen, wird er (oder sie) insbesondere an schönen Tagen mit einem grandiosen Blick über Kassel und seine Mittelgebirge belohnt. Und ganz Mutige trauen sich, in die **Keule des Halbgottes** zu steigen, um vielleicht noch ein bisschen weiter ins Land der Nordhessen zu schauen: Es lohnt sich allemal.

**Opernplatz**

Man kann es sich kaum mehr vorstellen, aber dort, wo heute große Kaufhäuser und attraktive Geschäfte das Bild bestimmen, stand tatsächlich einmal ein **Opernhaus**, das dem Platz noch immer seinen Namen gibt. Simon Louis **->du Ry**, der Hofbaumeister von Landgraf **->Friedrich II**.(1760–1785), errichtete es, 1769 wurde es feierlich eröffnet und bis zum Sommer 1906 „bespielt", danach allerdings bald aufgegeben und abgebrochen.
Auf dem Operplatz steht seit 1883 ein Denkmal des Kapellmeisters Louis **->Spohr**, der sich in der ersten Hälfte des 19. Jahrhunderts um das Kasseler Musikleben sehr verdient machte. Wen wundert's also, dass die Kasseler Bevölkerung aus dem Operplatz manchmal einfach so den „**Spohrplatz**" macht? Den alten Spohr kann's nur freuen und ihn kann man, anders als die Oper, wenigstens auch sehen!

**Orangerie**

Am nördlichen Rand der **->Karlsaue** liegt die Orangerie. Ihren Namen erhielt sie, weil ihre Säle zur Überwinterung **exotischer Kübelpflanzen**, u. a. auch Orangen, genutzt wurden. Die Eckpavillons waren im Sommer gelegentlich von der Familie des Landgrafen bewohnt.
Landgraf **->Karl** (1677–1730) ließ das **Orangerieschloss** zwischen 1703 und 1711 errichten. Das **Marmorbad** am stadtseitigen Ende des Gebäudes wurde 1722 und der **Küchenpavillon** ihm gegenüber zur Flussseite hin 1765 errichtet.
Zur Zeit der französischen Besetzung (1807–1813) nutzten die Truppen des Königs von Westfalen die Orangerie als Lazarett und Magazin. Später bot sie Raum für Ausstellungen verschiedenster Art. Heute ist im Orangerieschloss das **->Museum für Astronomie und Technikgeschichte** untergebracht.

**Orchester**

Das Orchester des Staatstheaters hat eine über 500-jährige Tradition, die auf Landgraf **->Wilhelm II.** (1493–1309) zurückgeht. Dieser nämlich hatte sich eine Kapelle zugelegt, deren Musiker fest bei Hofe angestellt waren.
Landgraf **->Moritz** der Gelehrte (1592–1627) ließ später dann **Heinrich Schütz** in Kassel zum Kapellmeister ausbilden und förderte ihn nach Kräften.

Nach langen Jahren eines verheerenden Krieges erblühte das Kasseler Musikleben neu unter Landgraf **->Karl** (1677–1730). Seine Liebe zur Musik, insbesondere aber zur italienischen Oper teilte Landgraf **->Friedrich II.** (1760–1785), während dessen Regentschaft 1769 das Opernhaus (am heutigen -> Opernplatz gelegen) eingeweiht wurde.
1822 kam Louis **->Spohr** nach Kassel, von Kurfürst **->Wilhelm II.** (1821–1847) zum Hofkapellmeister und Operndirektor ernannt. Sein Orchester galt als eines der besten in Deutschland. Großartige Musiker spielten in Kassel, darunter Niccolo Paganini, Clara Schumann und Franz Liszt.
In den zwanziger Jahren des 20. Jahrhunderts war es Generalmusikdirektor **Robert Laugs**, der große Feste klassischer Musik in Kassel initiierte. Prominente Dirigenten und Komponisten arbeiteten und arbeiten bis heute mit dem Orchester zusammen. Sein Ruf in Deutschland und darüber hinaus ist hervorragend.

**Otto I., Landgraf (->Herrscher in Kassel)**

**Ottoneum (->Naturkundemuseum)**



**Palmenbad**
**Gustav Henkel** betrieb ab 1893 im **Stadtteil Wilhelmshöhe** ein **Elektrizitätswerk**, das seinen Strom aus im Habichtswald geförderter Braunkohle gewann. Die Abwärme aus der Energieerzeugung nutzte Henkel dazu, ein **Hallenbad** und ein dem Bad angeschlossenes **Gewächshaus** zu beheizen. 1896 wurde das Palmenbad eröffnet und erfreute sich schnell wachsenden Zuspruchs der Öffentlichkeit. Hier badete man nicht nur gern, sondern bewunderte auch die Palmen und exotischen Pflanzen, die nebenan wuchsen und gediehen.
Das Schwimmbecken war 100 m² groß, ständig floss Wasser zu und ab. Es gab eine Abteilung für Schwimmer und eine für Nichtschwimmer, für die auch Schwimmkurse angeboten wurden. Man erzählt sich, die kaiserlichen Prinzen seien während ihrer sommerlichen Aufenthalte im **->Schloss Wilhelmshöhe** gern im Bad zu Gast gewesen.
1918 wurde das Elektrizitätswerk von der Stadt Kassel erworben und umgehend abgeschaltet, im gleichen Winter erfroren die Palmen.
Das **erste beheizbare Hallenbad** in Kassel und sein Gewächshaus wurden vier Jahre später zusammen mit dem Elektrizitätswerk abgerissen.

**Papin, Denis**
Als Denis Papin (*22.08.1647, †wahrscheinlich 1712) im Jahr 1687 als Professor für Mathematik an die Universität Marburg berufen wurde, hatte er sich schon viele Jahre experimental-physikalisch mit Problemen des Dampfdrucks befasst. Er hatte in England und Italien gearbeitet und den Dampf-Unterdruck (mit Sicherheitsventil) erfunden.

In seine Heimat konnte Papin als Angehöriger der ->**Hugenotten** nicht zurück, deshalb folgte er gern dem Ruf des Landgrafen und der Universität nach Marburg. Er forschte und experimentierte weiter, baute eine Dampfmaschine und eine Art Unterseeboot, das er selbst ausprobierte.
1695 holte ihn Landgraf ->**Karl** (1677–1730) nach Kassel, wo er sich u. a. im ->**Bergpark Wilhelmshöhe** mit den ->**Wasserspielen** und der Konstruktion einer Pumpe zur Entwässerung der ->**Karlsaue** befasste.
Es gelang ihm, eine **Hochdruckpumpe** zu bauen, die er 1706 dem Landgrafen vor dem ->**Ottoneum** vorführte. Die Präsentation misslang jedoch, weil die Verbindungsstellen der Metallrohre nicht dicht zu bekommen waren und dem Druck nicht standhielten.
1707 verließ Denis Papin Kassel mit einem selbstgebauten, handbetriebenen **Schaufelradschiff**. Er kam aber nur bis Hannoversch Münden, wo ihn die Schiffer und der Zoll nicht passieren ließen und sein Boot schließlich zerstörten.
Papins Familie kehrte nach Kassel zurück; er selbst reiste weiter nach London, wo er vermutlich 1712 in völliger Armut verstarb. Seine Erfindungen wurden später von anderen mit großem Erfolg weiterentwickelt.
Vor dem ->**Naturkundemuseum**, dem Ottoneum, steht seit 1906 zur Erinnerung an Denis Papin ein von dem Bildhauer Hans Everding geschaffener Brunnen, den ein nackter Bronzejüngling ziert.

**Park Schönfeld**
**Nikolaus Heinrich von Schönfeld** (*1733, †1795) gab dem Park seinen Namen, als er dort 1777 ein **Schloss** baute, das er bis 1790 als **Sommerresidenz** nutzte. Der Park liegt am Rande des **Stadtteils ->Wehlheiden** und lädt im Sommer wie Winter zu ausgedehnten Spaziergängen unter alten Bäumen ein. Ein Bach fließt durch den Park und versorgt vier Teiche, an denen man bei entsprechendem Wetter gut verweilen und dem Treiben der Wasservögel zusehen kann. An den Park grenzt der ->**Botanische Garten**.

**Parkscheibe**
**Heinz Hille**, damals Polizeipräsident, später dann Bürgermeister in Kassel, gilt als der **Erfinder der Parkscheibe**. Am 15.03.1961 führte Kassel sie als erste bundesrepublikanische Großstadt ein. Die Idee war so gut, dass sie sehr bald von vielen anderen Stadt– und Gemeindeverwaltungen aufgegriffen und umgesetzt wurde. Heute spielt die Scheibe leider keine so große Rolle mehr. Auch in Kassel haben inzwischen Parkautomaten Einzug gehalten.

**Partnerstädte**
Kassel hat, was Städtepartnerschaften angeht, eine über fünfzigjährige Tradition. Und natürlich sehen es die Verantwortlichen gern, wenn die Bevölkerung die Möglichkeit, die Partnerstädte zu besuchen oder Besuch aus den Partnerstädten zu empfangen, möglichst rege nutzt. Städtepartnerschaften bestehen mit

**Florenz (Italien)** seit 1952,
**Berlin-Tiergarten (Deutschland)** seit 1962,
**Mulhouse (Frankreich)** seit 1965,
**Rovaniemi (Finnland)** seit 1972,
**Västeras (Schweden)** seit 1972,
**Jaroslawl (Russland)** seit 1988,
**Arnstadt (Deutschland)** seit 1989,
**Ramat Gan (Israel)** seit 1990 und
**Izmit (Türkei)** seit 1999.

Viele Kontakte konnten in der Vergangenheit entstehen. Sie zu pflegen und zu vertiefen ist aus finanziellen Gründen vielleicht nicht immer ganz einfach. Gleichwohl lohnt es sich, wie eine Reihe von Sportvereinen, Schulen und kulturell tätige Gruppen wiederholt bewiesen hat.

**Philipp I., der Großmütige, Landgraf (->Herrscher in Kassel)**

**Philippinenhof-Warteberg (->Stadtteile)**

**Piffendeckel, Henner**
Unter dem Pseudonym Henner Piffendeckel (übersetzt: Heinrich Pfeifendeckel) schrieb der Kasseler Journalist, Politiker und späterer Oberbürgermeister Philipp **->Scheidemann** Gedichte und Geschichten in Kasseler **->Mundart**. Vor dem **Philipp-Scheidemann-Haus**, dem Bürgerhaus der Kasseler **-> Nordstadt**, liegt der **Henner-Piffendeckel-Platz**, der an diesen besonders heimatverbundenen Mundartdichter erinnert.

**Planetenweg**
Wer in der **->Karlsaue** spazieren geht, findet (wenn er aufmerksam ist) dann und wann kleine Metalltafeln, die etwas über unsere Planeten erzählen. Am besten startet der Besucher an der **->Orangerie**, in der das **->Museum für Astronomie und Technikgeschichte** untergebracht ist. Hier strahlt die Sonne, um die sich alles dreht, und von ihr aus werden die Entfernung der Planeten von der Sonne und ihre Größe im Verhältnis zur Sonne im Maßstab 1:500 Millionen auf den Metalltafeln dargestellt und erläutert.
Für Astronomiefreaks und Sternengucker ist der Planetenweg ein Muss. Man lernt nicht nur eine ganze Menge, sondern ist auch ganz ordentlich unterwegs – und beides kann ja nichts schaden.

**Presse**
Bis zum Jahr 1959 gab es in Kassel zwei Tageszeitungen: **die Hessischen Nachrichten** und die **Kasseler Zeitung**. Nach deren Fusion hieß die nun entstandene neue Zeitung **Hessische Allgemeine** (HA) – sie war mit einer Auflage von täglich 100000 Exemplaren eine der größten Zeitungen Hessens. An ihrem Leitbild einer überparteilichen und unabhängigen Tageszeitung hielt die HA fest. Daran änderte sich auch nichts, als 1974 aus der Hes-

sischen Allgemeinen **die Hessisch-Niedersächsische Allgemeine** (HNA) wurde: die Namensänderung beruhte auf der Tatsache, dass sich das Verbreitungsgebiet vergrößert hatte.
Hinter der Zeitung standen die Verleger Dr. **Paul ->Dierichs** und nach dessen Tod sein Sohn und Nachfolger **Rainer ->Dierichs**, der das Blatt weiter entwickelte und über die Region hinaus bekannt machte.
Im Jahr 2002 übernahm die **Ippen-Gruppe** die **HNA**, von der ihre Kritiker manchmal sagen, sie sei zwar bunter, aber auch konservativer geworden. Sie setze verstärkt auf lokale Berichterstattung, was dem journalistischen Niveau nicht immer gut getan habe.
Konkurrenz muss die HNA nicht fürchten. Es gibt zwar einige Anzeigenblätter, allen voran den **Extra Tipp**, die sich regional artikulieren – das war's dann aber auch schon. An der Monopolstellung der HNA ändern sie jedenfalls nichts – leider sagen die einen, gottlob die anderen.
Seit 1998 erscheint eine **Online-Ausgabe der HNA**, seit 2006 produziert sie das **TV-Magazin „Alszus"** für den **->Offenen Kanal**.

**Preise, verliehen in Kassel (alphabetisch):**
Für Menschen, die sich durch ihre künstlerische Leistung oder soziales Engagement besonders qualifiziert haben, vergibt die Stadt Kassel Preise.
Diese sind:

- Arnold-Bode-Preis

Die von der Stadt Kassel 1977, ein Jahr nach Arnold **->Bodes** Tod, gegründete Arnold-Bode-Stiftung zeichnet seit 1980 Künstlerinnen und Künstler aus, deren Leistungen für die **Gegenwartskunst** besondere Anerkennung verdienen. Der Preis ist mit 10 000 Euro dotiert. Er wurde zunächst jährlich verliehen, nach 1987 dann alle zwei Jahre. Im documenta-Jahr ist seine Vergabe obligatorisch.

- Preis „Glas der Vernunft"

Mit dem Glas der Vernunft sollen Künstler, Geisteswissenschaftler und Politiker ausgezeichnet werden, die durch **Vernunft und Toleranz** ideologische Schranken überwinden und im Geiste der Aufklärung wirken. Der Preis, eine Skulptur mit Prisma des Kasseler Kunstprofessors **Karl Oskar Blase**, hat eine besondere Bedeutung: Das Glas symbolisiert Transparenz, aber auch Zerbrechlichkeit, das Prisma Aufklärung durch intellektuelle Analyse. Der Preis wird seit 1991 jährlich vergeben.

- Preis „Goldener Schlüssel"

Das Kulturdezernat der Stadt Kassel zeichnet mit dem Goldenen Schlüssel jährlich junge **Filmemacher** aus. Der Preis ist mit 5 000 Euro dotiert und wird anlässlich des **Kasseler Dokumentarfilm- und Videofestes** verliehen.

- Kasseler Drehbuchpreis

Bisher gab es den Kasseler Drehbuchpreis nur einmal. Die aus Kassel stammende Geschäftsführerin der Relevant Film GmbH, **Heike Wiehle-Timm**, stiftete ihn für ein Drehbuch oder ein Treatment (die Behandlung eines Themas), das sich mit Kassel oder seiner Region befasste. Im September 2007 wurde der mit 5 000 Euro dotierte Preis gesplittet an drei Autoren vergeben.

- Kasseler Gesundheitspreis

Seit 2005 gibt es den Kasseler Gesundheitspreis, mit dessen Vergabe die Stadt Kassel Projekte und Initiativen fördern will, die sich mit der **Verbesserung der Lebensweisen und Lebensbedingungen** in der Stadt befassen. Mitmachen kann jeder Bürger, jede Bürgerin der Stadt oder des Landkreises Kassel. Zur Vergabe stehen 6 500 Euro zur Verfügung, die auf mehrere Preisträger verteilt werden.

- Kasseler Kulturförderpreis

Der Kulturförderpreis der Stadt Kassel ist ein „Kind" der **Kunst- und Kulturkommission** der Stadt, die diesen mit 7 669,38 Euro dotierten Preis seit 1987 jährlich vergibt. Auf Vorschlag der kulturpolitischen Sprecher der Fraktionen des Stadtparlaments entscheidet der Magistrat über die Vergabe. Seit 1996 finanzieren Sponsoren das Preisgeld. Gefördert werden können Nachwuchskünstlerinnen und -künstler, Künstlergruppen und Kunstprojekte.

- Kasseler Kulturpreis für grotesken Humor

Die Stiftung von Christine **->Brückner** und Otto Heinrich Kühner (**Brückner-Kühner-Stiftung**) und die Stadt Kassel verleihen seit 1985 in jedem Jahr den Kulturpreis für grotesken Humor an Schriftstellerinnen und Schriftsteller, die ihre besondere Begabung für groteske Komik in ihren Werken bewiesen haben. Der mit 10 000 Euro dotierte Preis kann auch an auf dem Gebiet des grotesk-komischen Humors Forschende vergeben werden.

- Kasseler Kunstpreis

Der Kasseler Kunstpreis wird seit 1992 jährlich von der **Dr. Wolfgang Zippel-Stiftung** verliehen. 7 500 Euro können an junge Künstlerinnen und Künstler vergeben werden, die bis 30 Jahre alt sind (Ausnahmen bis 33 Jahre sind möglich) und in Nordhessen geboren wurden oder hier wohnen. Der Preis wird für die Bereiche **Musik und Bildende Kunst** ausgelobt.

- Naturschutzpreis der Stadt Kassel

Den Naturschutzpreis der Stadt können Kasseler Bürgerinnen und Bürger erhalten, die sich auf besondere Weise für die **Umwelt** engagiert und für den **Naturschutz** eingesetzt haben.

**Prinzenquelle**

Am westlichen Rand des **Stadtteils ->Kirchditmold** sprudelt die Prinzenquelle. Das Areal, in dem sie liegt, gehörte früher zum **Schlossbezirk Wilhelmshöhe**. Der Überlieferung nach sollen die **kurfürstlichen Prinzen** während ihrer Ausritte hier gerastet und ihre Pferde getränkt haben. Daher habe die Quelle ihren Namen.

Eine andere Version der Namensgebung besagt, während der Gefangenschaft Napoleons III. auf Schloss Wilhelmshöhe im Jahr 1870 hätten **französische Prinzen aus dem Hofstaat** des Kaisers öfters hier gespielt. Das habe schließlich dazu geführt, dass die Kirchditmolder von der Prinzenquelle sprachen.
Wie dem auch sei: die seit mehr als einem Jahrhundert eingefasste Quelle und die später angelegte Wassertretstelle laden auch heute noch zu einem Besuch ein.



**Rammelsberg**
Der zwischen ->**Kirchditmold** und ->**Bad Wilhelmshöhe** gelegene Rammelsberg ist in Kassel wegen seines sehenswerten **Kleintierzoos** bekannt. Hier können Erwachsene und Kinder Tiere beobachten, die man sonst nicht unbedingt so häufig antrifft und das Besondere ist: man darf sie sogar streicheln.
In der Kasseler Geschichte hat der nur etwa 240 m hohe Muschelkalkberg keine besondere Rolle gespielt, außer vielleicht dadurch, dass er lange nicht bebaut werden durfte, um den fürstlichen Blick von ->**Schloss Wilhelmshöhe** über Kassel nicht zu verstellen. Außerdem weiß man, dass hier zweimal Militär lag: im Siebenjährigen Krieg 1758 eine Artillerie-, im Zweiten Weltkrieg eine Flak-Einheit.
Das war's dann aber auch schon. Heute ist der Rammelsberg eine angenehme Wohngegend, in der man entspannt spazieren gehen kann.

**Rasenallee**
Von Rasen ist nichts mehr zu sehen und auch der Charakter einer Allee ist nur noch rudimentär vorhanden, aber der Name ist erhalten geblieben: Seit 1797 verbindet die Rasenallee Schloss ->**Wilhelmshöhe** mit **Schloss Wilhelmsthal**. Sie ist neun Kilometer lang und heute eine asphaltierte, viel befahrene Landstraße.
Landgraf ->**Wilhelm IX.** (1785–1821) ließ den Rasenweg anlegen, um angenehm von Schloss zu Schloss zu reisen, per Kutsche oder zu Pferde, im Winter auch im Schlitten.
Der Straßenrand war baumbestanden, wie es sich einer Allee geziemt und der Teil der Straße am Westrand von ->**Harleshausen** bot (und bietet noch heute) einen wundervollen Blick über Kassel. „**Fürstenallee**" nannte man die Straße auch, das gemeine Volk hatte hier nichts zu suchen. ->**Kaiser Wilhelm II.** pflegte über die Rasenallee auszureiten, mit Gefolge – die „einfachen Leute" hätten da doch nur gestört.
Erst nach dem Ersten Weltkrieg fielen die Verbote. Der Kaiser hielt sich jetzt nicht ganz freiwillig in Holland auf und die Rasenallee durfte von jedermann begangen und befahren werden.

Und doch – heute wünschte man sich manchmal etwas von der alten Beschaulichkeit zurück, wenn man an der Rasenallee spazieren geht, über die Stadt schaut und die Blechlawine rollt.

**Raspe, Rudolf Erich**

Er war schon eine schillernde Figur, dieser Rudolf Erich Raspe (*wahrscheinlich 1737, †wahrscheinlich 1794), dessen Geburtstag ebenso wenig genau feststellbar zu sein scheint wie der Tag seines Ablebens.

Nach einem juristischen Studium und einer Tätigkeit als Bibliothekar an der Universität Göttingen kam Raspe 1767 als Professor der Altertümer am **Collegium Carolinum** und Leiter der **Sammlungen des Landgrafen ->Friedrich II.** (1760–1785) nach Kassel. Er war ein vielseitig begabter und gebildeter Mann, der in der Residenzstadt geachtet und beliebt war.

1775 jedoch musste der geistreiche Gelehrte seinen Kassel-Aufenthalt unvermittelt abbrechen. Offenbar hatte sein Lebensstil mehr Geld gekostet, als ihm der Landgraf zahlte. Also hatte er sich im **Münzkabinett** bedient und eine erhebliche Anzahl von Sammelstücken unterschlagen. Seiner Verhaftung konnte er sich durch die **Flucht nach England** entziehen.

Raspe war universell gebildet. Sein Griff in die „Schatulle“ des Landgrafen beraubte ihn der Möglichkeit, sich einen angemessenen Platz unter den europäischen Geistesgrößen seiner Zeit zu verschaffen.

In England veröffentlichte er die Erzählungen des Barons von Münchhausen, in englischer Sprache und anonym. Er arbeitete als Übersetzer deutscher Dichtung und schrieb wissenschaftliche Aufsätze geologischen und kunsthistorischen Inhalts. Zuletzt arbeitete er als Mineningenieur in Irland.

Seine **Münchhausen-Geschichten** übersetzte Gottfried August Bürger 1786 zurück ins Deutsche und überarbeitete sie. Jetzt erst wurde der „Münchhausen“ in Deutschland bekannt und ging in die Weltliteratur ein. Gleichwohl beruhten Übersetzungen des Werks in andere Sprachen nicht selten auch später noch auf Raspes englischem Text.

Es ist sicher nicht falsch, beiden Autoren gleichermaßen ihren Anteil am Welterfolg der Erzählungen des Lügenbarons zuzumessen.

**Rathäuser**

Mit den Rathäusern war das in Kassel so eine Sache. Als sich im Jahr 1378 die bis dahin selbstständigen Kommunen **->Altstadt**, **alte Neustadt** und **->Freyheit** zusammenschlossen, gab es **drei Rathäuser**. Um allen Ärger zu vermeiden, tat man, was man heute vermutlich auch tun würde: man baute kurzerhand ein weiteres. So richtig ruhig blieb es aber offenbar nicht, denn über den **Stadtteil Freyheit** wird berichtet, dass er 1421 noch einmal ein Ratsgebäude bekam, mit welcher Begründung, ist offenbar nicht überliefert. Mehr als 350 Jahre später, 1775, wurde in der für französische Glaubensflüchtlinge errichteten **->Oberneustadt** ein neues Rathaus fertig gestellt, das aber bald für das ganze Gemeinwesen als Bürgermeistersitz diente.

1907 wurde dann das **neue Rathaus** feierlich eröffnet. Im Zweiten Weltkrieg ausgebrannt und stark zerstört, wurde es 1950 wieder aufgebaut und dient noch heute, um moderne Anbauten erweitert, seinem Zweck.

**Raumskulptur**
Unterhalb der **Documentahalle** steht ein offener **Backsteinbau**, der als Kunstwerk, als Skulptur nicht recht dorthin passen will. In geometrischer Einfachheit „lebt“ er von Licht und Schatten und offenbart besonders dann, wenn die Sonne scheint, seine eigene ästhetische Schönheit.
Der dänische Künstler Per Kirkeby schuf dieses in seiner Klarheit noch immer beeindruckende Kunstwerk zur ->**documenta 9** im Jahr 1992.

**Regentschaftsrat der hessischen Städte (->Herrscher in Kassel)**

**Regierungspräsidium**
Das Kasseler Regierungspräsidium am Steinweg, nicht weit entfernt von der ->**Fulda**, spielt als Mittler zwischen der Landesregierung in Wiesbaden und den kommunalen Körperschaften der nord- und osthessischen Region eine wichtige Rolle. Es hat die Aufgabe, die Landespolitik in den Landkreisen, Städten und Gemeinden des Regierungsbezirks umzusetzen oder beratend bei der Umsetzung behilflich zu sein.
Gleichzeitig sorgt das Regierungspräsidium dafür, dass die Belange der Region in der Politik der Landesregierung Berücksichtigung finden, im Interesse der Menschen, die dort leben. Es ist eine **Mittelbehörde**, wie das in der Beamtensprache heißt und manchmal wurde in der Vergangenheit über deren Notwendigkeit respektvoll und zurückhaltend diskutiert.

**RegioTram**
Das Stadtbahnsystem RegioTram beruht auf der Idee, das Schienennetz der guten alten ->**Straßenbahn** und das **Eisenbahnschienennetz** für den Bahnverkehr in Kassel und seiner Region gemeinsam zu nutzen. Das Umsteigen von einem Verkehrsmittel auf das andere entfällt, das Reisen im Nahverkehr wird bequemer.
Bis die erste RegioTram in die Stadt rollte, war einiges zu tun. Der alte Kasseler ->**Hauptbahnhof**, ein Kopfbahnhof, der heute der Kultur dient, musste untertunnelt, das Streckennetz ausgebaut und der passende Fahrzeugtyp beschafft werden. Nach mehrjähriger Planung und Bautätigkeit war es dann im August 2007 so weit: Die erste fahrplanmäßige RegioTram durchfuhr den 170 Meter langen Tunnel unter dem ->**Kulturbahnhof**.
Seitdem nutzen die Menschen rege die Möglichkeiten, die das neue Verkehrssystem bietet. Ein wenig scheint es, als habe ein neues Zeitalter begonnen.

**Rembrandt**
Die genaue Zahl seiner Werke ist selbst den Fachleuten nicht bekannt, man geht aber davon aus, dass **Rembrandt Harmenszoon van Rijn** (*15.07.1606, †04.10.1669) ungefähr 300 bis 350 Gemälde, 1 000 Zeichnungen und etwa 300 Radierungen zuzurechnen sind. An diesen Zahlen gemessen, ist die Kasseler Sammlung klein. Zwölf seiner Bilder hängen in der ->**Gemäldegalerie** im ->**Schloss Wilhelmshöhe**. Und weil schon Landgraf ->**Wilhelm VIII.** (1751–1760) diese Kunstwerke zusammentrug, bilden sie immerhin die älteste der großen europäischen Rembrandt-Sammlungen.

**Renthof**

Der Renthof ist Teil eines ehemaligen **Karmeliterklosters** aus dem 13. Jahrhundert und damit das **älteste zu Wohnzwecken genutzte Gebäude Kassels**. Er diente über die Jahrhunderte verschiedenen Zwecken, war **Verwaltungsgebäude**, **Hofschule**, **Ritterakademie**, **Universität** („Collegium Mauretanium") und **Gerichtshof**. Noch vor wenigen Jahren hatte das **->Staatstheater** hier Teile seines **Fundus** untergebracht.
Heute ist der Renthof ein **Seniorenzentrum**, in dem über fünfzig alte Menschen leben, nahe der Stadt und nicht weit von **->Fulda** und **->Karlsaue**.

**Reuter, Paul Julius von**

Paul Julius Reuter (*21.07.1816, †25.02.1899) wurde als **Israel Beer Josaphat** in Kassel geboren und wuchs in der **Altstadt** auf. Nach seiner Schulzeit absolvierte er in Göttingen eine Banklehre. In dieser Zeit lernte er den Mathematiker Karl Friedrich Gauß kennen, der an einem Telegraphen arbeitete und den jungen Mann so mit einem Medium in Verbindung brachte, das sein weiteres Leben bestimmen sollte. Josaphat ging nach Berlin, trat dort 1845 zum christlichen Glauben über und nannte sich Paul Julius Reuter, ein Name, unter dem er später weltbekannt wurde.
1848 arbeitete er in einem Pariser Nachrichtenbüro. Er zog um nach Aachen und begann sich fast ausschließlich mit **Nachrichtenübermittlung** zu beschäftigen – mit ersten Erfolgen. Auf Anraten eines Freundes ging Reuter nach London und gründete dort 1851 „Reuters Office". Damit begann die einmalige Erfolgsgeschichte des Jungen aus Kassel, der mit der „**Reuters Telegraphic Company**" zum Millionär wurde. Er baute ein Informationsimperium auf, das ihn gleichsam zum Nachrichten-Monopolisten machte.
Paul Julius Reuter wurde 1871 vom sächsischen Herzog Ernst II. in den erblichen Adelsstand eines Freiherrn erhoben, die englische Königin machte ihn zwei Jahrzehnte später zum Baron.

**Rondell**

Landgraf **->Friedrich II.** (1760–1785) ließ zwischen 1767 und 1774 die Befestigungsanlagen der Stadt, die über zwei Jahrhunderte allen äußeren Feinden so erfolgreich widerstanden hatten, abtragen. Nur weniges blieb übrig: der **->Druselturm**, der **->Zwehrenturm**, Reste von Mauern und Wällen und das imposante Rondell mit seinen fast zehn Meter dicken Mauern.
Diese Teile der **Stadtbefestigung** sind heute überwiegend noch erhalten. Das Rondell an der **->Fulda** wirkt nach wie vor gewaltig; manchmal, an besonderen Tagen, darf man hinein in diese etwas unheimliche Festung. Und wer Fantasie hat, riecht vielleicht sogar noch Pulverdampf, allerdings nur, wenn Kassel nicht gerade seinen **->Zissel** feiert. Denn dann hängt hier das Symbol dieses Volksfestes, der **->Zisselhering**.

**Rosenhang**

Der Zweite Weltkrieg war vorbei und die Kasseler Innenstadt lag in Schutt und Asche. Irgendwann ging's dann ans Aufräumen. Wohin aber mit den Trümmern? Ganz einfach, kippen wir sie unterhalb der **->Schönen Aussicht** in die ->**Karlsaue**, da ist Platz. Gesagt, getan. Etwa eine Million Kubikmeter Trümmerschutt wurden dort abgelagert, wo sonst hätte man ihn auch hinbringen können? Es sah nicht gerade toll aus dort am Auerand, war aber eine Lösung.

1955 richtete die Stadt Kassel die ->**Bundesgartenschau** aus. Professor Hermann **Mattern** lieferte das Konzept und das bezog den Schutthaufen mit in seine Gestaltungsüberlegungen ein. Hermann Mattern legte dort, wo bis dahin Trümmer lagen, **Gartenterrassen** mit einem Rosenhang mittendrin an. Seine Idee war genial, das Ergebnis großartig. Niemand, der es nicht weiß, vermutet, dass das Leben am Rosenhang tatsächlich jedes Jahr aus Ruinenresten erblüht. Besser hätte man das Problem kaum lösen können.

**Rotes Palais**

Nachdem Kurfürst ->**Wilhelm II.** 1821 die Regierungsgeschäfte übernommen hatte, stoppte er den nach den Plänen seines Vaters begonnenen Neubau eines großen Residenzschlosses. Er ließ vielmehr das vorhandene **Weiße Palais** um einen Anbau aus rotem Sandstein erweitern, das Rote Palais. Beide Gebäude waren als Residenz des Kurfürsten sehr repräsentativ.

Heute steht auf dem noch allein erhaltenen Portikus des Roten Palais am Rande des ->**Friedrichsplatzes** eine Gruppe bunter Keramikfiguren mit diversen Gepäckstücken. Sie gehören zu einer Skulptur des Düsseldorfer Künstlers Thomas Schütte, die er „**Die Fremden**" nannte und anlässlich der **documenta 9** im Jahr 1992 zeigte. Ein Sponsor ermöglichte einen Teilerwerb.

**Rothenberg-Siedlung**

Eigentlich sollte der Architekt Otto ->**Haesler** 1928 eine Siedlung mit 2 500 Wohnungen auf dem Rothenberg im **Stadtteil ->Rothenditmold** errichten. Aber die von ihm vorgesehene Skelettbauweise war der Bauaufsicht anfangs zu modern. So dauerte es mit der Baugenehmigung für die „**Stahlhäuser**". Auflagen erhöhten die Kosten. Am Ende hatte Haesler dann 216 Wohnungen gebaut, 160 weitere wurden, geplant von lokalen Architekten, aus massiven Ziegelsteinen errichtet.

Als man in den sechziger Jahren des vorigen Jahrhunderts ernsthaft darüber nachdachte, die Siedlung abzureißen, trat die **Gemeinnützige Wohnungsbaugesellschaft der Stadt Kassel** (GWG) auf den Plan und nahm sich der Wohnungen an. Sie sanierte sie und kümmerte sich um die Vermietung – bis heute. Die Rothenberg-Siedlung steht seit 1976 unter **Denkmalschutz**.

**Rothenditmold (->Stadtteile)**

**Rubens, Peter Paul**

Sieben nachweislich eigenhändige Werke des Flamen Peter Paul Rubens (*28.06.1577, †30.05.1640) besitzt die Galerie **Alte Meister** im ->**Schloss Wilhelmshöhe**. Leider sind es zu wenige, um dem Betrachter einen Überblick über das Schaffen und die künstlerische Entwicklung des Meisters zu geben, einen Einblick in sein großartiges Werk verschaffen sie dem oder der Kunstinteressierten allemal.

**Rucker-Rahmen**
Zur **documenta 6** im Jahr 1977 installierte die Künstlergruppe **Haus-Rucker und Co** an der Ostseite des **->Friedrichsplatzes** zur **->Karlsaue** hin ein Stahlgebilde, das aus zwei überdimensionalen Dia-Rahmen besteht, einem größeren und, davor gehängt und über einen Stahlsteg erreichbar, einem kleineren. Beide Rahmen bieten dem Betrachter einen Landschaftsausschnitt, ineinander versetzt. Will man sich dem kleineren Rahmen nähern, muss man den größeren verlassen, der Bildausschnitt verändert sich. (Wer, was verständlich wäre, mit dieser Beschreibung nicht unbedingt sehr viel anfangen kann, sollte sich das Kunstwerk einfach mal ansehen. Es lohnt sich bestimmt.)
Dank tatkräftiger Unterstützung durch die Stadtsparkasse konnte die Stadt Kassel diese stählerne Skulptur seinerzeit erwerben.



**Schdunz**
Ein Schdunz (oder hochdeutsch Stunz) ist ein hölzerner **Waschzuber**, Bottich, in dem nicht nur die Wäsche gewaschen, sondern auch die Kinder gebadet wurden. Manchmal aber diente das Gefäß einem ganz anderen Zweck, als Wasserfahrzeug nämlich, auf der **->Fulda**. So sind die Kasseler eben: erfinderisch, mutig und manchmal ein bisschen verrückt.

**Scheidemann, Philipp (->Oberbürgermeister)**

**Schenkebier Stanne**
In der Kasseler **->Nordstadt** gibt es eine Straße, die Schenkebier Stanne heißt, was manche aber nicht so recht glauben wollen. Sie meinen, es müsste vielleicht „Schenkebiers Tanne“, also der Tannenbaum von irgendjemandem namens Schenkebier, heißen. Aber weit gefehlt. Eine „Stanne“ (oder „Stande“) ist ein **fassähnliches Gefäß**, in dem man früher unter anderem auch „Schenkebier“, ein besonders **dünnes Bier**, zum Aus- oder Verschenken aufbewahrte.
Also – nahe der Schenkebier Stanne wurde dieses Fassbier getrunken, offenbar häufiger und in größeren Mengen als anderswo, sonst wäre wohl niemand auf die Idee gekommen, einer Straße einen so merkwürdigen Namen zu geben.

**Schillereiche**
Direkt aus Marbach, der Geburtsstadt Friedrich Schillers, kam das Eichbäumchen, das zu Ehren des Dichters an seinem 150. Geburtstag gepflanzt werden sollte. Im November 1909 war es, als sich eine Festversammlung auf dem heutigen **Brüder-Grimm-Platz** zusammenfand, des großen Deutschen zu gedenken.
Nachdem der vom **Kasseler Lehrerverein** gestiftete Baum unter den Augen eines Teils der Kasseler Schülerschaft in die Erde gesetzt worden war, hielt

der Bürgermeister eine Rede und versprach im Namen der Stadt, den Baum künftig zu schützen. So konnte die kleine Eiche wachsen und zu einer großen Eiche werden, an deren Fuß eine Gedenktafel an den denkwürdigen Tag ihrer Pflanzung und an den berühmten Dichter erinnert.

**Schloss Bellevue**

An der Straße „**Schöne Aussicht**" am stadtseitigen Rand der **Karlsaue** liegt das Schloss (oder Palais) Bellevue, das **Landgraf ->Karl** (1677–1730) im Jahr 1714 von seinem Hofbaumeister Paul **->du Ry** als **Sternwarte** bauen ließ. Zeitweise war das Gebäude auch vom Hofadel bewohnt.
Seit 1956 gehört das Schloss der Stadt Kassel. Heute beherbergt es das **->Brüder-Grimm-Museum**.

**Schloss Schönfeld**

Im Jahr 1777 ließ der hessische Gardegeneral Nikolaus Heinrich von Schönfeld das **Schloss als Landsitz** auf einem sehr schönen Grundstück bauen, das ihm Landgraf **->Friedrich II.** (1760–1785) geschenkt hatte. Aber schon nach wenigen Jahren verkaufte er das Anwesen. Es hatte dann verschiedene Besitzer, bis es **König ->Jérôme** 1809 erwarb, der es erweitern ließ.
Nach dem Ende des westfälischen Königreichs entdeckte Kurfürst **->Wilhelm II.** (1821–1847) das Schloss für sich, ließ es ausbauen und schenkte es seiner Ehefrau Auguste, die hier gern die Spitzen der kurhessischen Gesellschaft um sich versammelte.
Seit 1906 gehörte das Schloss der Stadt Kassel, die aber nicht über die Mittel verfügte, es angemessen zu pflegen und zu unterhalten. Das Gebäude war schon stark verfallen, als sich 1989 ein Verein der Sanierung dieses Kleinods im **->Park Schönfeld** annahm. Privatleute aus Industrie, Geschäftswelt und Kultur brachten die notwendigen Mittel auf, dem Schloss seinen verlorenen Glanz zurückzugeben.
Heute nutzt der **Verein Schloss Schönfeld** „sein" Schlösschen als Treffpunkt für Symposien und Vorträge. Ein sehr gutes Restaurant steht den Vereinsmitgliedern, aber auch jedem anderen Gast zur Pflege seines leiblichen Wohls zur Verfügung.

**Schloss Wilhelmshöhe**

Im 12. Jahrhundert stand dort, wo später Schloss Wilhelmshöhe errichtet wurde, das **Augustinerkloster Weißenstein**. Nach seiner Auflösung unter Landgraf **->Philipp** dem Großmütigen (1518–1567) im Jahr 1526 wurde das Kloster zum Jagdschloss des Landesherrn.
Landgraf **->Moritz** der Gelehrte (1592–1627), der Enkel Philipps, ließ das **Jagdschloss** seines Großvaters abreißen und von 1606 bis 1610 ein neues bauen, das aber nach Ausbruch des Dreißigjährigen Kriegs immer mehr verfiel.
Landgraf **->Karl** (1677–1730), der Bauherr des **->Herkules**, hätte gern wieder ein neues Schloss errichtet, hatte aber wohl nicht ausreichend Finanzmittel zur Verfügung, um den Plan zu verwirklichen. So blieb ihm nur, das Gebäude einigermaßen zu sanieren.

Im Siebenjährigen Krieg (1756–1763) wurde das Schloss schwer beschädigt. Landgraf **->Friedrich II.** (1760–1785) ließ es wieder herrichten und erweitern.
Ein Ende hatte es dann mit dem alten Schloss, als Landgraf **->Wilhelm IX.** (1785– 1821), der spätere Kurfürst Wilhelm I, die Regierungsgeschäfte übernahm. Er entschied, ein neues Schloss zu bauen und ließ das alte schleifen. Zunächst wurde nach Plänen von Simon Louis **->du Ry** der **Weißenstein-Flügel** von 1786 bis 1790 gebaut, den Kirchflügel und den Mittelteil entwarf und errichtete Heinrich Christoph Jussow zwischen 1787 und 1798. Verbunden wurden die ursprünglich freistehenden Gebäudeteile zurzeit König **->Jérômes**.
Die beiden **Kaiser Wilhelm I.** und **Wilhelm II.** und ihre Familien nutzten das Schloss als **Sommerresidenz**.
Im Zweiten Weltkrieg wurde der Mittelbau völlig zerstört; nach dem Krieg diskutierte man jahrelang, wie das Schloss wieder aufgebaut werden sollte. 1974 konnte es dann endlich wieder eröffnet werden – als **Kunstmuseum** mit seiner Galerie der **->Alten Meister**, aber auch mit seiner **Antikensammlung** und dem unbedingt sehenswerten **Schlossmuseum** im Weißenstein-Flügel.

**Schmand**
In Kassel ist Schmand **fettreiche saure Sahne** oder, wie er auch genannt wird, **Sauerrahm** mit mindestens 20 %, manchmal aber auch 30 oder über 40 % Fettgehalt. Was man heute in jedem Lebensmittelmarkt kaufen kann, wurde früher auf dem Markt erstanden, bei den Marktfrauen aus den umliegenden Dörfern. Der Schmand wurde in „**Schmanddippen**“ (hochdeutsch: Sauerrahmtöpfen) transportiert und bevor man ihn kaufte, konnte man ihn probieren.
Eine besondere Delikatesse ist der **Schmandkuchen**, der, nach altem Rezept hergestellt, auch heute noch gern gegessen wird.

**Schmeckewöhlerchen**
Unter Schmeckewöhlerchen versteht man in Kassel alles, was wohl schmeckt, insbesondere natürlich die einheimischen Spezialitäten wie **->Ahle Wurscht**, **->Gehacktesbrötchen mit Zwiebeln**, **->Kochwurst**, **->Bratwurst**, **->Weckewerk** und **->Frikadellen**.
Aber auch anderes zählt dazu, es muss nur schmackhaft sein und dem Kasseler Gaumen schmeicheln. So kann es durchaus passieren, dass auch aus einem guten Döner oder einer gelungenen Pizza ein Schmeckewöhlerchen wird – da ist man hier durchaus weltoffen.

**Scholz, Dr. Ernst (->Oberbürgermeister)**

**Schomburg, Carl (->Oberbürgermeister)**

**Schulen**
Die Stadt Kassel verfügt über eine breite Schullandschaft. Das individuell Richtige zu finden, ist da nicht immer ganz leicht. Angeboten werden:

- vierundzwanzig Grundschulen,
- eine Grundschule mit Förderstufe,
- eine Grund- und Realschule,
- zwei Grund-, Haupt- und Realschulen,
- eine Grund-, Haupt- und Realschule mit Förderstufe,
- eine Realschule,
- eine gymnasiale Oberstufenschule,
- sieben Gymnasien (bis zum Abitur),
- fünf schulformbezogene (kooperative) Gesamtschulen,
- drei schulformübergreifende (integrierte) Gesamtschulen,
- sechs Schulen für Lernhilfe,
- fünfzehn berufliche Schulen,
- sechs sonstige Förderschulen,
- eine Abendschule und
- ein Hessenkolleg.

Alles klar? Vielleicht brauchte man da doch jemanden, der einem durch diesen Dschungel hilft? Beim Schulamt kennt man sich bestimmt aus.

**Schupo-Siedlung**
Im **Stadtteil ->Wehlheiden** wurde in den Jahren 1922 und 1923 vom **Siedlerverein der Schutzpolizei** (den gab es wirklich!) eine Siedlung errichtet, deren Häuser durch ihre ungewöhnlich gerundete Dachform auffielen. Weil ihre Eigentümer Schutzpolizisten waren, hieß die Siedlung im Volksmund bald „Schupo-Siedlung".
Von den Häusern mit den außergewöhnlichen Dächern sind noch ein paar erhalten. Sie sehen wirklich ein bisschen sonderbar aus.

**Schütz, Heinrich**
Heinrich Schütz (*08?.10.1585, †06.11.1672) gilt als einer der größten deutschen Komponisten des 17. Jahrhunderts. Er kam auf Veranlassung des Landgrafen **->Moritz** des Gelehrten (1592–1627) an die Kasseler Hofschule, das **->Collegium Mauritianum**, wo er gesanglich ausgebildet wurde. Schütz begann 1608 in Marburg Jura zu studieren, bildete sich aber gleichzeitig musikalisch weiter, lernte Orgel zu spielen und das **Komponisten-Handwerk**.
Ein Stipendium seines landgräflichen Förderers ermöglichte ihm zwischen 1609 und 1612 einen Italien-Aufenthalt und ein Studium bei dem italienischen Komponisten Giovanni Gabrieli in Venedig.
Heinrich Schütz kehrte nach Kassel zurück und wurde zweiter Organist am Hof des Landgrafen.
1617 ging er als Hofkapellmeister nach Sachsen, dem Ruf des Kurfürsten folgend. Hier blieb er bis zu seinem Lebensende, unterbrochen nur von einigen Jahren zwischen 1633 und 1644 am Hofe des dänischen Königs in Kopenhagen.

Heinrich Schütz gilt als **Komponist der ersten deutschen Oper**. In Kassel sind eine Schule und eine Straße nach ihm benannt.

**Schwaneninsel**
Im **Aueteich** in der **->Karlsaue** liegt die Schwaneninsel, die auf einem Plateau einen kleinen Tempel trägt. Teich und Insel wurden 1722 bis 1728 künstlich angelegt. Mit dem **Tempelchen** in der Mitte wirkt die Insel ausgesprochen ästhetisch-romantisch. Das Ufer des Aueteichs lädt besonders im Sommer zum Verweilen und Schauen ein.

**Schwimmbäder (->Freibäder, ->Hallenbäder)**

**Seidel, Willi (->Oberbürgermeister)**

**Seidenes Strümpfchen**
Wie dieser Straßenname entstanden ist, lässt sich nur noch vermuten. Manche bringen ihn mit dem Rotlicht-Milieu in Verbindung, andere denken an einen Strumpfhandel – beide Gewerbe haben aber wohl eher wenig bis nichts mit der Gasse zu tun gehabt, die diesen etwas frivol klingenden Namen trägt.
Einleuchtend klingt die Erklärung des Schriftstellers und Heimatdichters Paul **->Heidelbach**. Er vermutet, man habe das Sträßchen ursprünglich als „**Seitenstumpf**" oder „**Seitenstümpfchen**" bezeichnet, weil es als **schmale Seitengasse** für den Durchgangsverkehr auf Rädern wenig geeignet war: An seinem Ende führten Treppen weiter, es endete „stumpf". Und aus dem Seitenstümpfchen machten die Kasseläner dann wortspielerisch Seidenes Strümpfchen.
Der Zweite Weltkrieg hat dem Gässchen leider seinen Reiz genommen, der sonderbare Name jedoch ist geblieben.

**Seifenkistenrennen**
Rennen in Seifenkisten gibt es heute auch noch, aber was sind das für Fahrzeuge, die da laufen, genormt wie aus dem Baukasten?
Das war in den fünfziger Jahren in Kassel noch anders: Man „erfand" seine Seifenkiste selbst, trug die Einzelteile zusammen und baute ein möglichst windschnittiges Gefährt. Man strich es bunt an und hatte manchmal am Ende die Bremse vergessen, dann musste der Vater mit ran, den Mangel zu beheben.
Die heimischen Rennstrecken variierten, toll war die Strecke von vor dem **Schlosshotel** bis zur Endstation der **->Straßenbahn**, langweiliger, weil nicht so schnell und kürzer, die vor dem **->Generalkommando**. Aber Spaß hat es allemal gemacht, hier wie da.

**Selbert, Elisabeth**
Elisabeth Selbert (*22.09.1896, †09.06.1986), eine der vier Mütter des Grundgesetzes (bei 61 Vätern!) im Parlamentarischen Rat, machte Abitur 1925 – mit fast dreißig Jahren und als Mutter von zwei Kindern. Danach be-

gann sie, unterstützt von ihrem Mann und ihren Eltern, Jura zu studieren, zunächst in Marburg, später in Göttingen.
Elisabeth Selbert, geboren und aufgewachsen in Kassel, wurde gegen alle Schwierigkeiten Anwältin in ihrer Heimatstadt. Sozialdemokratin war sie seit 1918 – ihr Mann hatte sie mit der Partei zusammengebracht – und von Anfang an kämpfte sie für die Rechte der Frauen in der Gesellschaft, von denen sie selbst festgestellt hatte, dass sie häufig genug, wenn überhaupt, nur auf dem Papier standen. Das war kein leichter Kampf, traf sie doch immer wieder auf harsche Widerstände der Männer.
Als sie 1948 dann zu denen gehörte, die **das Grundgesetz für die Bundesrepublik Deutschland** erarbeiten sollten, setzte sie den noch heute geltenden Gleichheitsgrundsatz durch: **Männer und Frauen sind gleichberechtigt** – das war eindeutig, unmissverständlich, nicht interpretationsfähig.
Ihre Partei ist Elisabeth Selbert nie gerecht geworden. Sie, die hohe Ämter zweifellos hätte ausfüllen können, hatte keine Förderer in den eigenen Reihen. Drei Legislaturperioden gehörte sie dem **Hessischen Landtag** an, dann schied sie aus der Politik aus und arbeitete bis ins hohe Alter weiter als Rechtsanwältin.
Elisabeth Selbert wurde 1984 **Ehrenbürgerin** ihrer Heimatstadt.

**Sichelbachstollen**
Der Sichelbachstollen ist 200 Meter lang und verbindet den **->Sichelbachteich** und den **->Herkules**. Landgraf **->Karl** (1677–1730) ließ ihn anlegen, um die Wasserzufuhr zu den **->Kaskaden** sicherzustellen.
Der Stollen ist nicht sehr hoch und breit – ein Mensch kann gerade darin stehen. Er ist ausgemauert, so kann das Wasser besser fließen. Unterhalb des Oktogons tritt er aus dem Berg, hier wird sein Wasser im **Unglücksteich** (der heißt so, weil bei seiner Errichtung 1714 ein Handwerker zu Tode kam) gesammelt und den **->Kaskaden** zugeführt.

**Sichelbachteich**
Im zwischen 1696 und 1705 angelegten Sichelbachteich hinter dem **->Herkules** wird das für die **->Wasserspiele** benötigte kostbare Nass gespeichert, immerhin 40 000 Kubikmeter.
Der Teich versorgt zwei weitere Reservoirs: den **Feuerlöschteich** und den **Unglücksteich** (so genannt, weil hier 1714 ein Handwerker tödlich verunglückt ist).
Im Sichelbachteich tummeln sich Karpfen, Zander und Schleien, sie sorgen ebenso wie diverse Wasserpflanzen dafür, dass das Gewässer nicht „umkippt", sondern biologisch im Gleichgewicht bleibt.

**Siebenbergen**
Die Blumeninsel Siebenbergen wurde 1710 im Auftrag Landgraf **->Karls** (1677–1730) zusammen mit dem **Aueteich** und der **->Schwaneninsel** angelegt. Ihren Namen hat sie wegen einiger kleiner Aussichtsberge bekommen, die die Insel ursprünglich zierten.
Dem Hofgartendirektor Wilhelm **->Hentze** blieb es zwischen 1822 und 1864 vorbehalten, die Insel neu zu gestalten. Er gab ihr eine andere Form, ließ die Berge teilweise abtragen und schuf einen natürlichen **Landschafts-**

**garten** mit befestigten Gehwegen. Neben zahlreichen einheimischen Stauden und Blumen wurden auch exotische Gewächse angepflanzt. Hentzes besondere Liebe galt den Bodenblühern im Frühjahr, denen er seine ganze Aufmerksamkeit schenkte. Er legte nach dem Vorbild englischer Landschaftsgärten, die Kurfürst **->Wilhelm II.** (1821–1847) besonders schätzte, viele sehr schöne Pflanzensammlungen an.
Früher erreichte man die Blumeninsel mit einer Fähre. Heute geht man, weniger romantisch, über eine kleine Brücke. Aber wie immer man Siebenbergen erreicht: die Insel ist noch immer ein Kleinod und einen Besuch wert.

**Siebentausend Eichen**
„7000 Eichen – **Stadtverwaldung statt Stadtverwaltung**“ war das Motto, unter dem der deutsche Künstler Joseph **->Beuys** zur **documenta 7** im Jahr 1982 begann, ein Kunstwerk im öffentlichen Raum zu errichten, dessen Vollendung über mehrere Jahre gehen sollte. Mit freiwilligen Helfern pflanzte er nach und nach siebentausend Bäume in Kassel und stellte neben jeden einen **Basaltblock**. Das Ende seiner Aktion erlebte Beuys nicht mehr, er starb 1986. Den letzten der Bäume pflanzte sein Sohn während der **documenta 8** im Jahr 1987.
Anfangs traf der Künstler in der Stadt auf wenig Verständnis für sein Vorhaben, nicht wenige lehnten es rundweg ab. Heute gehören die Beuys-Eichen mit dem Basaltfelsen zum Straßenbild. Und viele Kasseler sind heute sogar ein wenig stolz auf dieses so einmalige und außergewöhnliche Kunstwerk.

**Sömmering, Dr. Samuel Thomas von**
Der Anatom, Physiologe, Naturwissenschaftler und Forscher Dr. Samuel Thomas von Sömmering (*25.01.1755, †02.03.1830) studierte ab 1774 Medizin in Göttingen. Nach seiner Promotion vier Jahre später ging er auf Reisen und wurde 1779 Professor für Anatomie am **->Collegium Carolinum**. In diese Zeit fällt seine Freundschaft mit dem Naturforscher und Reiseschriftsteller Georg **->Forster** und seine Bekanntschaft mit Johann Wolfgang von **->Goethe**, mit dem er über lange Jahre in schriftlicher Verbindung stand.
Seine wissenschaftlichen Arbeiten befassten sich vor allem mit dem menschlichen Nervensystem und den Sinnesorganen. Seine Erkenntnisse über die Hirnbasis und die Hirnnerven gelten noch heute.
Breite naturwissenschaftliche Kenntnisse und Interessen ermöglichten es ihm, sich u. a. auch mit physikalisch-technischen, anthropologischen, astronomischen und philosophischen Fragen auseinanderzusetzen und darüber zu schreiben. Als er starb, hinterließ er ein umfangreiches und breit gestreutes wissenschaftliches Werk.
In Kassel wurde ein Platz nach Samuel Thomas Sömmering benannt.

**Speckkuchen**
Der Name klingt wie ein Widerspruch in sich: wie kann Speck mit Kuchen harmonieren? Die **Kasseler Bäcker** wissen seit über 200 Jahren, wie das geht. Sie rollen Brotteig auf einem Backblech aus (das sieht dann aus wie der Teig für einen Blechkuchen) und belegen ihn dann unter Verwendung

von **Quark**, **->Schmand**, **Eiern** und **Schnittlauch** mit **Speckscheiben**. Das kommt dann in den Backofen und ist nach seiner Fertigstellung ein schmackhaftes, wenn auch kein süßes, Kuchengebäck, das nach Möglichkeit warm „vom Blech“ gegessen werden sollte.
**Leckeren Speckkuchen** gibt’s zum Beispiel jedes Jahr auf dem Kasseler Weihnachtsmarkt. Man sollte nicht daran vorbeigehen.

**Spitzhacke**
Zur **documenta 7** im Jahr 1982 schuf der amerikanische Künstler Claes Oldenburg (*28.01.1929) dieses Objekt aus blauem Stahl. Die zwölf Meter hohe Spitzhacke steht am Ufer der **->Fulda** am Rande der **->Karlsaue** unweit **der ->Hessenkampfbahn**. Eingeschlagen in die Ufererde zeigt die Hacke mit ihrem Stiel zum **->Herkules.** Es entsteht der Eindruck, als habe der Halbgott das Werkzeug über die Stadt hinweg hierher geschleudert.
Die Skulptur entwickelt eine eigenartige Symbolik (die aber 1982 nicht beabsichtigt gewesen sein konnte), wenn man das Kunstwerk heute mit dem Wiedererstehen der im Zweiten Weltkrieg untergegangenen **->Unterneustadt** auf der anderen Seite des Flusses, der Spitzhacke gegenüber, in den neunziger Jahren in Verbindung bringt.

**Spitzname der Kasseler**
„**Windbiedel**“ (Windbeutel) werden die Kasseler genannt, nach einem Gebäck, das in Kassel auch heute noch gern gegessen wird. Es handelt sich dabei um einen hohlen, runden, etwas weniger als handtellergroßen **Kuchen aus Brandteig**, der im Wesentlichen mit Schlagsahne gefüllt ist. Er schmeckt hervorragend, ist aber nicht leicht zu essen. Beißt man hinein, quillt die Sahne heraus – da braucht man schon etwas Übung.
Zum Spitznamen für die Kasseler wurde der Name des Gebäcks sehr wahrscheinlich auf einem Umweg. Rudolf Erich **->Raspe**, Professor für Altertümer am **->Collegium Carolinum** in Kassel, nannte 1772 einen Franzosen am Hofe des **Landgrafen ->Friedrich II.** einen „**französischen Windbeutel**“, wahrscheinlich, weil er ihn aufgeblasen und hohl fand. Das gefiel der Landbevölkerung um Kassel herum offenbar so gut, dass sie die Bezeichnung auf die benachbarten Städter übertrug, die ihr wohl dann und wann auch aufgeblasen und „von oben herab“ gegenübertraten.

**Spitznamen der Stadtteilbewohner**
Die Einwohner der Dörfer, die nahe bei Kassel lagen und in die Stadt eingemeindet wurden, brachten ihre Spitznamen mit in die Stadt. Diese Spitznamen waren alt, niemand kann sagen, wann sie von wem erfunden wurden. Aber die, die sie einmal hatten, wurden sie bis heute nicht los und sind inzwischen sogar ein wenig stolz darauf. Seltsamerweise fehlen unter den Trägern von Spitznamen die Einwohner von **->Oberzwehren** (eingemeindet 1936). Vielleicht lassen sich ihre Nachbarn ja irgendwann noch etwas für sie einfallen.
Und hier die Stadtteile und die Spitznamen ihrer Bewohner:

- Bettenhausen (eingemeindet 1906)

„**De Sackstopper**" (die Sackstopfer) sind im Stadtteil Bettenhausen zuhause. Dort gab es früher an der **->Losse** zahlreiche **Mühlenbetriebe**, deren Produkte häufig in Säcke verpackt werden mussten, bevor sie transportiert und verkauft werden konnten. Natürlich arbeiteten viele Bettenhäuser in diesen Betrieben, die mit dem Abpacken des Mahlguts beschäftigt waren. Es ist anzunehmen, dass das die Nachbarn inspirierte, die Bettenhäuser nach dieser Tätigkeit zu benennen.

- Harleshausen (eingemeindet 1936)

Immer wieder brachen die Auerochsen Landgraf **->Moritz** des Gelehrten um das Jahr 1604 herum aus ihrem Gehege aus und verwüsteten die Felder der Harleshäuser Bauern. Irgendwann war deren Geduld erschöpft: Sie fingen eines der Tiere, schlachteten es und verteilten das Fleisch untereinander. Aber einer, der nichts abbekommen hatte, verriet die Untat. **Über 200 Jahre zahlten die Harleshäuser Bußgeld** – und hatten ihren Spitznamen weg: sie waren „**de Ossen**" (die Ochsen).

Längst haben die Harleshäuser den Spottnamen zu ihrem Ehrennamen gemacht. Sie feiern dann und wann „**Ossenfeste**" (so etwas wie Kirmes), lesen das Mitteilungsheftchen ihres Bürgervereins, das „**D'r Osse**" heißt und haben in Alt-Harleshausen ihrem Spitznamen mit dem „**Ossenbrunnen**" sogar ein Denkmal gesetzt. Und oberhalb der Gaststätte „**Papen Änne**" in der „**Scharfen Kurve**" kurz vor der Einmündung der Eschebergstraße in die Wolfhager Straße prangt ein „**Ossenkopp**" (Ochsenkopf) an einem Wohnhaus, damit auch der letzte Durchreisende merkt, dass er auf dem Weg ist, Harleshausen, das stolze „**Ossendorf**", zu verlassen.

- Kirchditmold (eingemeindet 1906)

Wer in Kassel von den „**Zäjenböcken**" (Ziegenböcken) spricht, meint die Einwohner von Kirchditmold. Hier lebten in früheren Jahrhunderten rechtschaffene Menschen, die viel arbeiteten und es dennoch nur zu bescheidenem Wohlstand brachten. Die meisten von ihnen konnten sich keine Kuh leisten, dazu reichten die Einkünfte nicht. Aber für eine Ziege langte es allemal und so stand in vielen Ställen „**die Kuh des kleinen Mannes**".

Bald hatten die Kirchditmolder ihren Spitznamen weg, den sie seither mit Gelassenheit tragen und an den sie mit der **Ziegenbock-Skulptur** in der **Nähe des Lindenborns** sogar gern erinnern.

- Niederzwehren (eingemeindet 1936)

Weil die Bratwurst aus Niederzwehren in Kassel legendär ist, bekamen seine Einwohner den Spitznamen „**de Broodwirschte**" (die Bratwürste). Sie tragen ihn nicht ungern, ist er doch inzwischen so etwas wie ein Markenzeichen geworden. Und daran erinnern sie, wenn sie jedes Jahr ihre **->Bratwurst-Kirmes** feiern.

- Nordshausen (eingemeindet 1936)

Die Nordshäuser heißen in Kassel „**de Schdinnewerfer**" (die Steinewerfer).

Wahrscheinlich wurde ihnen ihr Spitzname von den benachbarten Oberzwehrenern verpasst, weil die Nordshäuser in Auseinandersetzungen um was auch immer manchmal eben auch mit Steinen warfen.
Es ist anzunehmen, dass auch ihre Gegner aus dem Nachbardorf keine Unschuldslämmer waren, was die Wahl der „Waffen" anging, aber den Spitznamen haben die Einwohner von Nordshausen abbekommen.

- Rothenditmold (eingemeindet 1906)

Warum die Rothenditmolder „**de Pääreschwänze**" (die Pferdeschwänze) genannt werden, ist nicht so ganz leicht nachzuvollziehen. Wahrscheinlich haben die recht, die erzählen, die Bauern im Dorf Rothenditmold seien recht wohlhabend gewesen. Sie hätten sich, anders als ihre Nachbarn in Kirchditmold, **Pferde für die Feldarbeit** leisten können. Da niemand eine bessere Erklärung für den Rothenditmolder Spitznamen anzubieten hat, geben wir uns mit der, die wir haben, zufrieden.
Dass man in Rothenditmold mit dem Namen umgehen kann, zeigt der **Karnevalsverein „Die Pääreschwänze**". Aber die Karnevalisten müssen ja auch sozusagen von Berufs wegen Humor haben.

- Waldau (eingemeindet 1936)

In Waldau feiern sie seit 1968 jedes Jahr die **->Entenkirmes**, was natürlich etwas damit zu tun hat, dass die Waldauer in Kassel „**de Änden**" (die Enten) genannt werden.
Wie sie zu ihrem Spitznamen kamen, ist nur zu vermuten. Aber man liegt wahrscheinlich nicht allzu sehr daneben, wenn man dafür eine Vielzahl von Wasservögeln im ehemaligen Dorf Waldau verantwortlich macht. Hier lebten eben nicht nur die reichen Bauern, sondern auch Tagelöhner, Handwerker, Arbeiter und Kleinbauern, die sich oft nicht mehr als ein **paar Hühner oder Enten** leisten konnten.

- Wahlershausen (eingemeindet 1906)

Es waren wohl die Kuhbauern, denen die Leute in Wahlershausen, heute ein Teil von **->Bad Wilhelmshöhe**, den Spitznamen „**de Kiehweschwänze**" (die Kuhschwänze) zu verdanken haben. Sie hatten nicht das Geld, um sich Pferde leisten zu können, also bearbeiteten sie ihre Felder mit **Kuhgespannen**.
Heute sind die Wahlershäuser zwar zu Wilhelmshöhern geworden, ihr Spitzname erinnert aber noch immer an die Zeit, als sie zwar ein kleines, aber eigenständiges Dorf waren.

- Wehlheiden (eingemeindet 1899)

Die Einwohner von Wehlheiden werden überall in Kassel „**Wagenrungen**" genannt. Das sind Teile des hinter dem Pferde- oder Kuhgespann laufenden Transportwagens zur Stützung der Seitenwände.
Im Dorf Wehlheiden gab es schon früh zahlreiche Fuhrwerke, da ihre Besitzer Braunkohle aus dem **->Habichtswald** abfuhren. Und da die jungen Wehlheider die **Wagenrungen bei Auseinandersetzungen** manchmal zweck-

entfremdet verwandten, hatten sie bald ihren Spitznamen weg, mit dem sie inzwischen aber bestens leben können.

- Wolfsanger (eingemeindet 1936)

Weil die Bauern aus Wolfsanger früher auf ihren fruchtbaren Feldern an der **->Fulda** Lauch aus Spanien anbauten und das Gemüse dann in Beuteln auf dem Kasseler Markt verkauften, werden sie **„de Schbannschlauchbiedel"** (die Spanisch Lauch-Beutel) genannt. Damit ist klar, dass ihr Spitzname mit gespannten Schläuchen nichts zu tun hat, obwohl eine solche Überlegung durchaus nahe liegt. Auch die Wolfsangerer haben ihren Namen angenommen. Sie feiern jedes Jahr mit Begeisterung ihre **„Schbannschlauch-Kirmes"**.

**Spohr, Louis**

Im Jahr 1822 kam Louis Spohr (*05.04.1784, †22.10.1859) als **Hofkapellmeister** des Kurfürsten **->Wilhelm II.** (1821–1847) nach Kassel und blieb bis zu seinem Lebensende. Er hatte hier über lange Jahre hervorragende Arbeitsmöglichkeiten, sowohl was seine Hofkapelle anging, als auch im Hinblick auf sein kompositorisches Schaffen und seine Musikausübung mit der Geige. Schon bald genoss sein Orchester einen hervorragenden Ruf, seine Musiker spielten auf höchstem Niveau. Louis Spohr komponierte in dieser Zeit zahlreiche Werke, für die er auch außerhalb Kassels hoch gelobt und hoch geehrt wurde. Mit dreiundsiebzig Jahren ging der **Generalmusikdirektor** in den Ruhestand, unfreiwillig, weil dem Kurfürsten seine **liberalen Überzeugungen** missfielen.

Louis Spohr war einer der berühmtesten Musiker seiner Zeit. Er hinterließ über 200 Musikwerke, die beim Publikum und den Fachleuten höchste Anerkennung fanden. Das Kasseler Musikleben prägte er über die siebenunddreißig Jahre seines Wirkens wie kaum ein anderer.

In Anerkennung seiner Verdienste wurde Spohr 1847 zum Ehrenbürger der Stadt Kassel ernannt. Fast ein Vierteljahrhundert nach seinem Tod, im Jahr 1883, wurde auf dem **-> Opernplatz** (der nicht Spohrplatz heißt, wie manche meinen) ein **Denkmal** für den großen Musiker eingeweiht, das ihn mit seiner Geige zeigt. Am Rande des Stadtzentrums führt eine Straße seinen Namen.

**Sportvereine**

Der Sportkreis Kassel ist Heimat von fast 300 Sportvereinen mit rund 92 000 Mitgliedern. Die sportliche Infrastruktur ist in Kassel und Umgebung gut, obwohl vor allem im Winter die Nachfrage nach Trainingsmöglichkeiten in der Halle das Angebot erheblich übersteigt.

Schwerpunkt der Arbeit ist, von wenigen Ausnahmen abgesehen, Breitensport. Hier sind die Vereine dabei, sich den Bedürfnissen und Wünschen ihrer Mitglieder anzupassen, ihre Angebote auch auf sogenannte **Trendsportarten** auszuweiten, ohne den **traditionellen Sportbetrieb** aus dem Blick zu verlieren.

Leistungssport wird dort, wo er betrieben wird, natürlich gefördert, soweit das die Möglichkeiten der Vereine zulassen. Leichtathletische oder andere sportliche Großveranstaltungen finden stets begeisterte Zuschauerinnen und Zuschauer.
Zugenommen hat in allen Vereinen und in allen Sportarten das Interesse an gut ausgebildeten, qualifizierten Übungsleiterinnen und Übungsleitern. Ausbildungsmöglichkeiten, meist überregional, sind vorhanden.

**Staatstheater**
Kassel hat eine lange **Theatertradition**. In den Jahren 1603 bis 1605 gab Landgraf **->Moritz** (1592–1627) den Auftrag, ein massives Theatergebäude zu errichten, das erste in Europa. Er nannte es nach seinem Sohn **->Ottoneum**.
Nach langen Kriegsjahren und wechselnden Aufführungsstätten wurde 1769 an dem Platz, der heute noch Opernplatz heißt, das erste Kasseler **Opernhaus** eingeweiht. 1909 wählte man den südöstlichen Teil des Friedrichsplatzes, um ein neues **Staatstheater** zu errichten, das den Zweiten Weltkrieg aber in wesentlichen Teilen nicht überstand. Es wurde trotz energischer Proteste aus der Bevölkerung 1953 abgerissen.
Nach Jahren der Notbehelfe in der **->Stadthalle** baute **Paul ->Bode** zwischen 1956 und 1959 das heutige **Staatstheater**: das **Opernhaus** unmittelbar am Friedrichsplatz und dahinterliegend das **Schauspielhaus**.

**Stadler, Dr. Hans Herbert (->Oberbürgermeister)**

**Stadtarchiv**
Nach eigener Definition ist es Aufgabe des Stadtarchivs, „**Schriftgut**, **Bildmaterial** und sonstige **Dokumente** zur **Stadtgeschichte** zu sammeln, zu ordnen, zu bewahren und der Öffentlichkeit zugänglich zu machen".
Das Stadtarchiv schreibt die Stadtchronik fort und erforscht die Stadtgeschichte. Es informiert interessierte Bürgerinnen und Bürger über historische Sachverhalte und vermittelt neue Erkenntnisse durch Veröffentlichungen, Vorträge, Seminare und Führungen. Stadthistorisch Interessierte finden im Stadtarchiv die Möglichkeit, sich fachkundig beraten und sachkundig unterstützen zu lassen.

**Stadtgründung**
**König Konrad I.** besuchte im Jahr 913 Kassel und unterzeichnete hier zwei Urkunden, von denen die eine das Kloster Hersfeld, die andere das Frauenstift Meschede betraf. Aus diesen Urkunden geht der Ort ihrer Ausstellung, **Chassalla oder Chassella**, hervor. Beide Schriftstücke, die Kassel zwar nicht unmittelbar betreffen, aber auf Kassel als Ort ihrer Ausstellung hinweisen, sind die ersten, die die Existenz der späteren Stadt belegen. Die Geschichtsforschung geht davon aus, dass Kassel zunächst ein **Königshof** an der **->Fulda** war, aus dem heraus dann später die Stadt entstand. Seine genaue Lage und seine Größe sind bis heute nicht bekannt.

**Stadthalle**

Der Kasseler Industrielle Sigmund **->Aschrott**, der Begründer des **Vorderen Westens**, schenkte der Stadt aus Anlass seines 85. Geburtstags ein über 20 000 m² großes, parkähnliches Grundstück mit der Maßgabe, hier eine Stadthalle zu errichten.

Zwischen 1911 und 1914 wurde die Halle nach Plänen der beiden Architekten Ernst Rothe und Max Hummel fertig gestellt. Immerhin konnten einige Veranstaltungen zur **Tausendjahrfeier** der Stadt im Spätsommer 1913 bereits in der neuen Halle stattfinden; offiziell eingeweiht wurde der neoklassizistische Bau am 01.04.1914.

Glücklicherweise wurde das Gebäude im Zweiten Weltkrieg nur unwesentlich beschädigt und schon 1949 wieder in Stand gesetzt. In den neunziger Jahren erfuhr die Stadthalle eine Komplettsanierung, innen und außen.

Heute heißt die Stadthalle „**Kongress Palais Kassel**". Verschiedene unterschiedlich große Säle und zahlreiche Tagungsräume, Ausstellungs- und Freiflächen bieten interessierten Nutzern vielfältige Veranstaltungsmöglichkeiten, unterstützt von einer Technik, die keine Wünsche offen lässt.

**Stadtmuseum**

Das Kasseler Stadtmuseum ist ein „junges" Museum. Es besteht seit 1979 und dokumentiert die **Stadtgeschichte seit 913**, dem Jahr der ersten urkundlichen Erwähnung Kassels.

In einer ständigen Ausstellung zeigt das Museum die Stadt im Mittelalter, beschreibt ihre Entwicklung von der Residenz- zur Industriestadt im 18., 19. und 20. Jahrhundert und vermittelt Kassels jüngste Geschichte: das 20. Jahrhundert mit zwei Weltkriegen, Inflation, Nationalsozialismus, Zerstörung und Wiederaufbau bis 1955, dem Jahr der **ersten ->Bundesgartenschau** und der **ersten ->documenta**.

Wechselnde Ausstellungen zu stadthistorischen Themen ergänzen das Programm ebenso wie Vorträge und sonstige Veranstaltungen mit stadtgeschichtlichem Bezug.

Der Förderverein „**Freunde des Stadtmuseums**" mit rund 1 500 Mitgliedern unterstützt die Arbeit der Museumsleitung materiell und ideell.

**Stadtteile (alphabetisch):**

Die Stadt Kassel hat **23 Stadtteile** ganz unterschiedlicher Art, **organisch in der Stadt entstandene** oder durch **Eingemeindungen** traditionsreicher Dörfer geschaffene. Kassel ist eine spannende Stadt.

**Bad Wilhelmshöhe (seit 1926, Wahlershausen seit 1906)**

Dieser im Westen Kassels gelegene Stadtteil wird naturgemäß geprägt vom **->Bergpark Wilhelmshöhe** mit dem gleichnamigen **->Schloss** und dem **->Herkules**, der **->Kurhessentherme**, der **Habichtswald** und der **->Ayurvedaklinik** sowie dem damit verbundenen Kurbetrieb. Für das alles wurde Wilhelmshöhe geadelt und darf seit einigen Jahren die Bezeichnung „Bad" im Namen führen. Ursprünglich gehörte die „Villenkolonie" Wilhelmshöhe zum Ortsteil Wahlershausen. Inzwischen hat sich das Bild aber gewandelt. Irgendwie ist Wahl-

ershausen in Wilhelmshöhe aufgegangen – immerhin aber, ohne zu verschwinden.
Wilhelmshöhe, das **Heilbad in der Großstadt**, Wilhelmshöhe, der Stadtteil mit dem **Fernbahnhof**, Wilhelmshöhe – sicher ein besonderer Stadtteil.
Hier leben rund 12 000 Menschen, und von denen warten nicht wenige darauf, dass Schloss und Bergpark Wilhelmshöhe vielleicht doch irgendwann **Weltkulturerbe** werden.

**Bettenhausen (seit 1906)**
Bettenhausen, im Jahr 1145 erstmals urkundlich erwähnt, hat immer von seiner Lage an der **->Losse** profitiert. **Mühlenbetriebe** schufen Arbeitsplätze, **Fabriken** und **industrielle Unternehmen** verschiedener Art siedelten sich hier an und prägten den Ort über Jahrhunderte, die denkmalgeschützten Gebäude der ehemaligen **Schwerweberei Salzmann** zeugen davon.
Heute wird in Bettenhausen ein **->Müllheizkraftwerk** betrieben, verbunden mit einer modernen **Müllverbrennungsanlage**. Rund 8 500 Menschen leben in Bettenhausen, von denen manche doch sehr unter der Verkehrsbelastung leiden, der der Stadtteil ausgesetzt ist. Die meisten aber wollen hier nicht weg, leben oft schon seit Generationen hier. Und wie fast überall in Kassel findet man auch hier in Bettenhausen attraktive Viertel, ein wenig abseits der Hauptverkehrsstraßen, wo man sich richtig wohlfühlen kann.

**Brasselsberg**
Auf dem Berg, der dem Stadtteil seinen Namen gab, steht seit 1904 der **->Bismarckturm**, mitten im Wald und gut zu Fuß zu erreichen. Der Brasselsberg ist ein **beliebtes Wohngebiet**, eine Gartenstadt, die inmitten einer wunderschönen Umgebung liegt.
Der Stadtteil entstand zu Beginn des 20. Jahrhunderts, damals schon als „Kolonie" im Grünen. Er hat kaum Infrastruktur, allerdings sind Bad Wilhelmshöhe oder Nordshausen nicht weit und gut zu erreichen.
Etwa 4 000 Menschen leben hier am Hang des südlichen **->Habichtswaldes**, oft in hübschen, von großen Gärten umgebenen Häusern. Es ist schön hier draußen.

**Fasanenhof (seit 1926)**
Fasanenhof ist ein Stadtteil, der in den zwanziger Jahren des vergangenen Jahrhunderts entstanden ist. Hier haben seinerzeit **genossenschaftlich organisierte Wohnungsbaugesellschaften** Mietwohnungen errichtet, die die Besiedelung noch heute im Wesentlichen prägen. Was fehlt, ist der dörfliche Kern, ein Zentrum. Natürlich kann man hier einkaufen, manches aber nur entlang der **Ihringshäuser Straße**, die Kassel mit Fuldatal verbindet.
In Fasanenhof, wo mehr als 8 500 Menschen leben, findet man viele **Kleingärten**, die für das notwendige Grün im Stadtteil sorgen und die einen hohen Freizeitwert für viele Familien, die hier wohnen, haben.
Ein wichtiger Großbetrieb im Stadtteil ist das Kasseler **->Klinikum**, das das Leben in Fasanenhof natürlich beeinflusst.

**Forstfeld**

Im Osten der Stadt, zwischen den Stadtteilen Bettenhausen und Waldau, liegt Forstfeld, am Fuße des Lindenbergs. Dort leben etwa 7000 Menschen, überwiegend in **Ein- und Zweifamilienhaus-Siedlungen** aus den zwanziger und dreißiger Jahren des vorigen Jahrhunderts und in der **Heinrich-Steul-Siedlung**, die in den siebziger Jahren gebaut wurde.
Forstfeld ist seit 1957 eigener Stadtteil, ins Bewusstsein der Kasseler ist das aber noch nicht so richtig gedrungen. Die einen meinen, die Siedlungen gehörten zu Bettenhausen, andere rechnen sie zu Waldau. Seit Jahrzehnten gibt es eine **Siedlergemeinschaft**, die wesentlich zum Zusammenhalt im Stadtteil beiträgt und selbstbewusst die Interessen der in Forstfeld wohnenden Menschen vertritt.
Die Forstfelder sind zu Recht davon überzeugt, in einer der schönsten Kasseler Wohngegenden zuhause zu sein.

**Harleshausen (seit 1936)**

Harleshausen hat knapp 13000 Einwohner, und die meisten wissen, dass sie in einem sehr schönen Stadtteil leben. Aus einem ehemaligen **Bauern- und späteren Arbeiterdorf** ist ein lebendiger Stadtteil geworden, obwohl die meisten Harleshäuser über ihre Eingemeindung damals stocksauer waren.
Aber das ist lange her. Der Vorort hat sich zu einer **bevorzugten Wohngegend** entwickelt, die trotz aller Modernität noch immer ein wenig dörflich ist. Zum Einkaufen geht man „ins Dorf", das war so und das wird wohl auch noch lange so bleiben. Und alle lieben die Nähe zum Wald, den **->Daspel**, das **->Schwimmbad**, die Felder und Wiesen.
In Harleshausen gibt es einen sehr aktiven Bürgerverein und natürlich die SVH, die Sportvereinigung mit ihrer großen Handballtradition, an die anzuknüpfen man bemüht ist.

**Jungfernkopf**

Große Teile des 1981 selbstständig gewordenen Stadtteils gehörten früher zu Harleshausen. Als der Jungfernkopf immer größer wurde, strebte er nach Eigenständigkeit, was verständlich war.
**Einfamilienhäuser** bestimmen heute das Bild des Stadtteils Jungfernkopf, seine Infrastruktur ist nicht sehr stark ausgeprägt. Allerdings haben die Einwohner kurze Wege nach Harleshausen oder Vellmar.
Knapp 4000 Menschen leben hier im Nordwesten, natur- und stadtnah.

**Kirchditmold (seit 1906)**

Kirchditmold hat 10500 Einwohner, es war und ist noch immer ein **beliebter Wohnort**. Von hier ist es nicht weit in den **->Habichtswald** mit seinen schönen Spazierwegen. Die Straßenbahn bringt die, die nicht mehr so gut zu Fuß sind, zur **->Hessenschanze**, direkt bis an den Waldesrand.
Für Historiker ist Kirchditmold besonders interessant, spielte es doch im Mittelalter eine bedeutende Rolle im christlichen Leben Hessens. Später war es ein stetig wachsendes **Bauerndorf**, das immer dichter an die Residenzstadt Kassel heranrückte.

Sein Ortskern ist noch immer geprägt von Fachwerkhäusern, die um die alte Kirche herum kleine Gassen bilden. Das geschäftliche Zentrum liegt in der **->Teichstraße** und nahe dabei, wo sich zahlreiche Dienstleister niedergelassen haben. Hier bekommt man fast alles, was man zum Leben so braucht.

**Mitte**
Im Stadtteil Mitte trifft der Besucher auf Kasseler Geschichte. Hier steht die **->Martinskirche**, breitet sich der **->Friedrichsplatz** aus, zeigt der **->Königsplatz** sein Gesicht, ist die **->Markthalle** nicht weit und auch den **->Kulturbahnhof** kann man fußläufig erreichen. Mitte, das ist das Zentrum der Stadt, im Zweiten Weltkrieg besonders geschunden, aber wiedererstanden mit Kaufhäusern, Einkaufsgalerien und zahlreichen Geschäften entlang der **->Königsstraße**. Im Stadtteil Mitte gibt es seit 1953 mit der **->Treppenstraße** die erste Fußgängerzone Deutschlands, inzwischen sind weitere Teile der Innenstadt verkehrsberuhigt. Zum Stadtteil gehören **->Entenanger** und **->Weinberg (?)**, (Ja, der Weinberg gehört offiziell, zumindest in großen Teilen, zum Stadtteil Mitte, ohne den Südstädtern „auf die Füße" treten zu wollen!), hier liegen das **->Staatstheater** und die **Kinos**, **Kneipen** und **Cafés** – und natürlich das **->Rathaus**.
Architektonisch ist vielleicht nicht immer alles schön, aber hier schlägt das Herz der Stadt – nicht 24 Stunden, eben einer mittleren Großstadt angepasst.
Der Stadtteil Mitte hat rund 7 500 Einwohner.

**Niederzwehren (seit 1936)**
Der im Süden Kassels gelegene Stadtteil Niederzwehren ist der drittgrößte der Stadt, nach Bad Wilhelmshöhe und Harleshausen. Er verfügt über sehr viel Fläche und einen der schönsten Ortskerne in Kassel. Hier lebte die **->Märchenfrau** der Brüder Grimm, **Dorothea ->Viehmann**.
Am Stadtteilrand stehen zwei Kraftwerke: das **Fernwärmekraftwerk** und das **Kombi-Heizkraftwerk**. Ein großes Einkaufszentrum, das **->dez**, bietet seine Dienstleistungen den etwa 11 300 Einwohnern und den Menschen in der Region an.
Besonders am Herzen liegt den Niederzwehrenern ihr Naherholungsgebiet, das **Lange Feld**. Die Stadtverwaltung würde hier gern Industrie ansiedeln, man streitet um den richtigen Weg: Arbeitsplätze oder „grüne Lunge" – keine leichte Entscheidung.

**Nord-Holland**
Kein Mensch in Kassel nennt diesen Stadtteil „Nord-Holland". Die **Nordstadt** heißt er, schlicht und einfach. In früheren Jahren war er ein **Arbeiterstadtteil**. Hier hatte die Fa. **->Henschel** ihre Werke, bei ihr standen viele hundert Familienväter in Arbeit und Brot. Heute, ohne Henschel, bestimmt die **->Universität** das Bild des Stadtteils, viele junge Leute leben hier, aber auch viele Menschen mit „Migrationshintergrund" (fast 35 %).Wenn es irgendwo in Kassel kulturelle Vielfalt gibt, dann hier.
Die Nordstadt entlang der **Holländischen Straße** (daher der zweite Teil des

Namens, „Holland") ist ein Stadtteil in Bewegung. Attraktiv ist das **->Kulturzentrum Schlachthof**, einen Besuch wert der **Nordstadtpark**. Und wer die Ruhe sucht, findet sie auch schon vor der Zeit unter prachtvollen Bäumen auf dem **Hauptfriedhof**, bei der Betrachtung alter Gräber oder mit einem Buch in der Hand auf einer der zahlreichen Ruhebänke.

**Nordshausen (seit 1936)**
Ein Stadtteil mit Geschichte – das ist Nordshausen. Um die **->Klosterkirche** herum ist der Grund besonders historisch, die Kirche selbst und die **Zehntscheune** künden davon.
Nordshausen hat sich von allen Stadtteilen seinen dörflichen Charakter am ehesten bewahrt, darauf sind seine gut 2 000 Einwohner sogar ein wenig stolz. Der kleinste Stadtteil ist bestimmt auch einer der schönsten, umgeben von Feldern und Wiesen, mit der **->Dönche**, einem früheren Truppenübungsplatz, als inzwischen gern besuchtem Naherholungsgebiet.
Die Nordshäuser Bevölkerung hat viel für ihren Ort am südlichen Rand der Stadt getan. Darauf darf sie zu Recht stolz sein.

**Oberzwehren (seit 1936)**
Oberzwehren hat mehrere Gesichter: da gibt es den Ortskern des früheren **Bauerndorfes**, da gibt es die **Brückenhof- und Mattenbergsiedlung**, beide multikulturell geprägt, und da gibt es die **Ein- und Zwei-Familienhaus-Siedlung am Schenkelsberg**. Das alles unter einen Hut zu bringen, ist für die Verantwortlichen nicht immer einfach. Bald 13 000 Menschen leben in Oberzwehren, mehr als 2 000 davon sind Migranten.
Vor ihrer Haustüre liegt die **->Dönche**, wo die Ortskundigen gern spazieren gehen, ein weiteres Erholungsgebiet breitet sich am **Heisebach** aus und wie ihre Nachbarn in Niederzwehren befürchten die Oberzwehrener die Bebauung des Langen Feldes, das auch für sie „grüne Lunge" ist.

**Philippinenhof-Warteberg**
Auf Landgraf **->Friedrich II.** (1760–1785) und dessen Gründung der „Kolonie" oder Siedlung Philippinenhof im Jahr 1778 geht der nördlichste Kasseler Stadtteil historisch zurück. Nur wenige Menschen lebten zunächst hier, erst Anfang des 20. Jahrhunderts, im Zuge der Industrialisierung, wuchs der Stadtteil. In den dreißiger Jahren entstand die **Eigenheimsiedlung am Warteberg**, die **Adam-von-Trott-zu-Solz-Siedlung** wurde zwischen 1958 und 1964 gebaut. Als dritte Wohnanlage errichtete die **Gemeinnützige Wohnungsbaugesellschaft der Stadt Kassel** (GWG) in den Siebzigern dann eine weitere Siedlung. Heute wohnen hier etwa 4 000 Menschen in durchaus angenehmem Umfeld.

**Rothenditmold (seit 1906)**
Wer von **Industrieansiedlung** in Kassel spricht, spricht bald auch von Rothenditmold. Als die Fa. **->Henschel** begann, Lokomotiven und andere Fahrzeuge im Ort zu bauen, fand das ursprünglich **dörfliche Leben** ein Ende. Rothenditmold wurde früh eingemeindet, die Stadt Kassel wollte wohl am

wirtschaftlichen Aufschwung teilhaben. Allerdings musste sie auch einiges in die dörfliche Infrastruktur investieren – ganz umsonst war der Ort dann doch nicht zu haben.
Rothenditmold ist noch heute Industriestandort, große Anlagen und Gewerbegebiete künden davon. Das **Achswerk von Mercedes Benz** beschäftigt allein über 3 000 Menschen.
Aber es gibt nicht nur Industriebauten hier, der Vorort hat auch seine hübschen Nischen, am **->Döllbach** zum Beispiel und in den **Schrebergarten-Kolonien**. Und da sind auch noch der **alte Ortskern**, um den herum sich die Wohngebiete erstrecken und die **->Rothenberg-Siedlung**, von Otto **->Haesler** gebaut und heute ein Denkmal.
Rothenditmold hat etwa 6 500 Einwohner, ein Viertel davon Migranten.

**Südstadt**
Rechts und links entlang der **Frankfurter Straße** ziehen sich die Wohngebiete der Südstadt, eine Mischung aus Altem und Neuem, Jugendstil- und Nachkriegsarchitektur. Besonders interessant sind die **Auefeld- und die ehemalige Belgische Siedlung**, die den Stadtteil prägen.
Und natürlich gehören zur Südstadt die **->Karlsaue**, die **->Orangerie**, der **Auedamm** mit dem Fuldaufer und den zahlreichen **Bootshäusern** und **Restaurationsbetrieben**, nicht zu vergessen das **->Auestadion** und die **Eissporthalle**.
Und der **->Weinberg**? Ist doch klar, gehört zur Südstadt. Man soll ihn den Südstädtern auch lassen, doch offiziell ...? (siehe auch Stadtteil **Mitte**)
Eine Facette mehr ist die **Kunsthochschule**, die als Teil der **->Universität** am Rande der Karlsaue schon lange ihren Platz gefunden hat.
Die Südstadt ist ein abwechslungsreicher Stadtteil und die meisten der rund 7 000 Menschen, die hier wohnen, leben gern hier.

**Süsterfeld-Helleböhn**
Dieser im Südwesten Kassels gelegene Stadtteil besteht aus vier voneinander deutlich abgrenzbaren Bereichen, die auch zu ganz unterschiedlichen Zeiten besiedelt wurden.
Süsterfeld ist aus einer in den dreißiger Jahren des vorigen Jahrhunderts errichteten **Ein- und Zwei-Familienhaus-Siedlung** für Arbeiter und Erwerbslose entstanden. **Helleböhn** dagegen entstand als typische **Wohnsiedlung des sozialen Wohnungsbaus**, wie sie in den fünfziger und sechziger Jahren gebaut wurden – einzelne Blocks mit drei oder vier Geschossen.
Dann gibt es im Stadtteil noch die kleine **Holzgarten-Siedlung** am **Westfriedhof**, eine Eigenheimsiedlung der etwas gehobeneren Art. Und schließlich ist da noch die Siedlung „**documenta urbana**", entstanden 1982 anlässlich der Kasseler Weltkunstausstellung.
Der Stadtteil zeigt viel Grün, ein (wenn auch nicht sehr großer) Teil des Naherholungsgebiets **->Dönche** wird ihm zugerechnet, ebenso der Westfriedhof. Süsterfeld-Helleböhn hat rund 6 000 Einwohner.

**Unterneustadt**
Ursprünglich hieß dieser alte Kasseler Stadtteil einfach „Neustadt", aber als

Landgraf **->Karl** (1677–1730) für die hugenottischen Glaubensflüchtlinge aus Frankreich die **->Oberneustadt bauen** ließ, nannte man ihn zur besseren Unterscheidung Unterneustadt.
Der Stadtteil, auf der östlichen Seite der **->Fulda** gelegen, fiel fast völlig den Bomben des Zweiten Weltkriegs zum Opfer. Es sollte mehr als fünfzig Jahre dauern, bis man den Weg für eine Neubebauung gemeinsam mit dem Denkmalschutz gefunden hatte: Auf dem Grundriss des untergegangenen Stadtteils sollte ein neuer entstehen. Historische Reste blieben für immer unangetastet in der Erde.
Unmittelbar an der **->Fulda** entstand in einem **viel beachteten Projekt** der alte Stadtteil neu, ergänzt um einige Bauten, die den Krieg überdauerten, aus dem 19. und 20. Jahrhundert, etwas abseits vom Fluss.
Etwas mehr als 3 500 Menschen leben heute in der Unterneustadt, dem alten Stadtteil, der weitestgehend neu „erfunden" werden musste.

**Waldau (seit 1936)**
Waldau – das ist für viele Kasseler dieses fantastische **Freizeitgelände** gegenüber der **->Karlsaue** mit dem **Buga-See**, der im Rahmen der **->Bundesgartenschau** 1981 (deshalb Bu-ga!) angelegt wurde. Und das sind die **Waldauer Wiesen** mit ihren vielen Sportplätzen. Und ganz sicher ist es auch dieser so erfolgversprechende **->Industriepark**, der für Arbeitsplätze und Wohlstand der Stadt steht.
Aber Waldau ist noch mehr, es ist das **ehemalige Dorf** vor der Stadt mit Bauernhöfen und Landwirtschaft und es ist der erste Kasseler **->Flugplatz**, an den sich viele noch erinnern. Heute ist Waldau auch die **Wohnstadt**, eine Siedlung aus den sechziger Jahren des vorigen Jahrhunderts, die den Ort vergrößerte und „städtischer" machte.
Die Waldauer haben es nicht weit, wenn sie ihre Freizeit genießen wollen, sie haben das Erholungsgebiet direkt vor der Haustür. Viele der mehr als 6 500 Einwohner wissen den Freizeitwert ihres Wohnorts zu schätzen – die sportlichen, die gern joggen, schwimmen oder Rad fahren, genauso wie die, die sich am See sonnen und einfach nur ausruhen wollen. Und in Waldau ist die „**Offene Schule**" daheim, eine moderne Schule mit Vorbildcharakter.

**Wehlheiden (seit 1899)**
Schon früh wurde Wehlheiden eingemeindet. Die Stadt hatte das Dorf mehr und mehr aufgesogen, da schien eine Vereinigung nur folgerichtig.
Der Stadtteil liegt zwischen **->Bad Wilhelmshöhe** und der Innenstadt, Altbauten aus der Kaiserzeit prägen entlang der **->Wilhelmshöher Allee** das Bild.
Wehlheiden ist ein Wohnbezirk mit vielen Ein- und Zweifamilienhäusern in hübschen Gärten, aber auch mit zahlreichen Mietwohnungen, teilweise genossenschaftlich errichtet. Einige aber leben eher unfreiwillig in Wehlheiden: die Insassen des hier seit 1882 „heimischen" **->Gefängnisses**.
Zentrale Punkte im Ort sind der **Wehlheider Platz** mit seinem Wochenmarkt und der **Stockplatz** mit dem samstäglichen Flohmarkt. Kassel liebt Wehlheiden besonders wegen seiner einmaligen **->Wehlheider Kirmes** – die Veran-

staltung ist einfach Legende. An den Kirmestagen feiern nicht nur die rund 13 000 Wehlheider, dann ist auch das restliche Kassel weitgehend vertreten, einschließlich seiner politischen Repräsentanten.

**Wesertor**

Mit historischen Gebäuden ist der Stadtteil Wesertor nicht unbedingt reich gesegnet, mit Ausnahme der **->Zeughaus-Ruine** und des auf- und umgebauten **->Karlshospitals** findet sich seit dem Ende des Zweiten Weltkriegs hier kaum noch etwas, was von besonderem geschichtlichen Interesse wäre. Viel Diskussionen führte und führt man um den alten **Reitstall**.

Zwischen Fuldaufer und **->Möncheberg** erstreckt sich der Stadtteil. Von seiner ehemaligen Bebauung ist nicht mal mehr etwas zu ahnen: die Bomben haben hier ganze Arbeit geleistet. Schön ist der Ort, wo er an die Fulda stößt. Hier findet der Gast Grünanlagen, Uferwiesen und zahlreiche Kleingärten. Und am **->Finkenherd** kann man die Seele baumeln lassen, wenn einem danach ist.

Am Wesertor trifft man wie in der Nordstadt und in Oberzwehren auf Menschen aus vielen Nationen. Das macht das Leben hier bunter, manchmal aber auch ein wenig problematischer als anderswo. Von den etwa 9 300 Menschen, die im Stadtteil wohnen, sind rund 30% Migranten.

**West**

Wieder so ein Ort, den in Kassel fast keiner unter seinem richtigen Namen kennt. **„Vorderer Westen"** sagt man, wenn man den Stadtteil West meint. Er ist räumlich einer der kleineren Stadtteile, hier leben aber mit rund 15 500 die meisten Menschen.

Es war der Kasseler Unternehmer Sigmund **->Aschrott**, der diesen Stadtteil gründete. Hier wohnte anfangs das gehobene Bürgertum, für die „kleinen Leute" war unter den **Geschäftsleuten**, **Beamten** und **Offizieren** kein Platz. Später etablierte sich hier zum Teil die sogenannte **„alternative Szene"** Kassels. Das **Jugendstil-Viertel** hatte im Zweiten Weltkrieg Glück: erfreulicherweise wurde hier wesentlich weniger zerstört als in anderen Stadtbezirken. Es lohnt sich, im Vorderen Westen spazieren zu gehen und sich umzuschauen, in der **Friedrich-Ebert-Straße**, der **Goethestraße** oder am **->August-Bebel-Platz**.

Im Stadtteil West steht die Kasseler **->Stadthalle**, die sich heute Kongress Palais nennt und das **Diakonie-Gesundheitszentrum**, das für die Zukunft aufgestellte frühere Diakonissenhaus. Und eine rege **Kneipenszene** ist hier zuhause, Straßencafés, Gaststätten, Restaurants – jeder kann finden, wonach er sucht.

**Wolfsanger (seit 1936)-Hasenhecke**

Wolfsanger, im Jahr 811 erstmals urkundlich erwähnt und damit um viele Jahre älter als die „Kernstadt", war über Jahrhunderte ein **Bauerndorf** an der **->Fulda**, bevor es in die Stadt eingemeindet wurde. Die Kasseler kamen (und kommen noch immer) gern hierher, früher zu Fuß, dann mit dem Schiff und heute mit dem Rad – ein toller Uferweg macht's möglich.

Der Stadtteil ist eine reine **Wohngegend**, Industrie sucht man hier vergeblich. Nach seiner Eingemeindung ist der Ort größer geworden. Im **Bossental** und an der **Hasenhecke** ist Neues entstanden, mit viel Grün und Natur herum. Wolfsanger hat heute, die Bewohner der Fulda-Halbinsel Kragenhof eingeschlossen, etwa 6 800 Einwohner.
Im Zweiten Weltkrieg wurde es stark zerstört. Leider ging dadurch die **dörfliche Atmosphäre**, die sich der Ort so lange erhalten konnte, weitgehend verloren. Aber wie in den anderen Stadtteilen, die früher eigenständige Dörfer waren, lieben die Menschen, die hier leben, ihren Ort auf eine besondere Weise. Sie sind, auch wenn er sich verändert hat, mit ihm verbunden. Woanders zu leben, können sich viele kaum vorstellen.

**Stadtwappen**
Das Kasseler Stadtwappen gibt dem Betrachter einige Rätsel auf. Es zeigt einen blauen Schild, der von links oben nach rechts unten von einem silbernen Schrägbalken geteilt wird. Im Feld über dem Balken sind sechs, im Feld unterhalb **sieben dreiblättrige Kleeblätter** angeordnet.
Welche Bedeutung das Wappen hat, ist nicht eindeutig geklärt. Man weiß sicher, dass es aus dem 15. Jahrhundert stammt und das **alte Rathaus am ->Altmarkt** zierte. Die einen sagen, das Wappen stelle die **->Fulda** und **Fischerhütten** auf beiden Seiten des Flusses dar; andere meinen, die Kleeblätter versinnbildlichten die **Zahl der Ratsherren** rechts und links der Fulda; wieder andere interpretieren die Kleeblätter als **Kasseler Vororte**. Das alles ist hübsch zu lesen, wissenschaftlich aber nicht zu belegen, ergo: Nach einer stimmigen Erklärung wird immer noch gesucht.

**Staffellauf Wilhelmshöhe-Kassel**
Im Jahr 1911 fand der **Staffellauf Wilhelmshöhe-Kassel** zum ersten Mal statt. Damals nahmen nur vier Staffeln am Wettlauf teil – ausschließlich männliche, denn Frauen durften noch nicht dabei sein. Erfreulicherweise änderte sich das im Laufe der Jahre aber gründlich. Aus allen Kassler Sportvereinen, Schulen und Gruppen, die Lust hatten, mit zu laufen, fanden sich Staffeln zusammen, die **->Wilhelmshöher Allee** von Wilhelmshöhe zur Innenstadt hinunterzulaufen: Handballer, Fußballer, Turnerinnen und Turner, Radsportler, Schwerathleten, Schülerinnen und Schüler, wer immer Spaß daran hatte, konnte mitmachen. Es gab Familien in Kassel, die schon in der dritten Generation am Staffellauf teilnahmen.
Jahrzehntelang war er ein **sportliches Großereignis** in Kassel, bis irgendwann dann das Interesse daran immer mehr nachließ. Heute ist der Staffellauf sanft entschlummert und es sieht nicht so aus, als könnte er wieder wach geküsst werden.

**Ständehaus**
Von 1834 bis 1836 von Hofbaudirektor **Julius Eugen Ruhl** im italienischen Renaissancestil erbaut, ist das Ständehaus am Kasseler **Ständeplatz** das äl-

teste hessische **Parlamentsgebäude**. Hier kamen die Landstände, der kurhessische Landtag, zusammen, um auf der Grundlage der sehr modernen Verfassung von 1831 die Politik im **Kurfürstentum Hessen-Kassel** mitzubestimmen. Dass das den reaktionären Kurfürsten nicht sehr gefiel, kann man sich leicht vorstellen. Ihr Bemühen um eine Restauration, die Wiedereinführung der früheren Verhältnisse, führte immer wieder zu Auseinandersetzungen mit dem Parlament, in dem insbesondere das **liberale Bürgertum** um seine Rechte kämpfte.
Nach der **Annexion Kurhessens durch Preußen** im Jahr 1866 tagten im Ständehaus die Kommunal- und Provinziallandtage als kommunale Selbstverwaltungskörperschaften, bis 1933 die Nationalsozialisten das Gebäude für ihre Zwecke missbrauchten.
Nach dem Zweiten Weltkrieg wurde das durch Bomben teilzerstörte Ständehaus wieder aufgebaut. Nach Fertigstellung des Innenausbaus übernahm der **Landeswohlfahrtsverband Hessen** nach seiner Gründung im Jahr 1953 das Gebäude.

**Steinhofer, Karl Friedrich**
Als Karl Friedrich Steinhofer (*05.04.1747, †19.02.1829) in den Dienst des Landgrafen ->**Friedrich II.** (1760–1785) eintrat, konnte er nicht ahnen, welche Bedeutung er einmal für den ->**Bergpark Wilhelmshöhe** und insbesondere seine ->**Wasserspiele** erlangen würde.
Er war zunächst Brunnenarbeiter, arbeitete sich aber allmählich nach oben. Er kümmerte sich um die Wasserversorgung bei Hofe und behob Schäden an den Rohrleitungen der Wasserspiele.
Unter Landgraf ->**Wilhelm IX.** (1785–1821), dem späteren Kurfürst **Wilhelm I.**, schuf er dann seine Wasserfälle: zunächst den **Berg- oder Waldwasserfall** (1793), der heute seinen Namen trägt, dann weitere kleinere und schließlich den **Neuen Wasserfall** (1828), der nie richtig in Betrieb genommen werden konnte.
Karl Steinhofer lebte und arbeitete für die Wasserspiele. Als Inspektor der **Wasserkünste** befasste er sich nahezu rund um die Uhr mit deren Gestaltung. Da kam ihm entgegen, dass er unverheiratet war und in den Familien seiner Geschwister lebte. Der Lauf des Wassers im Bergpark war seine Passion bis zu seinem Tode.

**Steinweg**
Der Steinweg ist heute eine der **Hauptverkehrsstraßen** in Kassel. Er reicht fast (im ersten kurzen Stück ab dem Altmarkt heißt die Straße „**Brüderstraße**“) vom ->**Altmarkt** bis zur Frankfurter Straße, die ihn sozusagen aufnimmt und nach Süden fortführt. Seinen Namen verdankt er der Tatsache, dass er eher als die meisten anderen Kasseler Straßen **gepflastert** war. Nur so konnten ihn **Pferdegespanne** befahren, diesen stadtauswärts (!!) doch erheblich ansteigenden und insbesondere bei schlechtem Wetter gefährlichen Weg. Unbefestigt hätten die Pferde zu leicht ausrutschen können, mit absehbaren Folgen für ihre Fracht.
Es gibt den Steinweg schon sehr lange; manche meinen, er sei 600 Jahre alt

oder sogar noch älter, und es sieht heute weniger denn je so aus, als könnte man auf ihn verzichten. So wie er ist, ist er nicht schön, aber für fußgängerfreundliche Verbesserungen fehlt leider das Geld. Davon weiter zu träumen, ist allerdings nicht verboten.

**Straßenbahn**
Im Stadtbild sind die Straßenbahnen heute selbstverständlich und ohne ihre Tram können sich die meisten Kassel nicht vorstellen. Aber bis zum modernen Schienenfahrzeug, wie es die Menschen in Kassel heute kennen, war es ein langer Weg.
Alles begann damit, dass, nachdem Kassel 1866 preußisch geworden war, in der Stadt so etwas wie Fremdenverkehr entstand. Der **->Bergpark Wilhelmshöhe,** der **->Herkules**, das **->Schloss Wilhelmshöhe** waren attraktive Besuchsziele, da lohnte es sich bald, eine Transportmöglichkeit nach Wilhelmshöhe und zurück einzurichten.
Zunächst verband ein **Pferdeomnibus** die Innenstadt mit dem Bergpark, in den siebziger Jahren des neunzehnten Jahrhunderts. Dann nahm sich ein Kasseler Buchhändler, **Georg Wiegand**, der Sache an. Weil er in Deutschland weder einen Investor noch die nötigen Finanzmittel auftreiben konnte, wandte er sich an eine Londoner Firma, ihm beim Bau einer **Straßenbahnverbindung** zu unterstützen. Die Cassel **Tramway Company Ltd.** wurde gegründet und die sechs Kilometer lange Strecke vom **->Königsplatz** bis fast zum **Schloss** gebaut. Ab Juli 1877 verkehrte eine **Dampf-Straßenbahn** auf dieser Strecke.
Ein paar Jahre später richtete eine weitere Firma eine Straßenbahnverbindung ein: eine Pferdebahnstrecke, die den **->Hauptbahnhof** berührte und in die **Holländische Straße** führte. 1897 übernahm die **Große Casseler Straßenbahn AG**, die Urgroßmutter der Kasseler Verkehrsgesellschaft (KVG), den Straßenbahnbetrieb und baute ihn weiter aus. Im ersten Halbjahr 1898 stellte sie den Betrieb der **Dampf-Straßenbahnen** ein, die Strecken wurden elektrifiziert.

**Straßenbahnmuseum**
Einhundert Jahre **Straßenbahngeschichte** werden im Straßenbahnmuseum Kassel in der **Sandershäuser Straße** lebendig, von der Dampf-Tramway und der Pferdebahn des neunzehnten Jahrhunderts bis zu den Wagen von vor fünfzig oder sechzig Jahren. Es gibt viel zu sehen: zahlreiche Exponate, historische Uniformen, Fahrscheine und Fotos. Straßenbahnfreunde kommen hier bestimmt auf ihre Kosten.

**Strubberg, Friedrich (Armand)**
Mehr als sechzig Abenteuerromane schrieb Friedrich Strubberg (*18.03.1805, †03.04.1889) unter dem **Pseudonym** „Armand", als er nach fast zwanzigjährigem Aufenthalt in Nordamerika nach Kassel zurückkehrte. Er erzählte von eigenen Erlebnissen während seiner Zeit im Indianerland und schmückte sie fantasievoll aus. Seine Romane waren überaus erfolgreich.
Der „**Kasseler Karl May**" hatte Deutschland 1826 verlassen – wahrschein-

lich weil er einen Rivalen um die Gunst eines Mädchens erschossen hatte. In Amerika brachte es der Sohn eines Kasseler Tabakfabrikanten zu bescheidenem Wohlstand. Der Kaufmann war Arzt geworden und wirkte später als „Kolonialdirektor" in der Stadt Fredericksburg, von der einige meinen, er habe sie gegründet. Immerhin unterhält die Universität Yale in New Haven eine „**Friedrich Armand Strubberg Collection**", ein Zeichen dafür, dass er positive Spuren im Land der unbegrenzten Möglichkeiten hinterließ.
1858 kam er nach Europa zurück und begann auf Drängen seiner Freunde in Kassel, seine Erlebnisse aufzuschreiben. Sein großer Erfolg veranlasste ihn, nicht – wie eigentlich geplant – wieder nach Amerika zurückzugehen. Friedrich Strubberg starb in Gelnhausen.

**Sutter-Elf**
Bei Nacht und Nebel hatten die Harleshäuser Handball-Verantwortlichen den **Feldhandball-Nationalspieler Ottmar Sutter** und seine Frau Lore 1947 vom VfL Neckarau zur **SV ->Harleshausen** (der späteren SVH Kassel) geholt, auf einem Lastwagen die Habseligkeiten des Ehepaares.
Ottmar Sutter, den alle nur „Ottel" nannten, wurde Spielertrainer der Kasseler. Mit ihm hatte der Harleshäuser Handball eine Zeit, über die man am **->Daspel** heute noch gern spricht. Der Ausnahmesportler führte die Mannschaft von 1951 bis 1957 und dann wieder 1959 in die Endrundenspiele zur **Deutschen Feldhandball-Meisterschaft**. Zu diesen Spielen – **Sternstunden des Handballs in Nordhessen** – kamen zwischen 8000 und 30000 Zuschauer: die Stadt war im Feldhandball-Fieber.
Als es der Mannschaft 1959 wieder nicht gelang, ins Endspiel einzuziehen, endete die Ära einer Truppe, die nach ihrem Spitzenmann und Trainer „Sutter-Elf" genannt wurde und deren Glanz in Harleshausen längst noch nicht erloschen ist.

**Südstadt (->Stadtteile)**

**Süsterfeld-Helleböhn (->Stadtteile)**

**Synagogen**
Die Geschichte jüdischen Lebens in Kassel reicht bis ins 13. Jahrhundert zurück. Aber aus dem Jahr 1398 ist erstmals überliefert, dass es eine **jüdische Gemeinde** mit Synagoge am Rande der **->Altstadt** zwischen Fuldaufer und **->Kloster Ahnaberg** gegeben hat.
1754 wurde eine kleine Synagoge errichtet, von außen nicht als Gotteshaus zu erkennen und etwas versteckt hinter anderen Gebäuden gelegen.
Obwohl man immer wieder daran dachte, ein größeres Haus zu bauen, wurden entsprechende Pläne nicht realisiert.
1827 musste die Synagoge geschlossen werden, weil sie einsturzgefährdet war. Die Gläubigen trafen sich danach in engen Zimmern, vermutlich in Privaträumen, zum Gottesdienst – ein Zustand, der höchst unbefriedigend war.
1828 beschloss der Gemeindevorstand, neu zu bauen. Nach jahrelangen Diskussionen über den richtigen Entwurf wurde die Errichtung eines den Vor-

stellungen aller Gläubigen entsprechenden Gebetshauses dem Gemeindemitglied Albrecht Rosengarten übertragen. Es war ein stattliches Gebäude, das im August 1839 eingeweiht werden konnte.
Fast hundert Jahre später, am 7.11.1938, verwüsteten die **Nationalsozialisten** die Synagoge und steckten Gebetsrollen und Kultgegenstände in Brand. Vier Tage später beschloss die Stadtverwaltung den Abriss des fast unversehrten Gebäudes.
Nach dem Zweiten Weltkrieg wurde nach Jahren der Improvisation 1952/1953 ein **Betsaal** eingerichtet. 1964 begann man, an der **Bremer Straße** eine neue Synagoge zu bauen, die im Dezember 1965 eingeweiht wurde. Da das Gebäude für die Gläubigen bald schon wieder zu klein wurde, errichtete die jüdische Gemeinde unweit davon einen Neubau, den sie im Mai 2000 feierlich in Besitz nahm.



**Tannenwäldchen**
Zwischen ->**Rothenditmold** und der **->Wilhelmshöher Allee** liegt an der **Kölnischen Straße** ein Bergrücken, der früher **Kratzenberg** hieß. Er hatte zeitweise militärische Bedeutung. Sein oberer Teil wurde erstmals in der zweiten Hälfte des 18. Jahrhunderts „Tannenwäldchen“ genannt.
Der Stadtbaumeister Johannes Wolff legte hier um 1780 herum einen Park an. Ein Wehlheider Wirt betrieb eine Gaststätte, ein **Sommerrestaurant**. Maulbeeren wurden angepflanzt, um Seidenraupen züchten zu können. Beide Unternehmungen waren kein gutes Geschäft. Dem Wirt mangelte es mit der Zeit an Gästen, den Raupen war es nicht warm genug – keine guten Voraussetzungen für erfolgreiches Wirken. Der Wirt schloss sein Gasthaus, die **Seidenraupenzucht** ging ein.
1831 machte man aus dem Tannenwäldchen einen **Lustgarten**, der sechzig Jahre später modernisiert und zu Beginn des neuen Jahrhunderts verändert wurde.
Seit 1870 gab es nahe dem Tannenwäldchen ein **Trinkwasser-Reservoir**, nicht zuletzt wohl auch, weil die Umgebung mehr und mehr bebaut wurde. Das Reservoir musste 1928 erweitert werden und erfüllt noch heute seine Funktion.
1961 ließ Stadtgartendirektor Albrecht von Eichel-Streiber das Tannenwäldchen in Stand setzen und umgestalten. Laubbäume und Rosensträucher wurden angepflanzt und die Wege befestigt.
Heute drehen Jogger im Tannenwäldchen ihre Runden, man geht hier gern spazieren und Kinder können, abseits der großen Straßen, ungefährdet in schöner Umgebung spielen.

**Tapetenmuseum**
Das Deutsche Tapetenmuseum, das einzige Museum seiner Art auf der Welt, wurde 1923 auf Initiative des Hamburger Tapetenfachmanns und Geheim-

rats **Gustav Iven** in Kassel eröffnet. Sein Wunsch war es, „alles auf dem Gebiet des Tapetenwesens vorhandene Material … zu sammeln …“. Er selbst hatte mit seiner Sammlung den Grundstock für das Museum gelegt und in Kassel die besten Voraussetzungen für die Einrichtung gefunden.
Heute beherbergt das Museum ungefähr 18 000 Objekte, von denen rund 600 „Highlights“ aus allen Jahrhunderten und der ganzen Welt gezeigt werden, darunter barocke **Goldledertapeten**, **Tapeten aus China**, einmalige **französische Panoramatapeten** des 19. und wertvolle **Künstler- und Designertapeten** des 20. Jahrhunderts.
Träger des Museums ist, bis dahin privat geführt, seit 1993 das Land Hessen. Zurzeit wird der künftige Standtort des Museums diskutiert.

**Teichstraße**
Wer heute die Teichstraße im Stadtteil **->Kirchditmold** entlang schlendert, sucht das Gewässer, das ihr den Namen gab, vergeblich. Aber es gab ihn, den **Teich**, bis ins Jahr 1914. Er lag ungefähr dort, wo heute die Post und verschiedene Dienstleister ihre Bleibe haben. Im Winter erfreute er sich allgemeiner Beliebtheit unter den Kindern und Jugendlichen Kirchditmolds, weil die hier prima Schlittschuh laufen und manche **->Gliedebahn** anlegen konnten.
Als der Teich dann schließlich, wahrscheinlich aus Gründen des Straßenbaus, zugeschüttet wurde, ging den jungen Leuten ein gern besuchter Spielplatz verloren.

**Teufelsbrücke**
Die Teufelsbrücke, ein Bauwerk im **->Bergpark Wilhelmshöhe**, wurde von Heinrich Christoph **->Jussow** 1792/1793 errichtet. Die Wasser der **->Kaskaden** stürzen sich über Felsen etwa zehn Meter tief in den **Höllenteich**, unter der gebogenen Teufelsbrücke hindurch.
Ursprünglich waren die Handläufe, die Geländer der Brücke, aus Holz; seit 1826 sind sie, von der Firma **->Henschel** hergestellt, aus Eisen.

**Teufelsmauer**
Im **->Habichtswald**, zwischen **->Herbsthäuschen** und **->Bismarckturm**, trifft der Wanderer unweit des **Hirzsteins** auf die Teufelsmauer, eine in einem Tuffsteinbruch stehen gebliebene Basaltwand. Geologen bewundern ihre interessante Struktur, Märchenkenner wissen spannende Geschichten über sie zu erzählen und Wanderer rasten gern in ihrer Nähe, weil der Wald hier einfach besonders schön ist. Die Teufelsmauer ist auf gut ausgebauten Wegen zu erreichen, vom **Stadtteil ->Brasselsberg** her oder aus dem **Druseltal**.

**Tischbein, Johann Heinrich (der Ältere)**
Mit vierzehn Jahren erlernte er zunächst die **Tapetenmalerei**, dann nahm ihn ein Galerieinspektor in die Lehre: Johann Heinrich Tischbein (*03.10.1722, †22.08.1789), den man später zur Unterscheidung von seinem Neffen Heinrich Wilhelm (dem „Goethe-Tischbein“) den Älteren oder den „**Kasseler Tischbein**“ nannte.

Als der Mainzer Graf von Stadion ihn als Maler entdeckte, begann seine künstlerische Laufbahn. Der Graf förderte ihn und finanzierte ihm ausgedehnte Studienaufenthalte in Frankreich und Italien.
Im Jahr 1754 kam Tischbein als Hofmaler Landgraf **->Wilhelms VIII.** (1751–1760) nach **Kassel**. Nach dessen Tod machte ihn Landgraf **->Friedrich II.** (1760–1785) im Jahr 1762 zum Professor der Zeichenkunst und Malerei am **Collegium Carolinum**. 1777 ernannte ihn der Herrscher zum Professor an der neu gegründeten **Maler- und Bildhauerakademie**, an der er u. a. seinen Neffen Heinrich Wilhelm unterrichtete.
Tischbein gilt als bedeutender deutscher **Porträtmaler**, aber auch als **Historien- und Landschaftsmaler** machte er sich einen Namen.
Das Schicksal meinte es am Ende nicht gut mit ihm. In seinen letzten Lebensjahren erlitt er eine schwere Augenerkrankung, die ihn nahezu erblinden ließ.
Zahlreiche Gemälde von Johann Heinrich Tischbein dem Älteren sind heute in der **->Neuen Galerie** zu bewundern.

**Torwache**
Zwei Gebäude, **Wachhäuser** rechts und links der **->Wilhelmshöher Allee**, da, wo sie stadtauswärts beginnt – das ist alles, was man von jenem Stadttor sehen kann, das Heinrich Christoph **->Jussow** um 1805 herum plante, zu bauen begann, aber nie vollendete – wahrscheinlich, weil dann sehr bald die Franzosen die Stadt übernahmen (König **->Jérôme**) und zur Hauptstadt des Königsreichs Westfalen machten.
Der Bau auf der Seite zum **->Hessischen Landesmuseum** hin wird schon lange als **Museum** genutzt, der auf der anderen Seite wurde 1952 Teil des **Hessischen Verwaltungsgerichtshofs**. Hier wohnten von 1814 bis 1822 die **->Brüder Grimm**. Deshalb möchten die dem Erbe der Brüder Grimm in Kassel Verpflichteten diesen Teil der Torwache ebenfalls in ein Museum umwandeln, das an die „Märchenbrüder" erinnert. Gespräche darüber haben 2008 begonnen.

**Traumschiff**
„**Tante Olga**" heißt das Traumschiff, das der deutsche Künstler Anatol (mit bürgerlichem Namen Karl-Heinz Herzfeld, *21.01.1931) während der **documenta 6** im Jahr 1977 ausstellte. Es sieht aus wie ein überdimensioniertes Papierschiff, das heute neben der **Heinrich-Schütz-Schule**, gegenüber dem **->Generalkommando**, auf einer Grünfläche steht. Wer noch nicht zu träumen verlernt hat, kann sich mühelos vorstellen, mit „Tante Olga" die Ozeane zu überqueren, vielleicht um den Vater von Pippi Langstrumpf zu finden …

**Treppenstraße**
Was viele nicht wissen: Kassel nannte mit der Treppenstraße die **erste Fußgängerzone Deutschlands** sein Eigen. Sie entstand 1953 und verbindet in der Verlängerung mit der Kurfürstenstraße **->Kulturbahnhof** und **->Friedrichsplatz** miteinander. Die etwa dreihundert Meter lange Treppe ist von Grünflächen auf breiten Podesten unterbrochen und rechts und links niedrig

bebaut. Geschäfte, Cafés und Lokale säumen die Straße und laden zum Einkaufen oder Verweilen ein.
Trotz großer anfänglicher Bedenken und Skepsis dem Experiment gegenüber: Kassel hat sich an seine Treppenstraße gewöhnt und möchte sie nicht mehr missen, auch wenn ihr Zustand hier und da mal zu leiser Kritik herausfordert.
Als zeittypisches Bauwerk steht die Treppenstraße heute unter **Denkmalschutz**.

**Trickfilm**
Die Zwillingsbrüder **Christoph und Wolfgang Lauenstein** (*20.03.1962) erhielten im Jahr 1990 für ihren acht Minuten langen Trickfilm „**Balance**" den amerikanischen **Academy Award**, besser bekannt als „**Oscar**", für den besten animierten Kurzfilm.
Christoph Lauenstein war Studierender der Visuellen Kommunikation an der **Kasseler Kunsthochschule**, sein Bruder Wolfgang studierte an der Hochschule für Bildende Künste in Hamburg, als sie den Film erstellten. Das Meisterwerk wurde von beiden Hochschulen produziert und erhielt außer dem Oscar den **Deutschen Filmpreis in Silber** (1989) und einige andere Auszeichnungen. Die Zwillinge leben und arbeiten heute in Hamburg.
1996 wiederholten die beiden Kasseler Studenten **Thomas Stellmach und Tyron Montgomery** das Kunststück. Auch sie wurden mit dem begehrten **Oscar** für den besten animierten Kurzfilm ausgezeichnet. „**Quest**" ist ein Film von elfeinhalb Minuten Länge und wurde mit weiteren über vierzig Preisen bedacht.
Thomas Stellmach arbeitet heute als **Animationsfilmer** in Kassel, Tyron Montgomery betreibt eine Multimedia-Agentur in München.



**Universität**
Die **Kasseler Hochschultradition** reicht viel weiter zurück als bis zum Jahr 1971, in dem die damalige **Gesamthochschule** und heutige Universität ihre Arbeit begann.
Schon 1599 gab es zurzeit von Landgraf **->Moritz** dem Gelehrten (1592–1627) eine Hofschule, die als **akademische Ritterschule** durchaus als universitätsähnlich gelten kann. Sie war im **->Renthof** untergebracht.
Im Jahr 1633 dann, mitten im Dreißigjährigen Krieg, gründete Landgraf **->Wilhelm V.** (1627–1637) die erste „reguläre" **Universität in Kassel**. Seine Landgrafschaft hatte nach religiös-politischen Auseinandersetzungen durch kaiserliche Entscheidung Oberhessen mit Marburg und seiner Universität an Hessen-Darmstadt abgeben müssen. Der Landgraf musste also etwas tun, wollte er seinen Landeskindern eine akademische Ausbildung ermöglichen. Mit der Ritterschule gab es bereits eine Einrichtung, auf der er aufbauen konnte. Er erweiterte sie und öffnete sie einer breiteren Klientel.
Diese **Universität** hatte jedoch nur zwei Jahrzehnte Bestand. Nach Beendigung des Dreißigjährigen Krieges erhielt Hessen-Kassel Marburg zurück

und damit auch die Universität; die Kasseler Hochschule hatte damit ausgedient.
1709 errichtete Landgraf **->Karl** (1677–1730) das **->Collegium Carolinum**, das wie eine Universität geführt wurde und an dem viele akademische Berühmtheiten jener Zeit lehrten.
Heute ist die Universität Kassel eine feste Größe in der deutschen Hochschullandschaft. Sie hat 16 500 Studierende in elf Fachbereichen der Geistes-, Human- und Sozialwissenschaften, der Technik- und Naturwissenschaften, der Musik und der Bildenden Kunst.
Die Universität ist einer der größten Arbeitgeber der Region. Sie beschäftigt in Wissenschaft und Verwaltung rund 2 400 Menschen.

**Unterneustadt (->Stadtteile)**



**Viehmann, Dorothea (->Märchenfrau)**

**Vogt, Johanna**
Man muss sie nicht unbedingt kennen, aber sie ist eine interessante Frau: Johanna Vogt (*11.06.1862, †12.03.1944) war die **erste Stadträtin**, die in das Kasseler Rathaus einzog. Gerade mal ein Jahr, nachdem Frauen in Deutschland wählen und gewählt werden durften, im Oktober 1919, trat sie ihr Amt an.
Johanna Vogt, Tochter des Direktors des Friedrichsgymnasiums, gehörte der **liberalen Deutschen Demokratischen Partei** an. Man weiß wenig über ihre Ausbildung, nur so viel, dass sie Kunstgeschichte studierte. Sie selbst nannte sich Privatlehrerin, unterrichtete Kunst und Kunstgeschichte an der Volkshochschule. Aktiv in der **Kasseler Frauenbewegung**, widmete sie sich vorrangig sozialen und kulturellen Fragen.
Die engagierte Kommunalpolitikerin musste ihr Amt 1933, nach der Machtübernahme durch die Nationalsozialisten, aufgeben.
Johanna Vogt war einundachtzig Jahre alt, als sie in Berlin bei einem Bombenangriff ums Leben kam.

**Vogt'sche Mühle**
Die am westlichen Fuldaufer in der Nähe des **->Karlshospitals** und des **->Hafens** gelegene Mühle trägt den Namen ihres früheren Besitzers, des Bäckermeisters **Otto Vogt** (1852–1932), der die Mühle, die damals noch **Große Ahnaberger Mühle** hieß, 1882 erwarb.
Die ehemalige **Getreidemühle** ist, so hat es jedenfalls ihre jetzige Betreiberin Annette Lange-Spohr herausgefunden, etwa 850 Jahre alt.
Als größtes **Wasserkraftwerk** in Kassel und Umgebung liefert sie heute Strom für etwa 660 Haushalte der Stadt – in einer Zeit, in der mehr denn

je auf regenerative Energien gesetzt wird, eine außerordentlich erfreuliche Leistung.

**Vötterle, Karl**

Karl Vötterle (*12.04.1903, †29.10.1975) gründete 1924 in Augsburg einen Musikverlag, den er **->Bärenreiter** nannte und der weltweit einer der größten seiner Art werden sollte.
Seine Tätigkeit in verschiedenen Jugendgruppen, die er musikalisch betreute, brachte ihn auf die Idee, **Liederhefte** zu drucken. Schon bald stellte sich heraus, dass er damit wohl in eine Marktlücke gestoßen war. 1927 zog er mit seinem Verlag nach Kassel um, in die Heimatstadt seiner zukünftigen Frau. Im Zweiten Weltkrieg wurde das Verlagsgebäude zerstört. Karl Vötterle baute es bald wieder auf und hatte neue Ideen: Er verlegte evangelische Kirchenmusik, verschaffte der zeitgenössischen Musik Raum und gab Gesamtausgaben der großen klassischen Komponisten heraus. Sein verlegerisches Gespür war unnachahmlich: Bärenreiter wurde ein Welterfolg.
Besondere Verdienste erwarb sich Karl Vötterle unter vielem anderen in Kassel um die Pflege des Erbes der **->Brüder Grimm**.



**Waldau (->Stadtteile)**

**Waldschule**

Die Waldschule am Rande des **->Bergparks Wilhelmshöhe**, nicht weit von der **->Prinzenquelle**, bietet Kindern der Kasseler Grund- und Förderschulen die Möglichkeit, Natur vor Ort zu erleben. An zwei bis drei Tagen können die Kleinen den Wald kennen lernen, seine Flora und Fauna. „**Raus aus der Stadt, rein in den Wald**“ - unter diesem Motto wird den Kindern viel angeboten. Sie haben eine Menge Raum, die Natur selbst zu entdecken, aber auch an der frischen Luft herumzutollen und zu spielen. Wer an einem Aufenthalt in der Waldschule interessiert ist: das Schulverwaltungsamt der Stadt Kassel hilft weiter.

**Waschbären**

Seit 1934 gibt es die eigentlich in Nordamerika lebenden Waschbären bei uns. Mit staatlicher Genehmigung wurden damals am Edersee zwei Pärchen ausgesetzt, deren Nachkommen man zum Vergnügen bejagen wollte. Inzwischen sind sie in Nordhessen weit verbreitet, ist Kassel Europas **Waschbärenhauptstadt**. Hunderte von Tieren leben in der Stadt und vor allem die waldnahen nordwestlichen Bezirke **Brasselsberg**, **Kirchditmold** und **Harleshausen** haben eine Waschbärendichte, wie sie sonst nirgendwo zu finden ist. Sie plündern Mülltonnen und Komposthaufen, klettern auf die Dächer und nisten sich im schlimmsten Fall irgendwo im Haus ein, manchmal mit der ganzen Familie. Da ist es nicht verwunderlich, dass die Mehrzahl der Bewohner diese eigentlich ganz nett aussehenden Tiere inzwischen als Plage begreift und sich zu schützen versucht. Sie zu bejagen ist zwecklos. Die Population gleicht Verluste durch verstärkte Vermehrung mehr als aus.

**Wasserspiele**
Wasser spielt im **->Bergpark Wilhelmshöhe** eine große Rolle. Überall trifft man auf Teiche und Becken, Wasserfälle und Bachläufe, die **->Kaskaden** nicht zu vergessen, die gewaltig vom **->Herkules** nach unten führen.
Eigentlich sind die Wasserspiele, die Landgraf **->Karl** (1677–1730) ab 1701 anlegen und Landgraf **->Wilhelm IX.** (1785–1821) später von Karl **->Steinhofer** erweitern und vervollkommnen ließ, richtige Wasserkünste. Eine differenzierte Planung von Vorhaltebecken, Wasserleitungen, Gräben, Schiebersystemen und Verrohrungen ermöglicht es, dass die Wasser ohne Pumpen, ausschließlich das natürliche Gefälle des Berges nutzend, über verschiedene Wasserfälle zu Tale stürzen und in einer großartigen **->Fontäne** aufgehen.
Von Mai bis Oktober sind die Wasserkünste mittwochs, sonntags und an Feiertagen jeweils am Nachmittag zu bewundern. Sie beginnen am Fuße des Herkules, und wer möchte, kann das Wasser bis zum **Fontäneteich** begleiten.

**Weckewerk**
Es gibt kaum eine nordhessische Spezialität, über die so viel Unzutreffendes geschrieben und gesprochen wurde wie über Weckewerk. Dabei handelt es sich bei dieser Speise ursprünglich um ein deftiges „**Schlachteessen**“ am Ende des Schlachttages. Nicht verwertete Schwarten und Fleischreste, keineswegs Abfall, wurden durch den Wolf gedreht, mit in Fleischbrühe aufgeweichten Brötchen vermengt, mit Majoran, Salz, Pfeffer und anderen Gewürzen angereichert und in der Pfanne gebraten. Wenn man konnte, setzte man etwas Hackfleisch zu. Weckewerk war zwar preiswert, wurde aber nicht nur als „**Arme-Leute-Essen**“ verkauft.
Heutzutage ist der Fleisch- und Hackfleischanteil höher als früher, deftig – wenn auch nicht mehr so fett wie ehedem – ist diese Speise noch immer. Und ein Schnaps dazu oder danach kann nichts schaden – sagt man.

**Wegmann**
**Kommerzienrat Peter Wegmann** und sein Kompagnon **Richard Harkot** gründeten 1882 die **Casseler Waggonfabriken**, die ab 1886 nur noch **Wegmann und Co.** hießen und von dem Ingenieur **August Bode** und dem Kaufmann **Conrad Köhler** geleitet wurden.
Wegmann baute zunächst **Waggons** und andere **zivile Fahrzeuge**. Im Ersten Weltkrieg wurden dann **Panzer** benötigt, Wegmann bekam den Auftrag. Doch als die Firma mit dem Bau begann, war es schon zu spät: Die Kriegsfahrzeuge kamen (man sollte sagen: glücklicherweise) nicht mehr zum Einsatz, der Krieg war bald vorbei.
Also wandte man sich wieder nicht-militärischen Produktionen zu und baute wieder Waggons, genauer **Eisenbahnwaggons**.
Nachdem die Nationalsozialisten die Macht übernommen hatten, waren wieder Panzer gefragt: Wegmann war dabei.

Nach den Zweiten Weltkrieg stieg die Firma wieder auf den Bau ziviler Fahrzeuge um, neben Waggons wurden nun auch **Straßenbahnen** produziert. Aber als die Bundesrepublik wieder aufrüstete, war Rüstungstechnik erneut gefragt. Wegmann baute **Kampfsysteme**.
Im Jahr 1999 wurde Wegmann und Co. von dem Rüstungskonzern Krauss-Maffei übernommen. Heute heißt die Firma **Krauss-Maffei-Wegmann** (KMW).

**Wehlheiden (->Stadtteile)**

**Wehlheider Kirmes**
Die jedes Jahr im August stattfindende „Große Wehlheider Kirmes" hat sich zu einer der herausragenden **Bürgerveranstaltungen** in Kassel entwickelt, die im Ortskern des Stadtteils **->Wehlheiden** am **Georg-Stock-Platz** vier Tage lang gefeiert wird. Auf diesem **Volksfest** trifft sich Kassel – einschließlich allem, was Rang und Namen hat oder zu haben glaubt. Die Wehlheider Kirmes ist eben **Kult** und da möchte jeder dabei sein.

**Weihnachtsmarkt**
Fachleute meinen, der Kasseler Weihnachtsmarkt gehöre zu den schönsten und stimmungsvollsten in Deutschland. Wo sonst könnte auch ein richtiger **Märchen-Weihnachtsmarkt** stattfinden, wenn nicht hier, in der Hauptstadt der **->Brüder Grimm**? Dutzende von Ständen auf dem **->Königsplatz** und mindestens genau so viele auf dem **->Friedrichsplatz** vermitteln märchenhaftes Flair in der weihnachtlich geschmückten und beleuchteten Stadt. Und auf dem Königsplatz ist **Deutschlands größte Märchenpyramide** aufgebaut. Das gefällt nicht nur den kleinen Gästen.
Es lohnt sich, den Weihnachtsmarkt zu besuchen, nicht nur wegen der kulinarischen Köstlichkeiten und **Kasseler Spezialitäten**, die man hier findet, sondern auch wegen seines Angebots an Kunsthandwerk und Geschenkartikeln. Außerdem trifft man hier immer jemanden, den man kennt: Kassel ist manchmal eben immer noch ein Dorf.

**Weinberg**
Wenn man das Kasseler Klima kennt, kommt man wohl kaum auf den Gedanken, dass hier einmal Wein angebaut wurde. Paul **->Heidelbach** aber berichtet, dass ganz Kassel einst von Rebpflanzungen umgeben war – der Name des „Weinbergs" an der **Frankfurter Straße** erinnert daran. Ursprünglich war mit dem „Weinberg" auch der Bereich gemeint, der später mit der **->Oberneustadt** bebaut wurde.
Am Fuße des Weinbergs gab es um 1270 ein Dorf, das nach alten Aufzeichnungen „**Weingarten**" hieß, später aber aufgegeben wurde.
Langgraf **->Wilhelm IV.** (1568–1592) ließ 1582 den Weinberg und seine Hänge mit Reben bepflanzen. Besonders gut muss der Wein, von Ausnahmejahren einmal abgesehen, nicht gewesen sein, er wurde als sauer und herb beschrieben. Nachdem im Dreißigjährigen Krieg die Anpflanzungen völlig zerstört worden waren, kam der Anbau zum Erliegen.

Im 17. Jahrhundert war der Weinberg **Teil der Stadtbefestigung**, die Landgraf **->Friedrich II.** (1760–1785) aber 1776 schleifen ließ. Auf dem Weinberg entstand eine **Parkanlage**. Später wurden die fürstlichen Gärten an vermögende Bürger verkauft und zur Bebauung freigegeben. Auf dem Weinberg eröffneten in der Folgezeit reizvolle Gartenlokale und ab 1825 drei **Biergärten**, deren Besitzer in den Kalkfelsen Keller zur kühlen Lagerung der Getränke anlegen ließen.
Die Bevölkerung liebte diese Biergärten, die idyllisch lagen und einen wundervollen Blick ins Hessenland gestatteten.
Ein Ende hatte das alles mit der Bebauung des Weinbergs durch die **Familie Henschel**. Die **Henschel-Villa** und das **Haus Henschel** wurden errichtet, die Familie kaufte nach und nach die Biergärten auf, um ihren Grundbesitz zu arrondieren und den **->Henschelgarten** anzulegen.
Im Zweiten Weltkrieg dienten die ehemaligen Bierkeller als **Luftschutzbunker**. Heute bedeckt den Weinberg ein Park, von dem aus man immer noch eine tolle Aussicht in die nordhessischen Lande hat.

**Weise, Julius Emil (->Oberbürgermeister)**

**Wesertor (->Stadtteile)**

**West (->Stadtteile)**

**Westerburg, Albert (->Oberbürgermeister)**

**Wilhelm I., der Ältere, Landgraf (->Herrscher in Kassel)**

**Wilhelm II., Kurfürst (->Herrscher in Kassel)**

**Wilhelm II., der Mittlere, Landgraf (->Herrscher in Kassel)**

**Wilhelm IV., der Weise, Landgraf (->Herrscher in Kassel)**

**Wilhelm V., der Beständige, Landgraf (->Herrscher in Kassel)**

**Wilhelm VI., der Gerechte, Landgraf (->Herrscher in Kassel)**

**Wilhelm VIII., Landgraf (->Herrscher in Kassel)**

**Wilhelm IX., Landgraf (->Herrscher in Kassel)**

**Wilhelmshöher Allee**
Mit 4,5 km Länge ist die Wilhelmshöher Allee, die die Einheimischen auch gern „Willi-Allee“ nennen, eine der längsten deutschen Stadtstraßen. Vom **->Herkules** aus kann man sehr gut erkennen, dass die Allee den **Bergpark** in **gerader Linie** mit der **Innenstadt** verbindet. Die Sichtachse („Luftlinie“) ist sogar 6,5 km lang.

Die zwischen 1767 und 1778 gebaute Straße sollte seinerzeit den Herrschern und ihren Gästen den Weg vom entfernten Stadtgebiet zum Schloss im **->Bergpark Wilhelmshöhe** und zurück so angenehm wie möglich machen. Heute ist die Allee eine der **Hauptverkehrsstraßen** in Kassel.

**Wilhelmsstraße**
Da gab es in der Geschichte Hessen-Kassels so viele Landgrafen und Kurfürsten namens Wilhelm: Ist die Wilhelmsstraße nach einem von ihnen benannt? Oder ist doch eher einer der beiden letzten deutschen Kaiser, die ja auch Wilhelm hießen, der Namensgeber?
Nein, es war schon ein Landgraf, **->Wilhelm VIII.** nämlich, auf den die Wilhelmsstraße zurückgeht. Er gilt als der „Vater" der **->Gemäldegalerie**, die er während seiner Regentschaft (1730–1760) aufbaute und hat sich diese Würdigung bestimmt verdient.
Die heutige Wilhelmsstraße ist eine der Straßen, die Landgraf **->Karl** (1677–1730) anlegen ließ, als sein Hofarchitekt Paul **->du Ry** die **->Oberneustadt** baute. Um sie herum hat sich in den mehr als dreihundert Jahren, in denen es sie gibt, einiges abgespielt: Da feierten fröhliche Menschen im **Stadtgarten** (der lag ungefähr da, wo heute des **Centrum-Parkhaus** steht), da gab es in der Nähe eine **Kaserne**, in der die **Soldaten der Garde du Corps** stationiert waren (heute steht dort das **Cineplex-Kino**, Garde du Corps Straße/Ecke Wilhelmsstraße), da wurde gebaut und neu gebaut und erweitert. Heute ist die Wilhelmsstraße Fußgängerzone und lädt zum Einkaufsbummel ein. Sie ist eine der besten Adressen in Kassel.

**Willehalm-Codex**
Der **historische Roman „Willehalm"** gilt unter Fachleuten als das herausragende Alterswerk **Wolfram von Eschenbachs**. Wahrscheinlich zwischen 1215 und 1220 entstanden, erzählt es von der Abwehrschlacht der Karolinger gegen die Sarazenen im 9. Jahrhundert. Der Codex blieb unvollendet und wurde erst Mitte des 13. Jahrhunderts von **Ulrich von Türheim** weiterentwickelt und abgeschlossen. Landgraf **Heinrich II.** (1328–1376) ließ ihn 1334 für seine Sammlung niederschreiben.
Fachleute vermuten, dass für die Aufzeichnung dieses „Fortsetzungsromans" auf Pergament etwa 300 Schafe zur Gewinnung von Tierhaut ihr Leben lassen mussten.
Der Willehalm-Codex wird im klimatisierten Tresor der **-> Murhard'schen Bibliothek** aufbewahrt und kann dort besichtigt werden.

**Windbeutel (->Spitzname der Kasseler)**

**Wolfsanger-Hasenhecke (->Stadtteile)**

**Wolfsschlucht**
Man wird es schon vermuten: Mit Wölfen hat die Straße in der Kasseler City nichts zu tun. Es war vielmehr der **Volksmund**, der diesen Namen erfand. Zwischen 1835 und 1840 baute der Akademieprofessor und Architekt **Jo-**

**hann Heinrich Wolff** (mit zwei f!), ein Schwiegersohn von Louis ->**Spohr**, fünf identische Fachwerkhäuser, heute würde man sagen: innenstadtnah, aber in einer Gegend, die nicht den allerbesten Ruf genoss. Die Straße, an der er baute, machten die Kasseler bald leicht ironisch zur Wolfsschlucht (mit einem f!), obwohl sie wenig später deutlich an Ansehen gewann.
Ihren Namen hat sie jedenfalls bis heute behalten.

**Wöhler, Dr. Friedrich**
Er studierte Medizin und Chemie und obwohl er ausgebildeter Arzt war, wandte er sich früh der Chemie zu, die ihn mehr als alles andere interessierte: Dr. Friedrich Wöhler (*31.07.1800, †23.09.1882). Nach einigen Jahren als Professor in Berlin kam er 1831 nach Kassel, um am Polytechnikum (der **Höheren Gewerbeschule**) zu lehren. Aber schon 1836 folgte er einem Ruf der Universität Göttingen, wo er eine Professur für Medizin, Chemie und Pharmazie annahm.
In Kassel sind eine Straße und eine Schule nach ihm benannt.



**Zahlenlotto**
Landgraf ->**Friedrich II.** (1760–1785) hatte die allerbesten Absichten, als er 1771 beschloss, in seiner Residenzstadt das **Lottospiel** zu gestatten. Er wollte auf diese Weise den weniger Begüterten die Möglichkeit schaffen, zu etwas Vermögen zu kommen. Das System war einfach: Ein Glücksrad mit den Zahlen von 1 bis 90 wurde gedreht und wer richtig getippt hatte, war um den Gewinn reicher. Gespielt wurde anfangs monatlich, später im Drei-Wochen-Rhythmus.
Die Menschen im Lande auf diese Weise allgemein wohlhabender zu machen, gelang Friedrich II. wohl nicht, aber Spaß hatten die Mitspieler ganz bestimmt.
Das Lottospiel hatte nach Friedrichs Tod bald ein Ende. Sein Sohn, Landgraf ->**Wilhelm IX.** (1785–1821) verbot das Glücksspiel im Jahr 1785, unmittelbar nach seinem Amtsantritt.

**Zaitenstock**
Der Zaitenstock war eine Stelle, an der man in Alt-Cassel Wasser zapfen konnte. Der „Stock" war ein Pfosten, an dem das Wasserrohr mit dem Wasserspeier, der **Zaite** oder **Zeute**, befestigt war und den man über einen Druckknopf in Gang setzte. Er war eine alternative Möglichkeit der Wasserbeschaffung gegenüber dem herkömmlichen Brunnen.

**Zeughaus**
Im Jahr 1581 ließ Landgraf ->**Wilhelm IV.** (1568–1592) mit dem Bau des Zeughauses beginnen. Es war ein großes Gebäude, welches da entstand und

als **Waffenkammer** und **Getreidespeicher** dienen sollte. Seine Fertigstellung erlebte Wilhelm nicht mehr, sie blieb seinem Sohn **->Landgraf Moritz** vorbehalten. Dieser ließ zu Ehren seines Vaters an der Südseite des mächtigen Gebäudes ein kunstvolles Relief anbringen, das noch heute erhalten ist.
Das Zeughaus wurde von den Flammen des Zweiten Weltkriegs stark zerstört; was übrig blieb, fiel 1972 beinahe in Gänze behördlicher Ignoranz zum Opfer.
Den Gebäuderest zu erhalten, hat sich seit 1991 ein Verein „auf die Fahnen geschrieben". Er versucht seit dem, von dem **Kulturdenkmal** zu retten, was zu retten ist und hat mit seiner Arbeit beachtliche Erfolge erzielt. Seit 1994 wird das Bauwerk saniert.

**Ziegenköpfchen**
Sein richtiger Name ist „**Ziegenkopf**", aber in Kassel hat man ein „Ziegenköpfchen" daraus gemacht – klingt ja auch irgendwie freundlicher.
Das Ziegenköpfchen ist eine knapp 570 m hohe Erhebung im **->Habichtswald**, nicht weit von **Golfplatz** und **->Herkules** entfernt.
Abgesehen davon, dass man hier schön spazieren gehen und im Winter (natürlich nur bei gutem Schnee) dem Ski-Langlauf frönen kann, hatte der kleine Berg in früheren Jahren eine besondere Bedeutung. Hier stand nämlich bis 1980 eine kleine hölzerne Ski-Sprungschanze, auf der sogar ganz früher einmal richtige Wettbewerbe ausgetragen wurden.
Auch wenn es die Möglichkeit dieser Art sportlicher Betätigung nicht mehr gibt, es ist einfach schön da draußen.

**Zissel**
Im Hochsommer eines jeden Jahres findet dieses große **Kasseler Volksfest** statt. Ursprünglich war der Zissel ab 1926 eine Veranstaltung der Wassersport treibenden Vereine, die ihre Club- und Bootshäuser an der Fulda hatten. Inzwischen hat er aber längst auch die übrige Bevölkerung erreicht. Neben dem traditionellen **Wasserfestzug** veranstalten die Organisatoren auch einen Festzug zu Lande – originelle Möglichkeiten für nahezu alle Kasseler Vereine, sich darzustellen oder aber mindestens zu beweisen, dass sie zu feiern verstehen.
Während der Festtage schwingt die **Zisselkönigin** ihr Zepter, ihr zur Seite stehen die **Zisselprinzessin** und die **Fullenixe**.
Die Herkunft des Begriffs „Zissel" ist nicht geklärt. Er ist in keinem Wörterbuch zu finden. Versuche, ihm sprachwissenschaftlich auf die Schliche zu kommen, brachten keine überzeugenden Ergebnisse. Gleichwohl: Die Kasseler haben jedenfalls ihre Freude am Zissel. Deshalb ist es ihnen ziemlich gleichgültig, woher die Bezeichnung für ihr geliebtes Fest stammt.

**Zisselhering**
Der Zisselhering (oder sprachlich authentischer: der **Zisselhäring**) ist das Symbol des Zissels, obwohl niemand jemals einen lebenden Hering in der Fulda hat schwimmen sehen. Auch seine ursprüngliche Bedeutung liegt

im Dunkel der Volksfest-Geschichte. Während die einen meinen, er sei ein Durst verursachender **Salzhering**, vermuten andere einen in Kassel gern mit Pellkartoffeln gegessenen Schmandhering in ihm.
Tatsache jedenfalls ist, dass der Zissel erst beginnen kann, wenn der Hering – eine übergroße Kunststoffnachbildung in entsprechender Form – am **->Rondell** unmittelbar am Fluss aufgehängt wurde. Ist das Fest vorbei, wird der Fisch wieder vom Haken genommen, bis zum nächsten Jahr.

**Zwehrenturm**
Einstmals war der Zwehrenturm Teil der **Stadtmauer**, mit einem Tor, durch das man nach Zwehren (**->Niederzwehren**, **->Oberzwehren**) gelangte. Er ist sehr alt, man nimmt an, dass er 1330 gebaut wurde. Er soll lange als **Gefängnis** gedient haben, bevor ihn Landgraf **->Karl** (1677–1730) zur **Sternwarte** umbauen ließ.
Als Landgraf **->Friedrich II.** (1760–1785) den Auftrag zum Bau des **->Fridericianums** erteilte, wurde das Gebäude mit dem Zwehrenturm verbunden.
Heute wird der Turm museal genutzt. Hier befindet sich ein Teil der **->Laserskulptur** Horst H. Baumanns, die abends markante Punkte der Stadt mit farbigen Laserstrahlen verbindet.

# Anhang

Ehrenbürger der Stadt Kassel

| | |
|---|---|
| **Verleihung am:** | **an:** |
| 18.11.1830 | Maximilian Freiherr von Ditfurth |
| *10.05.1806 | München |
| †08.08.1861 | Marburg |
| Hauptmann der Kasseler Bürgergarde | |
| 28.12.1834 | Karl Schomburg |
| *11.10.1791 | Marburg |
| †04.07.1841 | Kassel |
| Erster Oberbürgermeister der Stadt Kassel | |
| 28.06.1836 | Carl Wilhelm Wippermann |
| *01.12.1800 | Rinteln |
| †23.03.1857 | Kassel |
| Bürgermeister der Stadt Kassel | |
| 04.02.1847 | Louis Spohr |
| *05.04.1784 | Braunschweig |

†22.10.1859 Kassel
Generalmusikdirektor und Geigenlehrer in Kassel

02.03.1850 Bernhard Eberhard
*06.04.1795 Schlüchtern
†29.02.1860 Hanau
Liberaler Revolutionär und Stadtrat in Kassel

02.03.1850 Moritz Ernst von Baumbach-Kirchheim
*23.02.1789 Maastricht/Holland
†15.06.1871 Kassel
Staatsdiener in Hessen-Kassel über 42 Jahre

07.07.1856 Dr. Johann Peter Häreus
*15.01.1790 Hanau
†04.01.1857 Kassel
Leiter des Medizinalwesens in Kurhessen und Leibarzt von Kurfürst Wilhelm II.

07.07.1856 Johann Daniel Wilhelm Ludwig Schwarzenberg
*27.11.1787 Kassel
†26.10.1857 Kassel
Obergerichtsanwalt in Kassel und Präsident der hessischen Ständeversammlung

30.08.1859 Dr. Karl Bernhardi
*05.10.1799 Ottrau/Schwalm
†01.08.1874 Kassel
Bibliothekar der Kasseler Landesbibliothek, Mitglied des Norddeutschen Landtags und des Preußischen Abgeordnetenhauses

18.06.1862 Dr. Friedrich Oetker
*09.04.1809 Rehren/bei Rinteln
†17.02.1881 Berlin
Gründer der Stadtbibliothek Kassel, Zeitungsherausgeber, nationalliberaler Politiker im Preußischen Landtag und Abgeordneter des Reichstags

10.12.1866 Eduard von Moeller
*03.06.1814 Minden
†02.11.1880 Kassel
Erster Oberpräsident der preußischen Provinz Hessen-Nassau

10.12.1866 Franz von Werder
*26.10.1788 Magdeburg
†30.06.1869 Potsdam
Generalgouverneur von Kurhessen, General der Infanterie

26.05.1873 Heinrich Henkel
*09.01.1802 Schmalkalden
†26.06.1873 Kassel
Justizrat

08.10.1876 Graf Julius von Bose
*12.09.1809 Sangershausen
†22.07.1894 Wernigerode
General der Infanterie und Kommandierender General des XI. Armeekorps

28.10.1885 August Albrecht
*14.01.1813 Heiligenstadt
†22.03.1886 Hofgeismar
Polizeipräsident in Kassel

11.04.1890 Fürst Otto von Bismarck
*01.04.1815 Schönhausen
†30.07.1898 Friedrichsruh
Reichskanzler

21.11.1893 George André Lenoir
*05.02.1825 Kassel
†02.11.1909 Meran/Südtirol
Chemiker, Gründer der Lenoir-Stiftung

28.03.1895 Gustav Adolf Hupfeld
*02.05.1823 Lichtenau
†09.04.1897 Kassel
Geheimer Justizrat

06.01.1899 Eduard von Magdeburg
*16.10.1844 Biebrich
†15.01.1932 Potsdam
Oberpräsident der Provinz Hessen-Nassau

08.10.1903 Dr. Friedrich Endemann
*10.04.1833 Marburg
†30.06.1909 Kassel
Vizebürgermeister und Beigeordneter in Kassel, Sanitätsrat

24.06.1912 Karl Pfeiffer
*17.02.1844 Kassel
†17.10.1912 Kassel
Stadtverordneten-Vorsteher, Geheimer Kommerzienrat

04.09.1914 Josias von Heeringen
*09.03.1850 Kassel

†09.10.1926 Charlottenburg
Generaloberst

28.01.1919 Paul von Hindenburg
*02.10.1847 Posen
†02.08.1934 Neudeck
Reichspräsident, Generalfeldmarschall

14.05.1919 Georg Seidler
*21.02.1842 Kassel
†26.12.1923 Kassel
Beigeordneter und Stadtältester in Kassel

15.01.1951 Dr. Dr. Theodor Schröder
*08.03.1860 Kassel
†02.10.1951 Helmarshausen
Präsident der Landesversicherungsanstalt Hessen-Nassau a. D.

15.01.1951 Wilhelm Kniest
*11.04.1863 Hamburg
†10.08.1951 Kassel
Ehrenobermeister der Schreinerinnung Kassel

19.06.1956 Sara Nussbaum
*29.11.1868 Merxhausen
†13.12.1956 Kassel
Menschenretterin im KZ Theresienstadt

05.12.1960 Dr. Georg-August Zinn
*27.05.1901 Frankfurt/M.
†27.03.1976 Frankfurt/M.
Ministerpräsident des Landes Hessen

05.12.1960 Dr. August Bode
*28.09.1875 Kassel
†11.12.1960 Kassel
Fabrikant

05.12.1960 Georg Häring
*05.03.1885 Augsburg
†24.08.1973 Kassel
Landeshauptmann, Hessischer Landwirtschaftsminister

16.11.1964 Rudolf Freidhof
*23.09.1888 Gerlachsheim/Baden
†25.12.1983 Kassel
Stadtverordneten-Vorsteher, Regierungsrat

10.01.1966 Fritz Catta
*11.01.1886 Wiesbaden
†17.09.1968 Kassel
Architekt, liberaler Politiker

08.04.1970 Willi Seidel
*01.11.1885 Kassel
†09.03.1976 Kassel
Oberbürgermeister der Stadt Kassel

01.10.1975 Dr. Karl Branner
*11.09.1910 Kassel
†17.10.1997 Kassel
Oberbürgermeister der Stadt Kassel

01.09.1980 Dr. Rolf Lucas
*15.12.1916 Siegburg
†27.08.1980 Kassel
Fraktionsvorsitzender im Kasseler Stadtparlament, Vizepräsident des Hessischen Landtags, Hauptamtlicher Geschäftsführer der documenta-GmbH

23.05.1984 Dr. Elisabeth Selbert
*22.09.1896 Kassel
†09.06.1986 Kassel
Mitglied des Verfassungsgebenden Rates, Politikerin

13.01.1987 Christine Brückner
*10.12.1921 Schmillinghausen/bei Arolsen
†21.12.1996 Kassel
Schriftstellerin

26.02.1988 Holger Börner
*07.02.1931 Kassel
†02.08.2006 Kassel
Ministerpräsident des Landes Hessen

14.01.1989 Dr. Max Danz
*06.09.1908 Kassel
†20.06.2000 Kassel
Vizepräsident des Nationalen Olympischen Komitees (NOK)

In den Jahren zwischen 1933 und 1945 wurden verschiedene Nationalsozialisten zu Ehrenbürgern der Stadt Kassel ernannt. Ihnen wurde diese Würdigung durch Magistratsbeschluss vom 02.09.1946 entzogen.

# Register

**Begriffe** **Seiten**

## C

# F

## G

## H

## I



## J



## K

## L

## M

## N

## O



## P



## Q



## R

## S

## T



## U

## V



## W

## Z

# Ebenfalls im Herkules Verlag erschienen

**KASSEL**
... dreimal hingeschaut
(... look three times)
deutsch / english
Rolf Lang
48 Seiten, zahlreiche Farbfotos
(ISBN 978-3-937924-76-2)

**Weißt Du noch?**
Beatschuppen, 68er Demos
& Christos Wurst
Geschichten und Anekdoten aus dem
KASSEL der 60er und 70er Jahre
Jochen A. Veeser
88 Seiten, zahlreiche S/W-Fotos
(ISBN 978-3-937924-57-1)

**Rezepte ohne Firlefanz**
Oma Gretels Nordhessische Küche
Kochen – Backen – Nachtisch ...
Sprüchen zum Essen – mit kleinem
Mundart-Koch-Wörterbuch
von Margarete Speth
88 Seiten, zahlreiche Abbildungen
(ISBN 978-3-937924-54-0)

**Auch Mörder mögen Ahle Wurscht**
Ein echter Nordhessen-Krimi
von Jochen A. Veeser
128 S., gebunden
(ISBN 3-937924-36-1)